CEO任职经历
对公司战略变革的
影响及经济后果研究

RESEARCH ON THE INFLUENCE OF
CEO'S CAREER EXPERIENCE ON
FIRM STRATEGIC CHANGE AND ECONOMIC CONSEQUENCES

秦　蓉◎著

经济管理出版社
ECONOMY & MANAGEMENT PUBLISHING HOUSE

图书在版编目（CIP）数据

CEO 任职经历对公司战略变革的影响及经济后果研究 /
秦蓉著. -- 北京 ：经济管理出版社，2024. -- ISBN
978-7-5243-0019-9

Ⅰ. F276.6

中国国家版本馆 CIP 数据核字第 2024D5581N 号

组稿编辑：丁慧敏
责任编辑：丁慧敏　王格格
助理编辑：李浩宇
责任印制：许　艳
责任校对：陈　颖

出版发行：经济管理出版社
　　　　　（北京市海淀区北蜂窝 8 号中雅大厦 A 座 11 层　100038）
网　　址：www. E-mp. com. cn
电　　话：(010) 51915602
印　　刷：唐山玺诚印务有限公司
经　　销：新华书店
开　　本：720mm×1000mm/16
印　　张：15.75
字　　数：315 千字
版　　次：2025 年 2 月第 1 版　　2025 年 2 月第 1 次印刷
书　　号：ISBN 978-7-5243-0019-9
定　　价：98.00 元

前　言

在当今快速变化的商业环境中，企业面临着前所未有的挑战和机遇。如何有效应对这些挑战、抓住机遇、实现可持续发展，成为每一个企业家和管理者必须面对的问题。而在这个过程中，首席执行官（CEO）作为企业的核心领导者，其个人特征和经历无疑对企业的战略决策和长期发展产生深远的影响。因此，探讨CEO（通才型高管）任职经历多样性对公司战略变革及价值的影响，具有重要的理论意义和实践价值。

正是在这样的背景下，本书应运而生。本书旨在通过深入分析和研究中国上市公司CEO的任职经历，揭示通才型高管如何推动公司的战略变革，并进而影响公司的长期价值。在撰写过程中，本书遵循了"CEO任职经历指数构建—直接效应—边界条件—影响路径—经济后果"的逻辑思路，力求全面、系统地探讨这一问题。

本书的主要特色在于以下几个方面：首先，本书采用了多维度的测量方式，从职业背景、公司、行业、组织机构、任职CEO经历和海外经历等多个维度出发，构建了CEO任职经历指数，为评估CEO的任职经历提供了科学、合理的依据；其次，深入分析了CEO任职经历与战略变革之间的关系，并探讨了董事会、公司和环境等层面的情境因素对其影响，为理解CEO决策背后的机制提供了新的视角；最后，还揭示了CEO任职经历影响战略变革的中介作用路径，包括风险承担和社会网络资源，进一步丰富了相关领域的研究。

在本书的撰写过程中，得到了许多人的帮助和支持。首先，要感谢所有为本书撰写提供数据支持和实证研究的专家学者和业界人士，他们的辛勤工作和无私奉献为本书的研究奠定了坚实的基础。其次，要感谢所有为本书提出宝贵意见和建议的同事、朋友和家人，他们的支持和鼓励是我不断前进的动力，在此，向他们表示衷心的感谢和崇高的敬意。

由于笔者水平有限，编写时间仓促，书中难免存在错误和不足之处，在此，诚恳地希望广大读者能够提出宝贵的批评和建议，帮助我不断完善和提高。本书能够为企业管理和战略变革的研究做出贡献。

秦慧

2024 年 8 月 12 日

目 录

第一章 绪论

第一章作为本书的起点，首先介绍了中国制度环境下管理者丰富的任职经历对公司决策重要性研究的实践背景和理论背景，并在此基础上提出本书的研究问题。其次，本章围绕本书的核心研究问题，层层递进设计具体的子研究内容，进而构建出本书的理论框架。除此之外，对本书各章节安排进行介绍并详细阐述本书运用的具体研究方法。最后，本章论述了本书的理论意义和实践意义，并提出本书可能的创新点。

第一节 研究背景与问题提出

一、现实背景

"唯一不变的是变化本身"。

——Spencer · Johnson

随着"十四五"规划纲要及 2035 年远景目标的提出，人才队伍建设的重要性不言而喻，加强创新型、应用型、技能型人才培养成为新时期人才强国战略的重要目标。时下，经济社会发展也兼具各种复杂的交叉性问题，所以时代的人才队伍建设必须全方位、多维度融合，激发人才创新活力，才能解决管理实践中的问题，促进中国经济的高质量发展。CEO 作为一种稀缺且具有高度不可替代性的优质人才资源，通常是制定公司战略方向并负责指导实施计划的关键。市场竞争愈加激烈，更是加剧了公司对高层次人才需求的迫切性，其往往能够引领公司未来的发展走向。国内外相关研究表明，拥有多元化职业背景和经历的 CEO 在经理人市场中被公司聘用的比例更高（Custodio et al.，2013；Merluzzi & Phillips，2016；何瑛等，2019）；公司也更倾向于聘用任职经历丰富的高层管理者（Murphy & Zabojnik，2007），并给予其高额薪酬（Mueller et al.，2020）。据相关数据统计，自 2007 年以来，有将近 38% 的公司在聘任新 CEO 的时候更看重其是否担任过其他公司 CEO，而这一比例在 20 世纪 90 年代中后期仅为 5%（Counte et al.，2017）。这种急剧增长的趋势在很大程度上是因为公司更愿意雇佣具有诸如 CEO 工作经历等具体工作经验的管理者担任公司高管职务，以便优化公司战略决策，为公司提升价值（Ozawa，2020）。正如美国 Amgen 公司指出的，"寻求公司董事会成员必须具备的最低资格为该个体曾有过管理或领导公司的经验，最好是在大型或公认的组织中担任过高级领导职务"（Lungeanu & Zajac，2019）。

相较于专业型人才，具有丰富任职经历的通才型 CEO 往往在激烈的市场竞争中更受青睐。管理者丰富的任职经历不仅能够提高其一般管理能力、完善多维知识和提高认知，而且不同任职经历中建立的社会网络关系还能够积累大量的社会资本，因此，这类具有多元化任职经历的管理者对于公司来说是稀缺的复合型通用人才。国内外诸多管理实践的典型案例均验证了管理者拥有多元化丰富任职经历对本身及公司发展的重要性。如表 1-1 所示，一方面，任职经历所塑造的管理者大局视野和决策风格会影响公司内部成长。例如，国内万达集团创始人王健林，早年在森林工业局担任职员，在部队担任过侦察兵并晋升为排长，复员转业后曾就职于人民政府担任办公室主任等，这些跨岗位、跨机构、跨行业的任职经历丰富了王健林的管理风格、拓宽了其大局视野，同时也塑造了其勇于承担风险的冒险意识和创新精神。另一方面，管理者丰富的任职经历也会成为一种关键资源，向公司外部利益主体释放出信号，影响公司与外部相关利益主体之间的关系，形成有效的社会网络资源，更好地促进公司的长远发展。美国苹果公司（Apple）是一家高科技公司，蒂姆·库克在出任该公司 CEO 之前，曾任职于当时著名的信息技术公司 IBM 长达 12 年，就任期间主要负责北美地区及拉美地区 PC 部门的制造及分销运营工作。在受邀进入 Apple 之后，蒂姆·库克从事营业（销售）及后端技术支持服务、iPhone 销售及运营等工作，是法律、财务、设计、营销等关键部门的掌舵者。其间，乔布斯因身体原因入院治疗，由蒂姆·库克代为行使公司管理权，赢得外部相关利益群体的一致认可，使苹果公司股价上涨幅度高达 70%。蒂姆·库克的加入，不仅从根本上改变了苹果公司 PC 业务的供应链流程，而且带领苹果公司向新的市场大步迈进。由此可见，管理者拥有丰富的任职经历对于公司管理实践来说至关重要，特别是公司重大战略决策，更需要多元化任职经历所塑造的管理者认知能力、决策风格以及有效的社会网络资源等方面予以支撑。

表1-1 典型 CEO 任职经历多元化实例

CEO 姓名	丰富任职经历
比尔·拉福	作为美国知名企业家，比尔·拉福中学毕业后考入麻省理工学院，选择工科中最为普通且基础的机械专业。毕业后获得了经济学硕士学位，于芝加哥大学完成了为期三年的研究生学习生涯。之后进入政府部门工作，五年后辞职经商，两年后创办了商贸公司，二十年后实现了公司资产从二十万美元骤增至两亿美元
约翰·钱伯斯	享有"互联网先生"美誉的约翰·钱伯斯，早年曾就职于代理收购与兼并的咨询公司，在美国王安电脑有限公司任职期间负责亚洲区的销售业务。加盟思科后，担任思科全球运作部的高级执行官，随后在思科制造部、研发部，以及全球销售、市场与支持等部门工作
雷蒙德·克罗克	作为麦当劳创始人，雷蒙德·克罗克早年曾经靠演奏钢琴谋生，先后担任过救护车司机、吊袜带及玫瑰花苞推销员、纸杯推销员、销售经理、乐队成员、奶昔机推销员等
杰夫·伊梅尔特	杰夫·伊梅尔特在成为通用电气公司（GE）总裁兼董事长之前，就职于 CE 总部市场部，后来才转入 GE 塑料集团，并先后任职于销售、市场及全球产品管理等多个部门，在晋升副总裁后，管理集团全球市场及产品等
李嘉诚	李嘉诚的童年正逢中国战乱，生活艰苦。他早期在钟表厂打工，做过塑胶厂推销员，因勤奋上进，被老板赏识升职为总经理。后创办长江塑胶厂，成为中国香港塑胶玩具出口业之冠。不仅是房地产行业，他所涉及的领域还包括航运服务、电力供应、货柜码头以及零售等行业。迄今为止，李嘉诚已经成为中国香港第四大雇主，拥有长江实业、和记黄埔、香港电灯以及长江基建等多个集团
郑裕彤	享有"香港珠宝大王"美称的郑裕彤，早期却是周大福金铺的小杂役，每天只是负责扫地、洗厕所、擦灰尘、倒痰盂等清洁工作。在成为周大福"郎婿"后更是坚信"在商场上守业就等于失业，只有不断创新，才能不断前进，才能图谋发展"的理念，因此率先开创了金饰制造的新工艺，成为当时消费领域新潮流的引领者。随后，他又将目光转向钻石行业，并成为中国香港最大的钻石进口商。19 世纪 70 年代至今，先后兴建香港新世界中心、率先进军内地投资祖国的建设事业、收购亚洲电视股权、组建中国香港最大的酒店集团、收购欧美多家集团酒店业务
李开复	在卡内基梅隆大学计算机系取得博士学位后，李开复毕业留校任教两年，随后辞职并投身于产业。曾在当时 PC（个人计算机）行业的领军企业 Apple 任职，1996 年转投 SGI 任职网络产品部全球副总裁，1998 年受命组建并管理微软中国研究院，2005 年跳槽到 Google 并出任 Google 中国区总裁。辞去 Google 职务之后，在中国创办了一家以青年创业为主的风险投资平台"创新工厂"
王健林	作为中国著名万达集团的创始人，王健林早年曾在森林工业局工作，后参军入伍成为一名侦察兵并晋升为排长。在党政专修班学习毕业后，转业成为大连市西岗区人民政府办公室主任，随后就任于西岗区住宅开发公司总经理
雷军	大学期间与同学创业开办三色公司，生产仿制金山汉卡，后退出时任公司，毕业后就职于北京一家航天研究所。因不满足于现状，他受邀加盟金山公司，并先在金山公司担任北京开发部经理、在珠海公司担任副总经理，后出任北京金山软件公司总经理，负责公司管理、研发、产品销售及市场战略规划。公司股份制改组完成后，在珠海金山软件股份有限公司担任总裁。在金山公司上市不久后，他宣布辞任并创办小米科技有限公司，小米也成为中国第四大互联网公司

续表

CEO 姓名	丰富任职经历
马云	马云在创办海博翻译社期间，做过业务推销员，贩卖内衣、礼品、医药等商品。中国黄页作为中国第一家网站，其创办源于马云的一次偶然访美经历，在参观朋友在西雅图的网络公司后，亲眼见识到互联网的神奇并意识到互联网的巨大发展前景。截至目前，阿里巴巴已经成为中国市值最大的互联网公司之一

资料来源：笔者整理。

二、理论背景

战略变革（Strategic Change）是公司为了适应外部环境变化、获取或保持关键竞争优势的重要途径之一（MacKay & Chia，2013），适时推动公司进行战略变革反映了管理者准确预估和及时应对环境变化的能力（Wiersema & Bantel，1992）。梳理公司战略变革影响因素的相关研究发现，公司战略变革主要分为以下三个流派：一是从外部环境要素出发，随着产业结构调整的加快以及全球化竞争态势的加剧，公司战略变革不再是公司被动顺从环境变化的结果，而呈现出复杂性、高风险性等特点。战略管理学者很早就意识到环境要素对公司战略的重要性。已有研究主要考察了环境复杂性、环境丰富性、环境动态性等要素对公司战略变革的影响。例如，Ginsberg 和 Buchholtz（1990）研究发现，环境丰富性程度越高，越有可能发生大规模的战略变革。环境复杂性和环境动态性也会在一定程度上影响公司战略变革（傅皓天等，2018）。二是从组织内部要素出发，既有研究指出，公司业绩不佳、治理结构、公司规模、高管年龄等公司特征也会对战略变革产生影响。部分学者指出，公司业绩不佳时推行战略变革的可能性更高（Boeker，1997；Jensen & Zajac，2004）；还有研究发现公司业绩与战略变革之间并没有关系（Allen & Phillips，2000）。公司规模和战略变革之间的关系也存在争议，公司规模和闲置资源在与周转相关的战略变革中发挥着重要作用，拥有更多闲置资源的公司往往能够成功实施战略变革（Dawley et al.，2002；朱丽等，2018）。此外，董事会层面的特征也会影响公司战略变革行为。就董事会对战略变革的影响而言，现有研究呈现出相互矛盾的特征（Goodstein et al.，1994；Haynes & Hillman，2010）。三是管理者特征要素可进一步细分为人口统计学特征以及心理行为特征。高管的人口统计学特征，诸如年龄、性别、教育背景等会影响公司战略变革行为（Barker & Mueller，2002；Dittmar & Duchin，2016；Hambrick & Mason，1984），而心理行为特征主要有管理者过度自信（Galasso & Simcoe，2011；陈伟宏等，2021）、CEO 自恋（于洪鉴等，2019）以及 CEO 外向型

（Datta et al.，2003；Malhotra et al.，2018）等。

　　高阶梯队理论指出，面对高度复杂化的内、外部环境时，由于信息不对称，管理者往往是有限理性且极具差异化的个体，其个人过往职业背景的差异会造成管理者个人偏好、决策视野、价值观念以及认知风格等的不同，从而造成公司战略决策及战略偏好上的差异，并形成不同的经济后果（Hambrick & Mason，1984）。事实上，公司战略决策是环境因素被管理者自我认知体系和价值观过滤后的结果，与高管个人过往多元化职业背景息息相关。例如，Geletkanycz 和 Hambrick（1997）研究证实，在不同行业担任董事会职务的高层管理者，可能会遵循差异化的战略实践，因此更有可能在当前公司实施战略变革。同样，在中国情境下的管理实践也证实了这一点，既有像三九集团从"999"胃泰跨界延伸至"999 冰啤"但最终惨淡地收场的失败案例，亦有像海尔从传统家电公司转型为制造创客和公司家平台的华丽蜕变。可见，公司战略变革的实施需要能够容忍变革失败且思维敏捷具有战略远见的决策者，以形成公司战略变革的内在推动力；作为决策主体的 CEO 个人特征在影响公司战略决策上举足轻重。

　　同时，学术界也对高层管理者过往任职经历的相关研究展现出了兴趣。管理者多元化背景特征与公司决策行为之间的作用关系成为战略管理、组织行为以及行为金融等领域近年来的热点研究内容。Hambrick 和 Mason（1984）在高阶梯队理论中指出，决策行为是由多种因素共同引导的结果，管理者的自我认知模式、价值观念以及个体偏好会影响管理者对信息的及时甄别、处理以及解码，进而影响公司经营的决策行为。学者们在此基础上，考察了管理者年龄、性别、社会阶层、教育背景、任期以及职业背景等人口统计学特征，并研究管理者背景特征与公司行为及绩效等的作用关系（Chen et al.，2021；Richard et al.，2019；Wiersema & Bantel，1992；You et al.，2020）。除此之外，部分学者从心理行为角度出发，考察管理者自身的一些特质，诸如管理者过度自信（王铁男等，2017；郑培培、陈少华，2018；Sauerwald & Su，2019）、CEO 自恋（Zhu & Chen，2016；吴建祖、龚敏，2018）等心理特征，并将其与公司管理行为之间建立联系。尽管任职经历是管理者背景特征中的关键异质性特征之一，但通过梳理管理者任职经历与公司决策行为的已有研究发现，目前的研究主要聚焦于管理者单一任职背景对公司决策行为及经济后果的影响，例如，军旅经历（Benmelech & Frydman，2015；Koch - Bayram & Wernicke，2018；董静、邓浩然，2021）、贫困经历（马永强等，2019；许年行、李哲，2016）、从政经历（王海军等，2021）、财务经历（姜付秀等，2018）、金融背景（Custódio & Metzger，2014；杜勇、王婷，2019）、研发背景（李慧聪等，2019；张栋等，2021）、投行经历（孙甲奎、肖星，2019）、学术经历（文雯等，2019）、海外经历（Le &

Kroll，2017；柳光强、孔高文，2018）、经济衰退期经历（Schoar & Zuo，2017）等单一特殊职业经历的影响。然而，不同的职业经历会互相作用共同塑造管理者的管理风格，单一的经历特征研究忽视了各种职业经历之间的彼此联系和作用，难以全面分析不同职业经历对管理者战略决策的影响。

已有研究证实，管理者在制定公司战略决策时，会综合利用整个职业生涯中所习得的各种技能（Custódio et al.，2013）。通常来说，由任职经历获得的管理资本主要包括两方面，即一般人力资本和特定于某组织的人力资本。其中，一般人力资本指并非特定于某组织且可跨公司或跨行业转移的各项技能；特定于某组织的人力资本指仅在当前组织内部具有价值的技能、知识、人脉及工作经验（Becker，1962）。CEO 作为公司的关键人力资本以及战略的制定者和执行者，其个人特征会显著影响公司各项战略决策行为（Hambrick & Mason，1984），例如新市场进入（Tuschke et al.，2014）、公司创新（赵子夜等，2018）、并购战略（Dong et al.，2019；McDonald et al.，2008）、资源重新配置（Louca et al.，2020）以及内部重组（Le & Kroll，2017）等。相较于具有单一任职经历的高管来说，拥有丰富创新经验的高管往往更容易被公司关注和聘任，并获得较高的薪酬。鉴于管理者在制定决策时主要依赖其过往任职经历中形成的认知基础，丰富的任职经历为其带来了更强的及时应变能力、跨界知识处理能力、独具创新的意识及偏爱冒险的精神，这能够帮助公司积极应对外部环境骤变、及时调整战略决策，进而实现公司价值提升。最近，有研究开始注意到 CEO 丰富任职经历的重要作用，包括公司创新、高管薪酬、公司投融资和公司绩效等。例如，何瑛等（2019）研究发现，CEO 职业经历的丰富程度与公司创新水平呈现正相关关系，其中，跨公司经历越丰富，公司创新水平越高。赵子夜等（2018）从通才和专才的视角区分 CEO 类型，研究发现，通才型 CEO 能够显著提升公司的创新水平。Li 和 Patel（2019）利用 CEO 任职过的不同行业数量以及其工作过的公司数量来衡量通才型 CEO，研究发现，CEO 先前工作过的公司数量或行业数量与公司业绩呈显著负相关关系。Crossland 等（2014）指出，具有更多职业多样性的 CEO 有动力去追求新奇和变化，并在认知上准备好接受不同的观点和想法，在不同专业和机构领域拥有不同经验的 CEO 表现出更高水平的战略变革、战略独特性和高层管理团队更替水平。尽管如此，CEO 任职经历如何影响公司战略变革的研究仍然十分匮乏。

除此之外，决策者所处的特定情境要素也会影响公司关键决策（Ocasio，1997）。首先，战略选择的核心是权力，学者们通过对权力的研究来对管理者做出的不同战略选择进行解释（Samimi et al.，2020），管理层对于公司管理的影响往往依赖于权力的表现。倘若作为公司决策主体的个人，可以利用自身的稀缺信息或资源优势影响群体内其他成员，并最终达成个体意愿，那么这一决策主体就具有权力。已有学者主要关注管理层权力与高管薪酬、薪酬操纵以及股权激励等关系的研究（权小锋、吴世农，2012；杨兴全等，2014），然而董事会作为现代公司治理机制优化的产物，是公司内部决策控制系统的核心，公司的运营规划和投融资方案，管理人员聘任、解聘以及管理层薪酬等各项事宜都必须经过董事会审议后才能执行。由于董事会制度兼具相对团队独特性和任务独特性，因此，对董事会的研究有必要区别于管理层单独开展。作为一种权力平衡机制，董事会是影响公司战略决策过程的关键主体。董事会权力在一定程度上反映了其应对公司决策形成不一致意见的能力，能够有效监督管理层的战略决策，并对其形成必要的约束，以防因管理者壕沟效应导致的公司决策失误，进而给公司带来巨大亏损（孟祥展等，2018）。

其次，作为公司内部闲置资源，组织冗余能够减轻公司在执行战略变革中遇到的阻力，诸如组织内部结构调整以及外部环境急剧变化等方面，进而提高战略变革的成功率（朱丽等，2018）。因此，组织冗余被视为公司战略变革的决策情境。段海艳（2012）指出，组织冗余即组织中尚未被使用或者超出现实经营过程中所需的那部分资源，它可以减缓市场变化带来的压力。一方面，开展战略变革本身具有不确定性和高风险等特征，如果公司拥有富足冗余资源，就能够及时提供资源支持，营造有利于战略变革的宽松氛围。另一方面，急剧变化的外部环境要求公司及时调整战略决策，组织冗余作为闲置资源有助于增强公司应对环境挑战的能力，为战略变革活动配备充足资源，帮助公司迅速调整战略（严若森等，2018）。公司战略变革活动归因于内外部因素的共同作用，容易受到公司决策情境的影响，因此组织冗余作为一种决策情境很可能会对 CEO 任职经历与公司战略变革的作用过程起到调节作用。

此外，从外部环境视角出发，公司需要针对不同的外部环境变化制定相应的战略。事实上，2020 年，各国和地区经济的正常运行遭受了重大冲击，各国和地区频繁调整经济政策以平滑经济波动（Gulen & Ion，2016）或刺激经济发展（顾夏铭等，2018），这造成各国经济政策充满高度不确定性。一部分学者对经济政策不确定性与公司战略变革之间的关系也展开了相应的研究，结果发现，经济政策不确定性会影响投融资（Dibiasi et al.，2018）、并购（Bonaime et al.，2018）以及创新（顾夏铭等，2018）等多种公司战略决策行为。一般来说，公司战略变革通常会导致一系列战略行为的改变（孟庆斌等，2018），例如，广告支出、研发投入、固定资产更新、存货水平的改变（Bednar，2012；Díaz-Fernández et al.，2015），以及公司人员配置、治理架构行为的改变（杨林、张敏，2008）。由于任何公司均嵌入特定的经济政策环境，经济政策不确定性将对公司战略变革产生重要的塑造作用（顾夏铭等，2018）。这意味着，经济政策不确定性可能会通过影响公司战略的变革，激发出"牵一发而动全身"现象（万赫等，2021）。毋庸置疑，面对经济政策不确定的环境，公司的战略决策制定与管理者的个体认知及风险容忍度等背景特征密切相关，反映了管理者对待风险决策的态度。但遗憾的是，目前探究经济政策不确定性经济后果的研究忽视了对整体层面公司战略变革的考察。

最后，在战略管理的相关研究文献中，战略变革及其对公司绩效的影响占据着重要位置（Bhagat & Bolton，2019；Fondas & Wiersema，1997），具有不同任职经历的 CEO 可能采取广泛的战略行为（Crossland et al.，2014；Custódio et al.，2017），并获取可观的薪水报酬（Custódio et al.，2013），但已有研究针对具有丰富任职经历的 CEO 与公司战略变革的经济后果的关系至今仍存在分歧。一方面，任职经历丰富的 CEO 能够利用公司特有的资源获取更多的专业知识，增强其对外部环境的适应性，有利于改善与投资者之间的关系（Murphy & Zabojnik，2007）；同时，还能广泛寻找新的市场机会，帮助公司走出财务困境。另一方面，Wang 和 Murnighan（2013）认为，具有丰富任职经历的 CEO 在匹配外部环境与当前公司可用资源时存在模糊性，由于跨领域的知识迁移比较困难，导致先前不同行业及公司间的经验与公司特定资源不一定能够有效结合。与此同时，管理者自身可能存在知识遗忘（Ebbinghaus，2021），若任职经历丰富的 CEO 仍然依赖过去的认知图式而产生负向学习迁移（Hamori & Koyuncu，2015），则可能导致公司治理混乱以及资源配置低效率，降低公司绩效。Zhang 和 Rajagopalan（2010）对战略变革与公司绩效之间的关系展开分析，发现二者之间的关系呈倒"U"型。可见，若想明确 CEO 任职经历与战略变革的经济后果之间的关系，需进一步展开实证探究。

综上所述，对具有丰富任职经历的高层管理者来说，其过往职业生涯中的多种工作经历之间相互作用，共同塑造出管理者当前的决策风格。同时，CEO 任职经历不仅提高了公司的风险承担水平，而且借助其从过往职业经历中获取的社会网络资源，为公司战略变革提供相关资源支撑，进而影响管理者在焦点公司的战略变革行为。然而，梳理现有学者相关研究可知，CEO 过往任职经历的数据获取及指标度量存在困难，加之中国情境下 CEO 过往职业生涯分布广泛、类型多样，更是增加了对 CEO 任职经历的数据获取及度量的难度。鉴于此，本书试图考察中国情境下，具有多元化职业生涯经历的 CEO 任职经历与公司战略变革的作用机制及经济后果。

三、问题提出

随着市场竞争日趋激烈，公司迫切需要及时制定战略变革决策以应对复杂多变的内外部环境。在经理人市场中，具有丰富任职经历的通才型高层管理者与单一职业经历的专业型高层管理者，究竟哪一类人才更能在充满不确定性的市场竞争中脱颖而出，充分利用自身的优势帮助公司快速制定最优战略决策，从而有效地实现公司价值的提升？区别于西方国家的市场治理环境，中国上市公司所处的独特市场环境为本书提供了良好的研究情境，有助于识别出中国市场经济制度下具有丰富任职经历的 CEO 与公司战略变革之间的作用关系。据此，本书依据关键指标构建"直接效应—边界条件—作用路径—经济后果"的逻辑思路，系统而全面地考察具有丰富任职经历的 CEO 与公司战略变革之间的影响效应，并提出以下研究问题：区别于西方国家市场治理环境，中国市场治理情境下 CEO 任职经历的多元化程度是怎样的？在不同行业及公司类别中具有怎样的分布趋势？CEO 任职经历能否推动公司战略变革？在不同情境要素下，CEO 任职经历与公司战略变革之间会产生怎样的差异化影响效果？本书聚焦战略变革的意愿和能力视角，即公司风险承担和社会网络资源，考察 CEO 任职经历是否通过上述路径作用于公司战略变革。最后，本书探讨了 CEO 任职经历对公司战略变革的经济后果，并检验 CEO 任职经历是否通过推动公司战略变革提升公司价值。本书的问题可以进一步划分为以下四个子研究问题：

研究问题一：中国情境下 CEO 任职经历指标如何构建？

本书利用获取的 2007~2020 年中国沪深 A 股非金融上市公司数据为研究样本，将理论发展与管理实践相结合，以中国独特的制度环境为研究背景，分别从 CEO 过往任职的职业背景、公司、行业、组织机构、任职 CEO 经历、海外经历六个维度构建 CEO 任职经历综合指标，并对其加以测度；同时，利用参数检验和非参数检验了解样本数据的总体分布情况，初步判断具有不同产权性质、行业性质的公司对具有丰富任职经历的 CEO 的聘任是否存在某种固有偏好，以此为后文的理论检验奠定基础。

研究问题二：CEO 任职经历是否会影响公司战略变革？在不同的情境下，CEO 任职经历与公司战略变革之间的作用关系可能存在怎样的差异化表现？

从整体视角出发，将拥有丰富任职经历的 CEO 嵌入公司战略变革中；同时，从横向和纵向两个角度区分公司战略变革，即公司战略背离和公司战略变动两个方面。在此基础上，探究 CEO 任职经历对公司战略变革的直接影响效应，即 CEO 任职经历是否影响公司战略离，CEO 任职经历是否作用于公司战略变动，并进一步考察在不同研究情境下可能引致 CEO 任职经历对公司战略变革产生怎样的差异化影响。

研究问题三：聚焦于战略变革的意愿和能力视角，CEO 任职经历与公司战略变革之间的作用路径是怎样的？

本书问题基于子问题二，即 CEO 任职经历对公司战略变革是否存在影响。借助高阶梯队理论、资源依赖理论等理论，聚焦于战略变革的意愿和能力视角，深入挖掘 CEO 任职经历与公司战略变革之间可能的作用路径，从而分别验证 CEO 任职经历是否通过公司风险承担和社会网络资源两种途径作用于公司战略变革。

研究问题四：CEO 任职经历对公司战略变革影响的经济后果是怎样的？

本书基于前述子研究问题，即 CEO 任职经历会通过上述两种途径影响公司战略变革，结合高阶梯队理论等，探讨并实证检验 CEO 任职经历对公司战略变革的经济后果，进一步验证 CEO 任职经历是否通过公司战略变革有效地实现了公司价值的提升。

第二节 研究内容与研究方法

一、研究内容

根据前述内容的分析，本书提出了主要的研究问题，即在中国情境下，具有丰富任职经历的 CEO 是否影响公司战略变革决策，其作用机制及经济后果是怎样的。基于此，本书选取具有丰富任职经历的上市公司 CEO 为研究对象，以管理者过往任职背景特征为切入点，构建了"CEO 任职经历的直接效应—情境要素的调节机制—中介作用路径—CEO 任职经历及公司战略变革的经济后果"的理论框架，并依据关键指标构建了"直接效应—边界条件—作用路径—经济后果"的逻辑思路，层层递进，探讨 CEO 任职经历对公司战略变革的影响机制。具体而言，本书的核心研究内容主要有以下四个方面：

研究内容一：中国情境下 CEO 任职经历指标构建及分布趋势。

首先，梳理归纳现有学者对管理者过往多元化任职经历的测度方式，在借鉴已有学者研究方法的基础上，从国泰安数据库、万得数据库、上市公司公告、公司年报、百度百科、新浪财经、凤凰财经、和讯网等渠道，结合手工及 Python 等方式获取、完善并补充各 CEO 的简历信息。其次，考虑到中国独特的制度环境，分别从管理者过往任职的职业背景数、公司数、行业数、组织机构数、任职

CEO 经历、海外经历六个维度，构建符合中国管理实践的 CEO 任职经历丰富程度指标的测度方式；在此基础上，借助主成分分析法提取特征根大于 1 的主成分构建综合指标，进一步分析以中国上市公司为研究样本的数据分布趋势。

研究内容二：CEO 任职经历、情境要素与公司战略变革。

首先，依据文献梳理对相关研究假设进行推导，分别从横向和纵向视角划分公司战略变革，即战略背离（行业层面）和战略变动（公司层面），进而考察 CEO 任职经历是否会对公司战略变革行为产生影响。其次，分析在不同情境下，上述二者之间的作用关系是否存在差异化的表现；进一步地，利用多元线性回归方法对上述理论推导进行实证检验，同时，采用调节效应对不同情境下的差异化影响效应进行检验。最后，选取一系列稳健性检验对上述理论推导进行验证，以提高研究结果的稳健性。

研究内容三：CEO 任职经历与公司战略变革作用路径。

通过对相关理论文献的梳理及分析，从战略变革的意愿和战略变革的能力视角出发，研究发现，一方面，CEO 过往任职经历会影响管理者内在特质，不同职业生涯经历会相互作用、共同塑造管理者决策风格。公司战略变革作为一项具有风险的资源配置活动，CEO 任职经历越丰富，越倾向于表现出过度自信的心理特征，增强了管理者风险偏好心理，进而提升公司战略变革的意愿。另一方面，嵌入性理论指出，管理者在其所处的社会结构中开展的各项经济活动，终将嵌入其所在的社会网络关系中，并形成某种具有资源配置效应的"社会资本"，这有助于公司寻求稀缺资源进而有能力推动公司战略变革的开展。据此理论分析，本书可提出研究假设，并借助中介效应检验模型，利用面板数据对上述两条作用路径进行检验，以考察 CEO 任职经历是否通过提升和拓宽公司风险承担水平和社会网络资源两种渠道推动公司战略变革活动的开展。

研究内容四：CEO 任职经历、公司战略变革与公司价值。

公司战略变革作为一项高风险性决策，能否最终获得价值提升不得而知，因此，CEO 任职经历通过公司战略变革能否影响公司价值有待实证检验。基于前述研究可知，CEO 任职经历会影响公司战略变革。首先，进一步梳理 CEO 任职经历与公司价值之间的关系以及公司战略变革与公司价值之间的关系的相关理论文献，并在理论推导的基础上提出假设。其次，借助中介效应检验模型，利用面板数据对上述关系进行验证。本书从经济后果视角检验了公司战略变革在 CEO 任职经历和公司价值之间的中介效应，打开了 CEO 任职经历影响公司价值的内在"黑箱"机制。

本书的整体思路框架详见图 1-1。研究内容一主要用于探讨中国制度环境下的 CEO 任职经历指数的测度及样本总体分布情况。研究内容二主要用于探讨

CEO 任职经历对公司战略变革主效应，并以中国市场制度环境为研究背景，进一步分析在董事会层面、公司层面以及环境层面等情境下，CEO 任职经历与公司战略变革行为之间关系的差异化效应。研究内容三聚焦于战略变革意愿及战略变革能力视角，用于探究 CEO 任职经历对公司战略变革的中介作用机制。基于前述研究，研究内容四进一步分析 CEO 任职经历对公司战略变革的经济后果，并考察 CEO 任职经历是否通过公司战略变革提升（或降低）公司价值，即公司战略变革在 CEO 任职经历与公司价值之间是否存在中介作用。

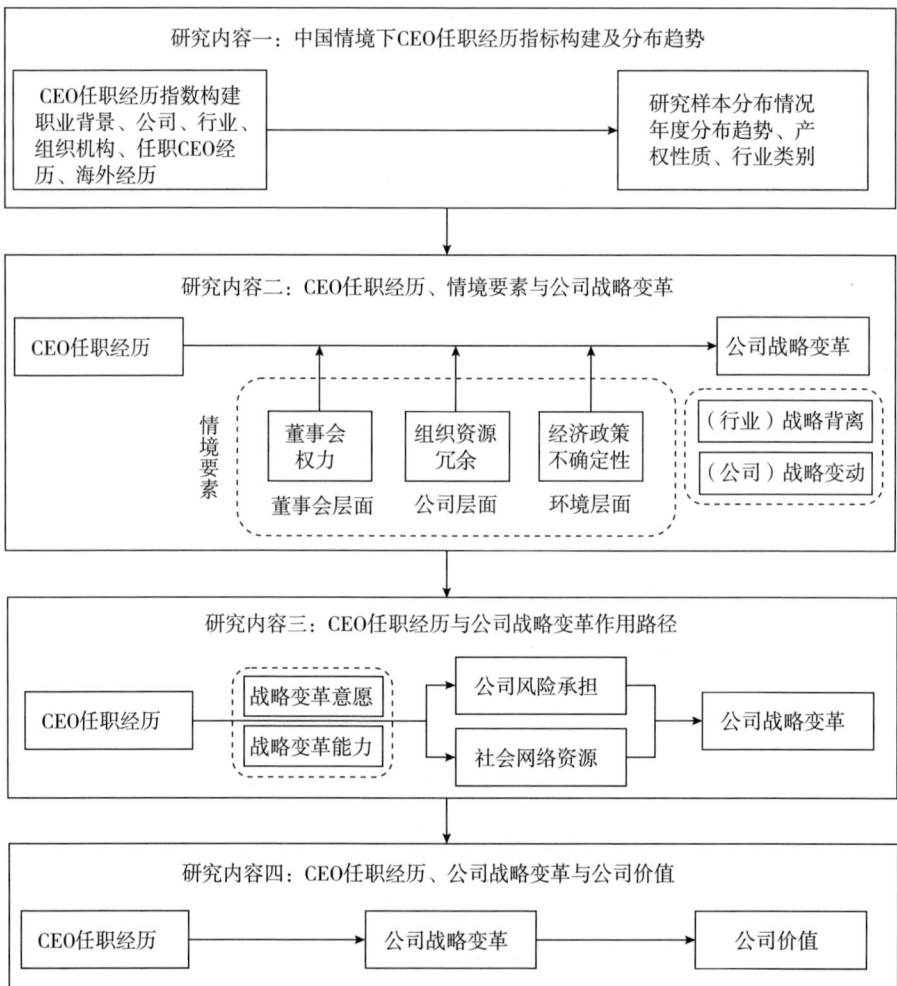

图 1-1　整体研究内容的逻辑框架

资料来源：笔者绘制。

本书章节安排如下：

第一章，绪论。该章首先分析并阐述本书的研究背景，包括现实背景和理论背景两部分，在此基础上明确本书的关键研究问题。在明确本书的研究问题之后，细化本书的研究内容；同时根据研究内容进行章节安排，以及各章节使用的研究方法，并绘制出本书的研究技术路线图，使得整体结构清晰明了。最后，结合本书的研究主题、研究对象、研究内容以及研究方法凝练出本书的研究意义及可能的研究创新点。

第二章，理论基础与文献综述。首先，结合本书研究主题，对本书的核心概念予以界定，并简要回顾相关理论，如高阶梯队理论、烙印理论等。其次，梳理总结已有关于CEO背景特征与公司决策行为、公司战略变革以及公司价值等方面的相关研究，以了解上述领域的整体研究脉络。最后，对这些相关文献研究进行系统归纳与述评，指出现有文献研究中可能存在的研究空白，并提出本书的创新切入点，为后续实证模型检验提供理论支撑。

第三章，CEO任职经历丰富性指标构建及评价。该章解决研究问题一，即中国情境下CEO任职经历指标的构建及其样本分布趋势情况分析。首先，对已有文献中关于管理者任职经历多样性的相关测度方式进行总结。同时，将中国独特的制度环境考虑在内，构建符合中国管理实践的CEO任职经历丰富性指标的测度方式。其次，针对CEO任职经历指数，利用Python、Excel、Stata17.0等进行数据处理及初步统计分析。在后文实证模型检验中，均以该变量作为论文关键研究变量。最后，根据研究结果进行系统归纳。

第四章，CEO任职经历与公司战略变革：情境要素的调节效应。基于第三章的内容，该章解决研究问题二，即CEO任职经历是否影响公司战略变革，以及在不同情境要素下，上述二者关系间的差异化表现。首先，该章依据文献梳理对相关研究假设进行推导，并实证检验CEO任职经历是否影响公司战略变革行为。其次，以中国市场制度环境为研究背景，分别考察在董事会层面、公司层面以及环境层面等不同情境下，CEO任职经历与公司战略变革行为之间关系的差异化效应。除此之外，该章还采取了一系列稳健性检验，如倾向得分匹配、替换核心变量、更换变量测度等，以增强研究结果的可靠性。最后，根据研究结果进行系统归纳。

第五章，CEO任职经历与公司战略变革：中介作用机制。该章在第四章的基础上，探讨研究问题三，即CEO任职经历如何作用于公司战略变革，以及二者之间的内在具体作用路径如何。该章通过对相关理论文献的梳理及分析，从战略变革的意愿和战略变革的能力视角出发，探究CEO任职经历是否通过提升公司风险承担水平和拓宽社会网络资源两种渠道作用于公司战略变革。该章进一步借助多元线性回归分析方法对上述理论推导进行实证检验，并借助一系列稳健性检验以确保研究结论的可靠性。最后，根据研究结果进行系统归纳。

第六章，CEO 任职经历、公司战略变革与公司价值。该章基于前述章节，解决研究问题四，即 CEO 任职经历与公司战略变革的经济后果。由前述章节的理论分析和实证模型检验可知，CEO 任职经历会影响公司战略变革行为，在不同情境下二者之间的作用关系存在差异化表现，因此，该章进一步探究 CEO 任职经历通过提升公司风险承担水平和拓宽社会网络资源两种途径作用于公司战略变革的行为。该章通过中介效应模型检验 CEO 任职经历对公司战略变革的经济后果，并采取了一系列稳健性检验以增强研究结论的可靠性。最后，根据研究结果进行系统归纳。

第七章，研究结论与展望。通过总结和剖析以上研究结果，该章归纳出主要的研究结论，进而提出本书的理论贡献和管理启示；最后，对本书中存在的研究不足及未来可能的研究方向进行了阐述。

图 1-2 列示了本书的整体结构与章节安排。

二、研究方法

（1）文献研究法。文献研究法主要指搜索、甄别、整理并分析文献，从而对将要研究的内容形成客观认识；它是一种传统且重要的科学研究方法。本书主要通过中国知网、百度学术、谷歌学术、EBSCO、Web of Science 等平台进行搜索，搜索领域包括职业经历、任职经历、战略变革、董事会权力、组织资源冗余、经济政策环境不确定性、公司风险承担、社会网络资源以及公司价值等。本书归类整理所收集到的文献，并挖掘出相关研究领域的发展趋势；立足文献梳理和寻找现有研究的空白点，为后续研究奠定理论基础。本书使用该方法对 CEO 任职经历的概念进行总结，确定适合实证研究的 CEO 任职经历定义，并就已有关于管理者任职经历对公司战略变革的影响提出本书的相关假设。

（2）理论演绎法。理论演绎法侧重于对研究对象的定性分析，通常是在一定理论基础上进行演绎，有效地识别变量之间的关系，或者是对一定的现象进行归纳，总结出新的理论。本书使用该方法总结归纳出不同理论视角下，CEO 任职经历如何影响公司战略变革。第一章和第二章通过广泛地阅读国内外相关领域相关主题的文献，把握已有学者对相关主题的研究现状，对经验与经历的概念辨析、CEO 任职经历的特点、CEO 任职经历与公司决策行为、公司战略变革、公司价值等领域的文献进行归纳梳理，总结现有学者研究中可能存在的不足之处，并据此提出本书的核心研究问题，从而对研究空白进行补充和延伸。第三章的关键指标构建中，在梳理已有研究的基础上，归纳总结现有对相关指标构建的研究

第一章 绪论	研究背景；研究问题及价值；研究内容与方法；整体研究框架；研究意义和创新点	问题提出：现实反思与理论探讨
第二章 理论基础与文献综述	CEO任职经历与决策行为、战略变革、公司价值、情境要素、公司风险承担、社会网络资源等相关理论研究；文献述评	文献梳理：理论推演与述评
第三章 CEO任职经历丰富性指标构建及评价	梳理CEO任职经历变量的相关测度；结合中国情境构建CEO任职经历丰富性指标；分析样本在不同产权、公司类型中的差异	问题演绎：管理实践与指标构建
第四章 CEO任职经历与公司战略变革情境要求的调节效应（主效应和调节效应检验）	分析CEO任职经历对公司战略变革的影响，以及在不同情境下对上述作用关系的效果差异情况	实证分析：基于实证研究的概念模型构建与检验
第五章 CEO任职经历与公司战略变革：中介作用机制（中介作用机制检验）	分别从战略变革的意愿和能力视角出发，探究CEO任职经历作为一种关键资源，对公司战略变革的作用路径	
第六章 CEO任职经历、公司战略变革与公司价值（经济后果检验）	探究CEO任职经历对公司战略变革的经济后果，验证CEO任职经历是否通过公司战略变革提升（降低）了公司价值	
第七章 研究结论与展望	根据前述研究结果总结本书的主要结论，并提出相应的管理建议；总结本书可能存在的局限与未来展望	问题探讨：结论、反思与展望

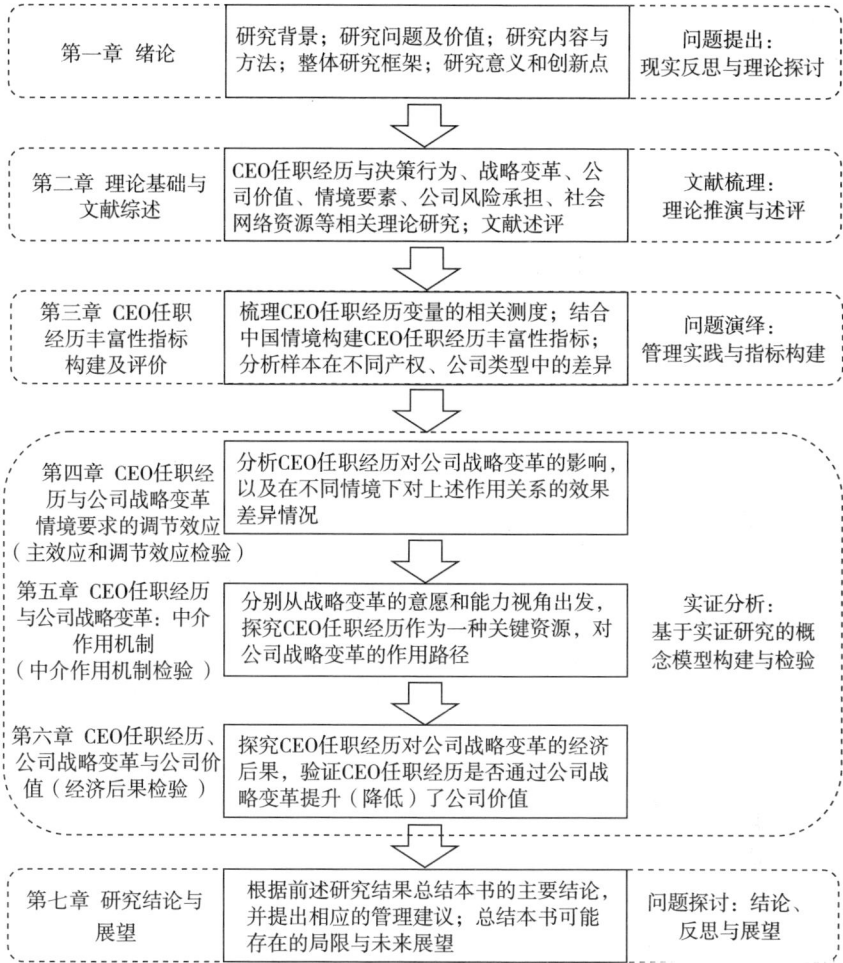

图 1-2 本书整体结构与内容安排

资料来源：笔者绘制。

方法，依据中国上市公司现实研究情境，构建符合中国特色的管理者任职经历指标，进一步分析以中国上市公司为研究样本的数据分布趋势。第四章至第六章的问题提出及假设推导部分依据对已有文献，运用理论演绎及归纳分析的方法提出CEO任职经历对公司战略变革的影响关系、作用路径以及经济后果的具体假设，为后文的实证检验提供理论支撑。

（3）实证分析技术。在上述理论模型中，对构念之间的关系进行分析。基于研究规范，在实证检验部分，本书从国泰安（CSMAR）、万得（Wind）等数据库获取中国上市公司高管任职背景特征、公司财务、董事会层面等相关数据，结合上市公司年报公告、百度百科、新浪财经、和讯人物等途径收集并完善中国上市公司高管个人简历信息数据；同时借助 Python 对所需研究数据进行编码匹配处理。最后，依据计量等统计分析方法，使用 Stata17.0 软件对上述构念之间的关系进行验证，以确保理论模型的准确性与合理性。第三章主要选取主成分分析法构建论文关键变量，即 CEO 任职经历指数。主成分分析法旨在运用降维的思路，将多维数据转换成少数指标维度并确保尽可能地反映绝大部分样本信息。本书依据 CEO 任职经历指数所包含的六维度基础数据，借助主成分分析法提取特征根大于 1 的主成分构建综合指标，以便后文的实证检验分析。此外，本书借助参数检验对关键变量的样本均值和方差的分布情况进行假设推断。考虑到不同公司及行业类型面临差异化的管理情境，因此本书以产权性质、行业性质区分两个独立样本，分别采用基于参数检验的组间均值差异 T 检验和基于非参数检验的 Mann-Whitney U 秩和检验，进而初步判断不同产权性质、行业性质的公司与 CEO 任职经历是否存在某种固有偏好。第四章到第六章，主要采用样本分布、描述性统计、相关分析以及多元线性回归分析样本数据，进而检验 CEO 任职经历对公司战略变革的影响、情境差异、作用路径以及经济后果。为提高研究结论的稳健性，本书基于已有学者的相关研究，采用一系列稳健性检验和内生性检验，如工具变量法、Heckman 两阶段法、倾向得分匹配法，删除部分样本以及替换变量等，从而缓解本书可能存在的内生性问题，提高本书研究结论的可靠性。

第三节　研究意义与创新点

一、研究意义

本书基于高阶梯队理论、资源依赖理论以及行为金融理论，分析了中国制度环境下，具有丰富任职经历的 CEO 与公司战略变革之间的关系以及在不同情境下二者关系之间的差异化表现，进一步考察了 CEO 任职经历通过何种路径作用于公司战略变革以及上述路径的经济后果，并基于中国沪深 A 股非金融上市公司的统计数据进行了实证检验。本书不仅对 CEO 任职经历的研究具有重要的理论价值，而且为公司在利用 CEO 任职经历提升公司价值上提供借鉴和指导。

（一）理论意义

首先，本书以中国独特的制度环境为研究背景，结合手工及 Python 等方式收集不同维度的数据，构建了中国沪深 A 股非金融上市公司 CEO 任职经历指数，为高阶梯队理论综合因素模型的建立提供了重要的理论参考。

本书立足于中国独特的制度背景，检验了国外 CEO 任职经历丰富性研究结论的适用性，丰富了已有关于高管人口统计学背景特征的相关文献研究。作为国内外管理学、经济学、心理学等学科领域的重点关注方向，CEO 人口特征与战略、公司绩效的关系一直是重要的研究问题，但对于 CEO 任职经历丰富性特征尚未有研究详细阐述。尽管多数学者从 CEO 人口特征视角对其进行研究，但是相关研究结论并未统一，此外在变量测度上也缺乏严谨性。例如，虽然部分学者研究 CEO 性别、年龄、教育背景以及职业背景等人口统计学特征，但是对于 CEO 职业背景等相关任职经历的测度，主要从单一维度进行考虑，如 CEO 就任当前职位前是否曾有过在其他公司任职 CEO 的经历、是否有过曾在其他类似行业的相关从业经验以及在焦点公司以外的公司的任期时长等。通过对上述维度构建虚拟变量，解释其与公司绩效、战略变革等方面的作用关系。鉴于上述测度方式难以充分体现出 CEO 任职经历的内在属性特征，本书结合手工及 Python 等方式获取 CEO 任职生涯多维度数据，不仅使数据的获取更为科学合理，而且在参考国内外已有学者（Custodio et al.，2013；赵子夜等，2018；何瑛等，2019）研究的基础上，将中国制度环境及管理实践考虑在内，构建了更为符合中国情境的反映上市公司高层次人才特质的 CEO 任职经历指数，为后续相关文献研究、人才量化及聘用提供重要理论参考。

其次，本书基于高阶梯队理论和烙印理论的综合视角，探讨了中国独特的制度环境下具有丰富任职经历的 CEO 进行公司战略变革行为的影响，深化了公司高层管理者个人背景特征对公司决策行为的影响。市场经济的快速发展对公司面对外部环境急剧变化时及时做出战略调整的能力提出了更高的要求，任职经历丰富的高层管理者相较于专业型高管的优势逐渐凸显，例如，其决策视野更宽广、具备综合管理技能、倾向高风险高收益决策、拥有丰富社会网络资源等，在一定程度上更符合公司当前的人才需求，并获得公司的青睐（Murphy & Zabojnik，2007）。随着其在经理人市场中议价能力的日渐提升，公司也更愿意给予具有丰富任职背景的高管更有吸引力的薪资待遇（Custodio et al.，2013）。已有研究关注到管理者任职背景对公司创新、公司投融资以及多元化战略等方面的作用，在一定程度上丰富了理论界对高层管理者任职背景的经济后果领域的认识，但少有研究考虑中国情境下 CEO 任职经历对战略变革决策的影响（何瑛等，2019）。因此，拥有多元化丰富任职经历的 CEO 是否以及如何影响公司战略变革决策的作用机制，还不清楚。本书从个体层面考察 CEO 任职经历对公司战略变革的影响效应，通过实证研究发现，在中国独特的制度环境下，CEO 任职经历越丰富，公司战略变革程度越高，拓展了原有关于高层管理者背景特征对战略变革影响的研究。此外，本书考察了在不同情境下上述作用关系的差异化效应，弥补了现有研究中对 CEO 任职经历影响公司战略变革边界条件考虑不够全面的问题。

最后，本书从经济后果视角出发，丰富了公司战略变革影响因素、作用机理及经济后果的相关文献研究。公司战略变革作为一项风险性决策行为，反映了决策主体的个人特征及偏好。近年来，有关公司战略变革的相关研究逐步从公司层面转为高层管理者个体特征层面。已有研究关注到管理者人口统计学特征（金丹，2013）以及单一任职背景（Benmelech & Frydman，2015；董静、邓浩然，2021）等方面对公司战略变革的影响，但尚未有研究从管理者多元化综合任职背景出发，考察其对公司战略变革的作用效果，仅有少数学者探讨了管理者职业背景对公司风险承担（Crossland et al.，2014）以及公司创新（何瑛等，2019）等方面的影响的研究。本书基于该研究空白拓展了管理者多元化任职经历对公司战略变革的影响因素及作用机理；同时，结合中国制度环境作为研究情境，研究发现，CEO 任职经历通过推动公司战略变革实现了公司价值创造。本书有效地从公司层面验证了战略变革有助于提升公司长期价值但降低公司短期价值，拓展了公司战略变革的经济后果领域的相关研究。

（二）实践意义

本书还具有一定的实践指导意义，主要表现在如下三个方面：

第一，借助 CEO 任职经历指数的构建，促进中国上市公司更好地在经理人市场中识别并选聘高层管理者，提升公司人才结构的合理性。人才作为公司在市场竞争中实现可持续发展的重要保证，拥有具备综合技能和长远发展视野的高层管理者能够有效地帮助公司应对外部环境的骤变，并及时制定出符合公司发展的战略决策。因此，如何选聘这类综合素质高且高瞻远瞩的高层管理者是每个公司都要面对的重要议题。本书从多维度视角出发构建 CEO 任职经历指数，通过对研究样本的初步分析，充分证明了具有多元化任职经历的 CEO 在经理人市场中属于关键稀缺资源。并且，过往丰富的任职经历不仅培养了管理者的决策视野及综合管理技能，相较于任职经历丰富性较低的 CEO，具有丰富任职经历的 CEO 还具有较强的学习转化能力、资源协调及整合能力等，能够充分利用 CEO 作为关键资源的价值效应，帮助公司制定长远发展战略，进而提升公司价值。本书的研究对公司选聘合适的管理人才、指导公司如何匹配任职经历丰富的 CEO 以制定未来战略变革决策，具有重要的启示。

第二，本书揭示了在中国情境下，具有丰富任职经历的 CEO 能够显著推动公司战略变革，为中国上市公司有效应对外部环境变化，提升市场竞争优势提供了一个新的视角。战略变革作为一项风险性决策，对于公司的生存发展至关重要。具有丰富任职经历的 CEO 因其自身的特点，例如较强的综合管理能力和学习转化能力、广阔的决策视野，以及风险偏好等特征，通常可以更加准确地把握市场机遇；同时结合公司自身发展，制定出符合公司长远发展的战略决策，及时转变公司战略，最终帮助公司实现价值的提升。本书从管理者个体背景特征出发，考察具有丰富任职经历的 CEO 对公司战略变革的总体影响及经济后果，对于中国上市公司提升资源合理配置效率、增强市场竞争优势等具有重要的现实指导意义。

第三，聚焦于将 CEO 过往任职经历作为一种资源的观点，本书探讨作为公司战略领导者的 CEO，其任职经历对公司战略变革的作用路径，证实了具有丰富任职经历的 CEO 通过战略变革意愿和战略变革能力推动公司战略变革的成功实施，为中国上市公司系统而全面了解 CEO 任职经历对公司决策行为的影响提供经验证据。本书在公司转型升级背景下探讨了 CEO 任职经历与公司战略变革之间的关系，为中国上市公司利用拥有丰富任职经历的 CEO 推动公司战略变革提供了借鉴意义，有助于公众或利益相关者更好地理解上市公司的变革行为。

二、主要创新点

本书可能的创新点有以下四个：

第一，利用手工及 Python 等方式科学地获取 CEO 过往任职生涯多维度数据，构建了中国沪深 A 股非金融上市公司 CEO 任职经历指数，为后续研究提供新的理论视角。

现有研究多集中于管理者单一职业背景，而对多元化职业背景的研究相对匮乏。现有的管理者多元化职业背景相关研究主要表现在公司投融资、公司创新以及风险承担等决策行为，较少涉及其对公司战略变革的影响。事实上，不同职业背景的任职经历之间往往存在某种联系，其相互作用最终塑造了管理者独特的管理风格（Kaplan，2008）。鉴于此，本书结合中国本土制度环境及管理实践特征，参考国内外相关学者构建的管理者能力指数（Custodio et al.，2013；赵子夜等，2018；何瑛等，2019），聚焦于 CEO 过往任职生涯的职业背景、公司、行业、组织机构、任职 CEO 经历以及海外经历六个方面，构建出能够较为全面的测度中国上市公司管理实践中 CEO 作为关键资源角色的任职经历指数，不仅在一定程度上拓展了现有关于 CEO 任职经历的资源效应研究，完善了人们对 CEO 任职经历的认识，也为公司高层次人才量化及聘用提供重要参考价值，开拓了未来新的研究视角。

第二，验证了在中国本土情境下，CEO 任职经历有助于推动公司战略变革；并基于董事会层面、公司层面以及环境层面，提出并证实 CEO 任职经历与公司战略变革的影响还受到董事会权力、组织资源冗余以及经济政策不确定性等情境要素的调节，拓展了有关公司战略变革影响因素的文献研究。

现有研究主要考察了管理者经历背景对公司创新、投资决策、多元化战略以及风险承担等决策行为的影响，鲜有文献聚焦于战略管理领域的战略变革问题；部分学者对战略变革问题的研究也只是从管理者单一背景经历出发去考察二者之间的作用关系，例如，尚航标等（2019）基于铭记理论研究发现，与无政府经历的外部 CEO 相比，拥有政府经历的外部 CEO 会在任职后对推动公司战略变革起到更大的推动作用。此外，还有学者从学术经历、军旅背景以及互联网行业经历等考察其与战略变革之间的关系，例如，CEO 学术经历降低了公司战略变革的可能性，这种抑制效应在非国有公司中更为显著（何雨晴，2021），而董事长有军旅背景则会促进战略变革的成功实施（董静、邓浩然，2021），对于 CEO 互联网行业经历也是如此（陈爽英等，2020）。相较于基于单一背景经历考察公司战略变革，基于管理者多元化职业经历考察其与战略变革的关系鲜有提及。梳理文献可知，仅有个别学者提出了外部 CEO 职业经历越丰富，战略变革程度越高（孟祥展等，2018）。本书结合中国特殊的情境，从横向和纵向视角出发，将公司战略变革划分为公司战略背离（行业层面）和公司战略变动（公司层面），分别考察了 CEO 任职经历与公司战略背离、公司战略变动的影响。研究发现，CEO 任职经历与公司战略背离程度和公司战略变动程度呈现正相关关系，这一结果支持了 CEO 任职经历与公司战略变革正相关的假设。以往研究过于强调管理者背景特征对公司决策行为的直接影响，进而忽略了对理论成立条件的分析。结合主效应的影响机制，本书从多视角全方位考虑了影响 CEO 任职经历有效性的情境要素，充分考虑了 CEO 任职经历对公司治理边界的影响，通过将情境要素作为调节变量的研究构建和完善了高阶梯队理论以及烙印理论成立的前提假设，有效地解决了现有研究中对 CEO 任职经历影响公司战略变革边界条件考虑不够全面的问题。

第三，基于战略变革意愿和战略变革能力视角，揭示了公司风险承担和社会网络资源在 CEO 任职经历与公司战略变革之间的部分中介效应和遮掩效应，有效地验证了 CEO 具有多元化丰富任职经历对公司战略变革影响的作用路径。

梳理现有研究发现，当前学术界对管理者职业生涯任职经历的研究主要聚焦于管理者某一特殊的背景经历，例如，学术经历、军旅经历、财务经历、从政经历、海外经历、贫困经历等，而对管理者多元化任职背景的研究十分匮乏，其中的原因可能是囿于上市公司高层管理者的多元化综合职业背景相关数据获取及测量的难度较大。此外，由管理者综合职业背景特征对公司战略变革等风险性决策行为的系统考察更少涉足，已有的相关研究仅是考察了其对公司创新、公司投融资以及公司风险承担等方面的影响。本书聚焦于战略变革意愿和战略变革能力视角发现，在中国本土制度环境下，具有丰富任职经历的 CEO 通过提高公司风险承担水平和社会网络资源积累，增强了公司战略变革意愿和公司战略变革能力。本书还发现，公司风险承担和社会网络资源在 CEO 任职经历与公司战略变革的影响中分别存在部分中介效应和遮掩效应，有效地支持了"CEO 任职经历—公司风险承担（社会网络资源）—公司战略变革"的传导路径，深化了对 CEO 任职经历与公司战略变革作用机制的认识。

第四，拓展了 CEO 任职经历与公司战略变革的影响路径及经济后果研究，充分证实了 CEO 任职经历会通过公司战略变革行为进而提高公司价值创造。

综观已有管理者背景特征的相关文献，尽管学者们围绕管理者职业生涯背景与公司绩效的关系进行了诸多探讨。例如，李新春和肖宵（2017）将高管公职经历视为一种制度资本，考察了高管公职经历与民营公司对外投资之间的关系，证实了具有高管公职经历的公司能够提升公司整体经营绩效。徐晨和孙元欣（2021）研究了跨境研发与母国公司自主创新能力之间的关系，发现高管境外经历可显著调节跨境研发与母国公司自主创新能力之间的正向作用，从而提高公司跨境研发绩效。周雷等（2021）将上市公司高管 CEO 的名校经历作为研究对象，探讨了其对公司绩效的影响及作用机制，发现上市公司 CEO 名校经历会正向影响公司绩效，并且该影响受公司业务复杂度的正向调节。然而，对于 CEO 任职经历与公司价值之间的作用关系分析则较少。现有研究对于战略变革能够带来公司价值的提升仍然存在争议，部分学者认为战略变革正向促进公司价值提升，而另一些学者研究发现二者之间存在倒"U"型关系（Zhang & Rajagopalan，2010）或"N"型关系（马李沛沛，2019）。本书基于高阶梯队理论、资源基础理论以及行为金融等视角将 CEO 任职经历与公司战略变革、公司价值相联系，构建完整的逻辑分析框架，证实了 CEO 任职经历在公司长期价值与短期价值之间存在差异性影响；研究发现，战略变革在 CEO 任职经历与公司价值之间具有中介效应。本书的研究不仅拓展了 CEO 任职经历的经济后果领域研究、弥补了以往研究忽略 CEO 任职经历的资源效应的关键作用，而且拓展了有关战略变革前因及经济后果的研究，为后续研究提供了新的分析框架。

第二章 理论基础与文献综述

第一章主要梳理了本书的研究背景、明确了研究问题及研究内容。第二章聚焦于核心概念的界定、相关理论介绍和文献研究系统梳理和述评，从而明确现有研究的理论缺口和逻辑框架。本章对本书涉及的核心概念进行界定，包括经历和经验、战略变革等。明确了研究主题的核心理论，包括烙印理论、高阶梯队理论等。主要从以下三个方面的理论研究脉络进行梳理和归纳：①CEO 任职经历的相关概述；②公司战略变革的相关文献综述；③公司价值的相关理论研究综述。

第一节　核心概念界定

一、CEO 经历 VS CEO 经验

在管理学研究中，经历和经验都对应于"experience"，是两个十分相近的概念。本书通过检索并梳理与"experience"主题相关的外文文献时发现，管理者受到环境的影响后均可能获得相应的经历或经验，但是二者之间仍然存在一定的差异，表 2-1 呈现了经历和经验两个概念的具体辨析。

表 2-1　CEO 经历和经验的辨析

概念	定义	侧重点	不同之处
经历	管理者在过去的亲身体验	过程和其亲历的独特性	经历更多关注管理者自身亲身体验、外在环境的影响以及经历的过程性
经验	管理者在过去通过经历或学习获得的知识	累积性	既可能通过其自身直接经历而获得，也可能通过其间接的学习而获得

资料来源：笔者自制。

首先，CEO 过往经历是指其在过去所经历的人或事物的总和。与 CEO 经历有关的文献大多聚焦于 CEO 的亲身体验以及环境的影响，更多在于其经历的过程和独特性方面，如从军经历、海外经历等（Le & Kroll，2017；曾春影等，2020）。而经验则不一定需要个体亲身去参与，经验既可能通过亲身实践获得，也可能通过书本、网络等方式间接习得，多指一种知识或者技能，强调累积性（Hwang et al.，2019；Li & Patel，2019）。

其次，CEO 经历的文献更多地探索 CEO 某一经历对其内在的心理特质的影响，如风险承担、过度自信等，而企业的决策行为更多被视为 CEO 内在的心理特质的外在表现（Custódio & Metzger，2014；Kish-Gephart & Campbell，2015）。例如，付超奇（2015）的研究发现，经历过"大跃进"的管理者会深刻地认识到脱离社会经济规律所带来的危害，因而会避免片面的、冒进的追求高速发展的经营方式。CEO 经验则更加注重首席执行官先前所累积的独特的社会资本和人力资本等对其企业投融资决策和多元化战略等方面的影响，经验被视为一种结果而非中间过程（Crossland et al.，2014；Zhu et al.，2020）。

二、高管单一经历的测度

现有文献对高管以往经历的测量主要分为类别变量、程度变量和自定义构建指标体系三类（曾春影等，2020）。

第一，一部分研究采用类别变量来衡量高管的过往经历。这类研究多关注于管理者过往的某一段独特经历对其心理或决策行为的影响，包括从政经历、海外经历、研发经历等。如权小锋等（2018）在对高管的军旅经历进行分析时，采用4个类别变量（如是否年少从军、从军年限、从军军种以及从军取得最高军衔）来综合测量高管的从军经历。

第二，由于类别变量可能难以表示外部环境特征对高管某一经历的影响程度，因而也有许多研究通过程度变量来衡量高管经历。例如，Bernile 等（2017）认为高管在儿童时期所经历的自然灾害的程度（如饥荒等）与其风险承担偏好存在非线性关系，为此，采用了程度变量来刻画高管的饥荒经历。Bianchi（2014）在分析高层管理者初入职场时的经济环境对其职业路径的影响时，采用了失业率水平这一连续变量来测量当时的经济形势。

第三，另外一些学者则通过构建独特的测量指标对高管过往经历进行测量。例如，Takeuchi 等（2005）分析高层管理者海外经历的影响时，因为采用海外任职的时长和任职的国家数目两个指标难以全面刻画高管的海外经历，所以提出采用海外的任职数量、工作的复杂程度和海外任职时间三个维度来对高管海外经历进行衡量。

第四，近年来，CEO 的复合任职经历逐渐引起了学者们的兴趣，很多 CEO 有过在多种地域、行业、企业或组织机构任职的经历，这些丰富的过往经历可能会塑造其心理和认知方式，从而对战略变革产生影响。为了测量复合型任职经历这一变量，遵循 Custódio 等（2013）的研究，Cheng 等（2020）采用管理者能力指数（Managerial Ability Index）来衡量复合型任职经历。管理者能力指数（GAI）包括（a）职位数量、（b）公司数量、（c）行业数量、（d）CEO 经验哑变量、（e）企业集团经验哑变量。叶康涛等（2021）选取了企业高管的学习、工作及其他十五个不同维度的经历，利用主成分分析法合成了高管多元化经历的指标。

通过以上分析发现，现有文献还没有对如何测量高管经历形成统一的方法。根据研究目的、研究的具体情境以及经历本身的特点等，学者们主要形成了类别变量、程度变量和构建指标变量三种主流方法，具体见表 2-2。我们注意到，研究结论也并未由于测量方式的选取而出现相互矛盾的情况，一般而言，学者们倾向于选择其中某一测量方式对研究假设进行检验，并选用另一种测量方式进行稳健性分析（Gan，2019；孟祥展等，2018）。

表 2-2　经历的测量方法

类别	测量	解释	典型文献
单一经历的测量	类别变量	如果高管经历过某一事件，则表示其具有该经历，赋值为 1，否则为 0	权小锋等（2019）
	程度变量	采用程度的连续变量测量以往经历	Bernile 等（2017）；Bianchi（2013）
	构建指标变量	采用海外工作时间、海外工作时任职数量以及任职工作的复杂程度定义海外经历	Quinones 等（1995）
复合型经历的测量	形成型指标	①最高管理者所服务的不同职能能力（如营销、财务、工程等）的数量。是衡量最高管理者对不同业务拥有的知识。②最高管理者所服务的不同公司的数量。是衡量掌握企业文化知识程度。③高管所服务的不同行业的数量这是考虑到在不同的经营环境中经营者的能力。④董事长是否曾在企业集团任职。以（0，1）为指标变量，如果高管有企业集团的工作经验，则为 1，否则为 0。⑤同时担任高级管理人员职务	Custodio 等（2013）；Crossland 等（2014）；何瑛等（2019，2020）；Xu 等（2021）

资料来源：笔者自制。

三、CEO 复合任职经历

现有文献在 CEO 职业经历的分类上还存在许多分歧，包括职能方面、行业方面、组织机构方面、地域类型方面和工作背景方面等。表 2-3 展示了任职经历的分类和测度。具体而言：第一，职能方面，最为流行的是 Hambrick 和 Mason（1984）所提出的三部门分类法，即产出型职能（营销和研发）、生产型职能（过程管理、设备管理与会计）和外围型职能（法律和融资），之后越来越多的学者逐渐开始沿用这种分类，如 Abebe 等（2010）。第二，行业方面，Crossland 等（2014）将其区分为能源、材料、工业、非必需消费品、日用消费品、保健、金融、信息技术、电信服务和公用设施十种类型。第三，组织机构方面，Hu 和 Liu（2015）认为职业经历存在 3 种不同类型：①生产性组织（如公司）、②非生产性组织（如学校、NGO 机构）以及③行政或政府组织三种类别。第四，地域类型方面，Schmid 和 Wurster（2017）依据是否拥有国际工作经历划分成两类。第五，工作背景方面，Benmelech 和 Frydman（2015）、邢华等（2020）分别根据是否具有从军经历和从政经历进行区分。另外，在晋升路径上，Brockman 等（2019）则区分了内部提拔与外部聘用两种类型。

表 2-3　任职经历的分类和测度

序号	任职经历维度	划分类型	典型研究及年份
1	职能方面	生产型（过程管理、设备管理与审计）、产出型（研发与市场）、外围型（法务和投融资）	Hambrick 和 Mason（1984）；Abebe 等（2010）
2	行业方面	能源、材料、工业、非必需消费品、日用消费品、保健、金融、信息技术、电信服务和公共设施等	Crossland 等（2014）
3	组织机构方面	生产性组织、非生产性组织和行政或政府组织	Hu 和 Liu（2015）
4	地域类型方面	国际经验和国内经验	Schmid 和 Wurster（2017）
5	工作背景方面	从政经历、从军经历；内部提拔和外部聘用	Fan 等（2007）；Benmelech 和 Frydman（2015）；Brockman 等（2019）

资料来源：笔者自制。

综上所述，有关高管任职经历的文献大多集中于研究高管某一单一任职经历，针对复合型职业经历的文献还十分匮乏。然而，公司的高层管理者，尤其是 CEO，一般都有着十分丰富的学习或任职经历。高管多元化的任职经历之间往往具有某些联系，这些经历相互影响并最终决定了高管的管理或决策风格（曾春影等，2020；何瑛等，2020）。尤其是在上市公司的管理层中，越来越多的管理者拥有跨职能部门、跨企业、跨行业、跨组织机构或者跨地域的多样性任职经历。因此，在已有研究 CEO 单一任职经历的文献基础上，本书引入 CEO 复合型任职经历衡量方法，更加全面与系统地探讨 CEO 任职经历对公司战略变革的影响。

四、战略变革的概念

（一）战略变革的概念和测量

长久以来，不同的研究者们针对战略变革的概念给出了不同的界定。例如，在早期的研究中，Miles 和 Snow（1978）将企业战略概括为四个维度：探索型、防御型、分析型和反应型，如表 2-4 所示。第一个研究流派关注企业的创新和多元化等，而防御型则注重可预测性。在此基础上，战略变革被界定为企业在探索型和防御型之间的连续的变化程度。

表 2-4 战略的分类

学者及年份	类别
Porter（1980）	低成本、差异化、混合战略
Miles 和 Snow（1978）	探索型、防御型、分析型以及反应型
Kim 和 Mcinosh（1999）	集中战略、分散战略

资料来源：笔者自制。

第二个研究流派从公司层面对战略变革进行了界定，并且认为企业的战略变革包括抽象思维层面的公司愿景、定位等组织要素的变革。公司层面的战略变革可以利用多元化程度来进行衡量。以具体的战略维度为例，如公司的产品多样化水平的变化，地理多样化水平和研发投入强度。

第三个研究流派的研究关注于经营层的战略变革。经营层战略是指企业在特定市场/行业为消费者创造价值所采取的一系列行动，旨在维持其核心竞争优势（周建等，2015）。经营层战略主要聚焦于企业如何在市场上赢得竞争优势，为此，企业需要重新分配价值链上的每个关键活动的资源。然而，尽管行业竞争优势源于各个关键活动，但并非每个关键活动都能推动创造价值，只有少数的关键活动才有助于企业创造价值（Reinartz et al.，2019）。因此，在进行经营层面的战略变革时，企业需要对关键活动的资源或费用进行重新调整。

综合以上分析，本书聚焦于公司层面的经营战略变革，并且将战略变革定义为随时间的变化，公司在关键战略维度的资源配置模式，这种变化超出了这些维度的行业范围的变化（Crossland et al.，2014；Custódio et al.，2019），表2-5列示了战略变革的相关测度。在这一概念中，本书分别考虑了公司偏离行业中心趋势的程度（战略背离，Strategy Deviation）以及公司当前的资源配置模式偏离其过去经验的程度（战略变动，Strategy Variation）。由于具有高水平战略变革的公司不仅在一定程度上会偏离行业的中心趋势（横向比较），而且与自己过去的经验也会有很大的不同（纵向比较），这一概念更全面地捕捉了公司战略变革的试验和冒险方面的表现（朱丽等，2018）。

表2-5　战略变革的测量方法

序号	方法	计算公式	解释	典型文献
1	经营或业务单元计数法	—	衡量公司经营设计的业务或行业的数量	郭月娟（2011）；徐建（2012）
2	熵权指数	$DT = \sum_{i=1}^{n} P_i \ln\left(\frac{1}{P_i}\right)$	其中，P_i表示第i个产业的销售与总销售额之比，n表示企业经营的产业数，多元化系数DT越大，则企业的多元化程度越高	Jacquemin和Berry（1979）；Qian等（2010）
3	专业化率	—	公司主要的业务销售收入在全部销售收入中的占比	Wrigley（1970）
4	企业资源配置	采用六个战略维度进行测量	①广告强度；②研发强度；③厂房及设备的成新率；④非生产性支出；⑤库存水平；⑥财务杠杆	Mintzberg（1978）；Zhang和Rajagopalan（2003）
		采用四个战略维度来测量	①增加产品/服务种类；②新产品/服务市场化；③拓展业务范围；④改进加工工艺	李垣等（2005）

资料来源：笔者自制。

（二）战略变革相似概念的辨析

在现有研究中，还存在着一组十分相近的概念，包括战略变革的可能性、战略变革的方向、战略变革的程度和战略变革的速度。其在内涵和外延等方面存在诸多差异，如表2-6所示。战略变革的可能性指的是企业的战略发生改变的概率。当公司需要变革的压力人于阻碍变革的组织惯性时，公司就可能发生战略变革。战略变革的方向是指从一种战略类型转向另一种战略类型。战略变革的程度是公司战略内容在一定方向上的深度、广度或大小的变化程度。从资源基础观的视角，战略变革的程度是对各个资源投入方向的变化的绝对值的总和，不涉及具体投入方向上的变动多少，而战略变革的方向则关注于单一资源投入的偏离程度。战略变革的速度是指战略变革过程所花费的时间，也就是说从某一种既定的战略转变到另一种战略之间的时间长短。

表 2-6   相似概念的辨析

序号	相似概念	定义	解释
1	战略变革的可能性	企业的战略是否会改变	组织内部和组织外部因素
2	战略变革的方向	从一种战略类型转变为另一种战略类型	
3	战略变革的程度	企业的战略内容在某一方向上的深度、广度或大小的变化程度	①企业参与竞争的业务数量变化，企业业务专业化强度变化，以及在企业职能领域资源开发力度的变化；②业务之间相关性的变化；③范围的变化，反映的是涉及战略变化的组织范围
4	战略变革的速度	战略变革过程所需的时间，即从某一既定的战略方向到改变这一战略方向之间的时间长短	战略决策制定的速度和战略实施的速度

资料来源：笔者自制。

五、公司价值概念界定和测量

（一）公司价值的概念

公司是以盈利为目的的经营主体，也是社会财富的主要创造者，公司价值创造问题是现代公司财务学关注的焦点和核心。已有大量研究表明，公司治理结构（Ammann et al.，2011）、经营战略（孟祥展等，2018）、投融资决策（Rizqia & Sumiati，2013）等均会对公司价值产生影响。公司价值起源于微观经济学，古典经济学认为，公司以追求利益最大化为战略目标，公司价值是公司股票与债务的市场价值之和。这一观点奠定了现代公司价值研究的基础，但"公司资本结构与公司价值之间不相关"的观点受到了广泛的质疑。

1966 年，West 和 Bierman 提出公司价值是股东收益的现值。Rappaport 在其框架中将公司价值创造的过程划分为获得高管变革决策共识、借助引入股东价值而导入变革细节以及确保变革的持续性以强化股东价值。可知，公司价值创造本质上是个动态过程，且与战略变革密切相连。随后，基于熊彼特（1934）资源组合观点，Moran 和 Ghoshall（1999）提出价值是指某种产品或服务对消费者的价值。一个公司通过创新地组合资源、提高这些资源的生产率而创造了价值。这一观点阐明了公司价值的创造路径，即借助创新组合资源配置模式来创造公司价值。这与 Rappaport（1986）变革战略资源配置创造价值的观点不谋而合。此外，还有学者从其他角度界定公司价值。如 Cheng 和 Tzeng（2011）从公司盈利能力出发，认为公司价值是公司当期价值与未来投资价值之和。Frykman 和 Tolleryd（2006）则从利益相关者角度指出，公司价值为其所承受的全部资产要求权的市场价值，这当中囊括了公司所有者权益、债权人所持债权的市场价值及员工的养老金等方面。表 2-7 呈现了公司价值的概念界定。

表 2-7　公司价值的概念界定

时间（年）	学者	概念
1906	费雪	公司股票的价值取决于未来现金流的折现
1958	Modigliani 和 Miller	公司价值是公司股票与债务的市场价值之和
1966	Bierman 和 West	公司价值是股东收益的现值
1986	Rappaport	价值创造可划分为 3 个不同阶段：获取高管变革决策共识、引入股东价值而导入变革细节以及确保变革的持续以强化股东价值
1999	Moran 和 Ghoshall	公司通过创新地组合资源、提高这些资源的生产率而创造价值
2006	Frykman 和 Tolleryd	公司价值是其所承受的全部资产要求权的价值

资料来源：笔者自制。

在过去的研究中，有关公司价值的界定并未达成一致，公司价值的内涵大致有以下三种观点：第一种观点认为，会计人员关注的公司价值是账面价值，也就是公司各项资产减去各项负债之后的余额（何瑛、张大伟，2015）。第二种观点认为，站在公司管理者的视角看，公司价值是公司公开市场的价值，即把公司视为一个整体在公开市场进行交易的价格（Cheng & Tzeng，2011）。第三种观点认为，从投资者的视角看，公司标的物的内在价值，取决于公司未来的获利能力，而获利能力包含公司当前资产的获利能力和潜在的获利能力（Rizqia & Sumiati，2013）。

（二）公司价值的测量

回顾已有研究，学术界对如何测量公司价值尚未形成一致看法。最初的一些研究采用会计收益率来衡量企业创造价值或盈利的能力。在 20 世纪 70 年代，以会计收益率为主的度量指标遭受了诸多质疑，学者们认为，会计收益指标难以衡量企业所面临的系统性风险，而且有短期非均衡效应。加之会计计量与税法计量具有差异性，单纯采用会计收益率度量公司价值的方法具有局限性。伴随着这些质疑的声音，学者们逐渐转向利用市场型指标——托宾 Q 值来对公司价值进行衡量。托宾 Q 理论最先由托马斯·托宾在 1969 年提出，他将公司的市场价值在重置成本中的占比界定为托宾 Q。这一指标能够有效反映市场对公司未来盈利能力的预期，若该值大于 1，则代表公司创造价值会超过其投入的资金成本，表示该公司能够为社会带来超额价值，否则就说明该公司浪费了社会资源（Werner-felt & Montgomery，1988）。相较于会计收益率，托宾 Q 值可以有效表征市场对公司未来利润的预期，而且还考虑了市场风险（如通胀）等因素。

然而，采用托宾 Q 值来对公司价值进行衡量对资本市场的有效性有一些要求。主要包含两大前提条件：①市场有效性。股票价格应该可以反映当前和过去的投资信息；②股票价格。股票价格是投资者和公司进行博弈之后形成的结果，股票价格代表着上市公司的未来现金流的折现。在中国，资本市场相较于西方发达国家而言起步较晚、市场机制还有待完善，股票的价格返现功能还不能完全反映公司的价值（黄磊等，2009；苏冬蔚、毛建辉，2019）。因此，在中国市场应用托宾 Q 时还应该考虑中国资本市场特殊的制度背景特征，例如，流通股和非流通股的差异性，不同产权性质公司的利益动机、股票市场的高波动性与高换手率特征等。

第二节　相关理论基础

一、烙印理论

烙印的概念来源于生物学，生物个体在其成长过程中都会存在一些"环境敏感"的时期。特定阶段的某些环境因素会对其造成重大影响，也就是说生物体会被"烙印"上带有环境特征的印记（Cho et al.，2016；戴维奇等，2016）。例如，幼年时期的社会阶层在个体成年之后依然会对其行为产生重要的影响。Stinchcombe 在 1965 年首次将"烙印"的概念引入组织领域，用以分析在组织成立之初，外部环境怎样影响组织的结构（Marquis & Tilcsik，2013）。后来，烙印理论就成为了研究过往经历的环境对焦点主体影响的重要理论视角之一。沿袭这一思路，对组织"烙印"的研究逐渐从某一行业、组织及组织集群以及组织内的不同职位等方面展开。例如，在组织内部要素层面，学者们采用烙印理论解释了组织创立的环境会影响到企业的能力和内部惯例。

除了组织领域，烙印理论在个体层面也发挥着关键的作用。尤其是近年来，学者们越来越关注环境因素对管理者层面（如职业生涯等）的影响。例如，Westhead 等（2005）虽然没有明确说明烙印理论，但却认为创始人的个体经历在其创业的过程中发挥着关键的作用，它不仅会帮助创业者识别出环境中的创业机会，还能显著影响创业者对机会的选择和评估。烙印理论认为环境会对组织或个体的心理或行为产生重要的影响，并且这种印记会持续作用于组织和个体的行为，并且不易消失。Marquis 和 Tilcsik（2013）系统地界定了"烙印机制"，并且认为个体受到外界环境的影响有四大特点：

（1）外界环境影响个体而形成烙印发生于特定的"敏感"时期，但并非所有的个体经历都会对其产生相同程度的影响。例如，戴维奇等（2016）认为，当个体处于成长的敏感时期时，其心理特征和做事风格更加容易受到外界环境的影响，并形成适应其所处的外在环境的特点。

（2）环境烙印会持续影响个体的心理及行为。个体早年所经历的环境因素仍然会影响一个人的心理，进而作用于企业的决策，即使在后期这种环境已经不复存在，也就是环境烙印有持续性（Bernile et al.，2017）。

（3）烙印发挥作用的环境匹配性。除了持续性的特点以外，高管以往某一经历的外在环境与当前环境的匹配度也会影响到烙印效应的大小。两者的匹配程度越高，烙印效应的影响就越大。戴维奇等（2016）的研究认为，CEO 以往在体制内的工作经历与当前所处的工作环境的匹配度越高时，创始人 CEO 对政策的识别越敏感。Feng 和 Johansson（2018）发现，在幼年时期经历了自然灾害的CEO 更加偏向于风险规避，从而使得企业后续的财务政策更加保守，研发投入和多元化并购等偏低，尤其是在企业陷入财务危机时。

（4）环境烙印对高管个体行为的影响还呈现动态性的特点。环境烙印对高管心理或行为的影响可以分为放大、消退和扩展适应三种类型（Simsek et al.，2015）。相关研究表明，环境烙印呈现动态变化是出于以下两种原因：①管理者在不同敏感期所经历的事物会产生叠加效应，随着时间的推移，新的烙印会不断叠加到旧的烙印上去（Marquis & Tilcsik，2013）。②人们会在接触其他信息或事物的过程中产生学习行为（Mathias et al.，2015），尤其是当个体所接触到的信息与自身以往认知或价值观存在不一致时。表 2-8 梳理了公司治理领域运用烙印理论进行分析的典型研究。

表 2-8　公司治理领域运用烙印理论的典型文献梳理

序号	研究层次	烙印的来源	烙印的影响	典型文献及年份
1	组织	创立的环境	组织会延续地呈现成立时，创始人所选择的环境特征	Johnson（2007）
2	组织	组织进入新兴产业时面临的"合法性真空"	产业合法性的沦陷会深刻地影响新进入者的组织形态，即使是在多年以后依然持续存在	Dobrev 和 Gotsopoulos（2010）

序号	研究层次	烙印的来源	烙印的影响	典型文献及年份
3	个体	CEO 的身份认知	CEO 的身份认知会影响其财务决策，包括投资和融资决策	Fauchart 和 Gruber（2011）
4	个体	高管在敏感时期的经历	高管在敏感时期的经历会对后续的企业决策行为造成深远的影响	Fern 等（2012）
5	团体	董事会的任职经历	董事会的任职经历所形成的烙印会对 CEO 的决策产生重大影响	Jaskiewicz 等（2015）
6	跨层	CEO 之前的任职经历	CEO 在其他企业或行业任职的经历中所获得的知识会极大影响焦点企业的战略选择	孟祥展等（2020）

资料来源：笔者自制。

根据表 2-8 可知，烙印理论在心理学、企业管理等领域虽然取得了一些成果，但是总体而言，以往公司治理的研究重点分析了组织是如何被"烙印"的，而针对高管，尤其是 CEO 的过往任职经历的烙印过程，以及其如何影响 CEO 的后续战略变革决策还比较缺乏。然而，作为一种重要的环境烙印，高管的任职经历会极大地影响其心理和决策行为，尤其是战略变革决策。

首先，高管的任职经历具有叠加效应。烙印理论认为，个人的成长和工作过程中所经历的敏感期并非只有一个，说明高管的多元化任职经历会影响到其认知基础、知识体系和经验技能的习得。而且，这些认知基础和经验技能等并非孤立存在的，因此，某一敏感期内多种工作经历和多个敏感期内的不同工作经历会共同作用于和塑造管理者的行为。例如，CEO 青少年时期的成长经历和其精英教育经历对其风险偏好产生联合影响，精英教育经历和成长于较高社会阶层的成长经历相互叠加，从而放大 CEO 的风险偏好烙印（Kish-Gephart & Campbell, 2015）。

其次，企业高层管理者的"学习效应"会对"烙印"动态性变化产生影响。高管学习效应不仅产生于其学生时期的教育经历，更多来源于其社会学习过程中，高管社会学习的过程使得其接触到更多的信息，从而弱化其在之前敏感期所形成的烙印。因此，本书以烙印理论为理论基础，重点分析 CEO 任职经历的多样性所形成的烙印效应如何影响其战略变革决策以及经济后果。

二、高阶梯队理论

理论上，高管的决策行为不应该带有个人主观色彩。然而，在企业实践中，管理者在决策的过程中常常受到其认知局限和个人偏好等因素的影响。由于这些内在的心理因素大多具有隐蔽性且无法直接进行观测，因而，多数学者采用人口统计学等外在特征作为代理变量以衡量不可观测的内在心理特质，包括长短（Chen，2013）、年龄（Barker & Mueller，2002）、受教育程度（Hu & Liu，2015）、宗教信仰（Kish-Gephart & Campbell，2015）等。与此同时，也有少部分研究关注自恋（Adam et al.，2015）、大五人格（Shalender & Yadav，2019）、辱虐（孙健敏等，2018）等心理因素的影响。如 Fern 等（2012）检验了 CEO 的"大五人格"中各个要素如何影响公司战略变革的发起和执行。Malmendier 等（2011）的研究发现，这些过度自信的经理人使用的外部资金更少，而且在获得外部资本的条件下，发行的股权也更少。但是，这种利用人口统计学变量替代管理者心理特质的方法在研究过程中也存在局限：首先，尽管人口统计学变量能在一定程度上反映人的心理状态，但是，心理特质与人口统计学变量二者之间并没有一一对应的关系，从而影响了研究结果的可靠性；其次，人口统计学变量无法揭示管理者心理特质的形成过程，从而无法刻画高管特质的动态变动。

为了弥补以上不足，1984 年，Hambrick 和 Mason 首次提出了高阶梯队理论。该理论认为，高管所面临的决策环境十分复杂，存在着高度的不确定性，决策过程中的许多因素都超过了管理者自身的理解能力，因此，高管的决策是有限理性的。高阶梯队理论提出了两大基本假设：其一，与传统"理性人"假设不同，它认为人是"有限理性"的，管理者在决策制定时受到其固有认知结构和价值观的局限，并最终影响企业的决策行为。其二，企业的外部因素并非直接作用于企业本身，而是通过影响管理者的价值观和认知来间接影响企业的决策和绩效。也就是说，企业的行为带着明显的"管理者效应"。此外，Hambrick 和 Mason 还细致地刻画了管理者在不确定的环境下的决策过程，如图 2-1 所示。一方面，管理者的认知基础和价值观会通过影响其决策视野和其对决策因素的感知而间接影响到企业的战略选择；另一方面，也可以直接影响公司的战略选择。

近 20 年来，高阶梯队理论的相关研究越发丰富，成为行为金融学、心理学、管理学和组织行为学等领域的热点。高阶梯队理论将心理学与管理学相融合，关注高管的背景特征会影响到管理感知、解释和随后的战略选择，如何对企业行为及绩效影响。高管所拥有的特质如何影响公司战略变革的研究也受到越来越多的关注。除了关注高管性别、年龄等人口统计学特征对公司决策的影响外，高管的个体经历（或企业实践）也是影响公司决策的重要因素。相关研究表明，早期经历的异质性会对个人的性格塑造和行为方式产生重要影响。例如，早年的饥荒经历（Zhu et al.，2020；程令国、张晔，2011）、上山下乡（周冬华等，2019）等生活经历会对其心理特征产生烙印效应，进而影响其风险偏好和决策行为。高管的教育经历深刻地影响到其思维方式和信息处理的能力，在二代掌管的家族企业中，由于价值观与其父辈差异巨大，二代会更加倾向于通过跨行业并购

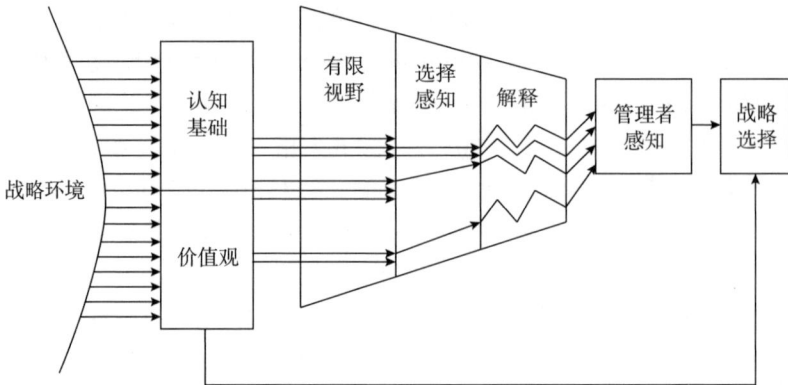

图 2-1　高阶梯队理论视角下管理者的决策过程

资料来源：Hambrick D C，Mason P A. Upper echelons：The organization as a reflection of its top managers [J]. Academy of Management Review，1984，9（2）：193-206.

的方式来进入其他行业（杨浩等，2015）。生育经历为管理者提供了其与子女相处的条件，受到小孩的影响，管理者的行为方式和处事风格也会发生一定变化，相较于未生育的企业高管而言，拥有子女的 CEO 会更加关注道德问题，愿意承担更多的社会责任（Nicolosi & Yore，2015）。婚姻经历会影响收购活动、资本投资水平和股票回报波动，企业并购活动（如兼并、重组、合资等）和整体企业风险都随着个人生活重组（如结婚和离婚）而显著增加（Nicolosi & Yore，2015；Roussanov & Savor，2014）。此外，排名世界第一的军火制造商 Lockheed Martin 公司的总经理 Robert Stevens 曾说过，自己的领导才能"并非来自商学院课程培养，而是由于其在部队服役期间潜移默化的结果"。

除了生活经历以外，高管的任职经历也是其重要的个体经历。史蒂夫·乔布斯就曾言："人的工作将会占据人们一生的绝大多数时间。"作为一种重要的人力和社会资本，任职经历在很大程度上有助于塑造高管制定决策的偏好和对待企业发展的看法。许多研究已经考察了高管的单一任职经历对风险承担和战略决策的影响，如营销经历（Roussy et al.，2018）、金融财务背景（Kang & Kim，2017）、从军经历（董静、邓浩然，2021）和海外经历（Le & Kroll，2017）等。例如，郎香香和尤丹丹（2021）通过实证分析了高管的军旅经历对研发投入的影响，具有从军经历的高管会更加注重企业研发的投入，往往会投入更多的资金以支持公司研发活动。Schoar 和 Zuo（2017）的研究表明，从事市场或研发的 CEO 更加倾向于遵循市场和产品创新战略，会倾向于投入更多资金进行研发。如傅超等（2021）发现，高管的从军经历会显著提高企业的战略差异度，相较于没有军旅经历的高管而言，有过军旅经历的高管往往会采用更加差异性的战略。然而，对于高管而言，尤其是CEO，其一般存在着多种任职经历，包括不同职位、不同行业、不同地域等，这些多维的任职经历可能会共同塑造高管的管理风格。尽管少数研究开始关注高管复合型任职经历对企业创新（何瑛等，2020）、风险承担（杨英英等，2021）等的影响，然而，目前CEO复合型任职经历如何影响企业的战略变革以及其内在影响机制还有待进行系统的探究。

第三节　CEO背景特征对公司决策行为的影响的相关研究

管理者的个人特质重要吗？传统的决策理论大多假定CEO是理性的，面对特定问题会做出相同的决策行为。然而，最新的文献表明，CEO是异质的，CEO的特定背景特征对其管理方式发挥着重要的作用。CEO作为公司最为重要的人力资本，其价值观和人格特征等个体因素会影响到其眼界格局、对决策环境的感知和解读，进而影响到公司战略决策、风险承担和公司价值等方面，即存在所谓的"管理者效应"。梳理现有文献，本书将CEO过往经历分为早期生活经历和任职经历两种，分别讨论了其对管理者认知和决策行为的影响。

一、早期生活经历特征

当代心理学研究表明，人的思维方式深受过往经历的影响。常言道："三岁看大，七岁看老。"早期生活经历可能通过影响个体的动机、认知和喜好等隐性心理特征，进而对个体后期的行为产生不容忽视的影响。高阶梯队理论认为，CEO的管理心理活动和相应的行动会对其所在公司的战略变革有着决定性的影响。孟祥展等（2020）的研究也发现，能够学习并不断更新他们的心理模型以适应环境的CEO更有可能带来绩效卓越的战略变革。对于高管的早期生活经历，现有研究主要从童年时期所处的社会阶层、教育经历、婚姻经历、家庭生活、自然灾害以及生育经历等方面所带来的影响进行探讨，如图2-2所示。

（1）CEO的社会阶层背景以及自然灾害和经济萧条的暴露程度已被视为影响CEO决策的早期生活经历。社会阶层反映了人们获取物质资源的差异。Kish-Gephart和Campbell（2014）分析了高管童年阶段所处的社会阶层对公司风险承担的影响，发现一个人的社会阶层或出身对个人风险偏好有持久的影响，影响高管的冒险倾向。与中产阶级相比，来自上层社会和下层社会的CEO愿意承担更

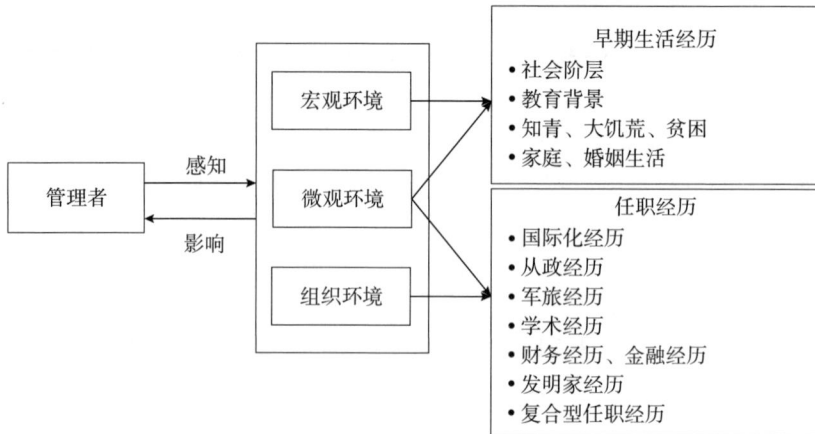

图 2-2　管理者经历的形成与分类

资料来源：笔者自制。

大的战略性风险。"虽然社会文化背景的物质条件并不决定人们的行为，但它们确实促进了某些行为，并增加了这些行为成为规范和受欢迎的可能性。"早期的生活经历"它更像一只带着我们前进的脚，而不像一个脚印，给过去的经历打上深深的烙印"。

（2）教育背景是被广泛认可的影响 CEO 决策的非专业背景之一。教育水平、MBA 学位、法律学位、精英学校毕业情况和教育地点已在文献中作为影响 CEO 的教育背景被广泛讨论。例如，一些研究检验了精英教育和高管行为之间的关系（Haunschild et al.，1998）。Tihanyi 等（2000）的研究发现，高管团队的精英大学教育平均水平与国际多元化呈正相关。

（3）"知青"、"大饥荒"、贫困经历和"文革"经历等社会环境因素会影响其决策行为。例如，程令国和张晔（2011）发现，饥荒的经历对人们的影响是持续存在的，有过较严重饥荒经历的人更珍惜粮食。赵民伟和晏艳阳（2015）分析了"大饥荒"经历对企业财务决策的影响后发现，在幼年时期经历饥荒的高管，会明显更加倾向于保守的债务政策，并且更加倾向于选择短期债务而非长期债务。曾春影等（2019）认为，知青经历使得 CEO 有过度自信的倾向，企业的并购溢价会更高。Malmendier 等（2011）指出，出生在大萧条时期的管理者往往会更为保守，偏向于风险规避，其所在企业也较少地依赖于外部融资。高层管理者早年在贫困地区生活的经历有助于提高其所在企业对社会的慈善捐赠水平（许年行、李哲，2016）。

（4）家庭和婚姻生活经历也会影响高管的行为。例如，Roussanov 和 Savor

（2014）的研究发现，单身的 CEO 更具冒险偏好，由单身 CEO 经营的公司表现出更高的股票回报波动性，追求更加积极的投资策略，并且较少对特殊风险做出反应。Nicolosi 和 Yore（2015）指出，高管的婚姻经历会直接影响其风险承担偏好。Cronqvist 和 Yu（2017）的研究也发现，生过小孩的高管有更多机会与子女相处，因而容易产生友爱和慈悲，使得企业更加关注伦理和道德，愿意承担更多的社会责任。

二、任职经历特征

Hambrick（2007）认为，管理者的个性、价值观和经历会在很大程度上影响他们对所面临情况的理解，进而影响着他们的决策行为。相关研究表明，经理们将职业生涯视为其认知和情感的重要组成部分（Müller & Kunisch, 2018）。因此，可以预期任职经历对管理者采取的行动类型有显著影响。CEO 的任职背景反映了他们潜在的心理属性，这对他们的决策有很大影响（Kish-Gephart & Campbell, 2015; Nicolosi & Yore, 2015）。高阶梯队理论表明，CEO 对信息的感知和解释以及随后的决策受到他们先前的任职背景的影响。"专业背景和经验就像一个透视镜头，CEO 通过它可以看到世界"。梳理已有文献，现有学者们探究了CEO 单一任职经历特征的影响，包括国际化经历、从政经历、军旅经历、学术经历和法律经历等。表 2-9 呈现了有关高管经历的主要代表性文献。

表 2-9　高管经历的主要代表性文献总结

分类	研究主题	决策行为	典型文献
生活经历	社会阶层	风险承担	Kish-Gephart 和 Campbell（2015）
	教育背景	资本结构	Tihanyi 等（2000）；Naseem 等（2020）
	"大饥荒"和"文革"	储蓄行为，财务政策	曾春影等（2020）；Marquis 和 Qiao（2020）
	家庭、婚姻生活	风险承担、企业社会责任	Roussanov 和 Savor（2014）；Cronqvist 和 Yu（2017）
任职经历	国际化经历	创新投资 FDI	Slater 和 Dixon-Fowler（2009）；Le 和 Kroll（2017）
		企业并购	Buyl 等（2011）
		战略变革	Le 和 Kroll（2017）
	从政经历	风险承担	韩婕珺等（2020）
		海外并购	王海军等（2021）
		创新投资	邢华等（2020）
	军旅经历	慈善捐赠	朱沆等（2020）
		研发投入	郎香香和尤丹丹（2021）
		战略定位	Malmendier 等（2011）

分类	研究主题	决策行为	典型文献
任职经历	学术经历	公司价值	丁明发等（2020）
		研发投入	王辉和杨雅琪（2020）
		企业社会责任	曹越和郭天枭（2020）
	财务经历	资本结构	Hayes 和 Abernathy（1980）
		投资决策	Graham 等（2013）
		融资约束	周兰等（2021）
		多元化程度	Jensen 和 Zajac（2004）
	发明家经历	企业创新	Kaiser 等（2015）；虞义华等（2018）
		战略变革	Kang（2021）
	复合型经历	企业创新	何瑛等（2020）
		风险承担	于文蕾（2021）
		多元化并购	Ryan 和 Wang（2012）；Custódio 等（2017）

资料来源：笔者自制。

第一，CEO 国际化经历是一种被广泛研究的特定类型的专业经验。与本土高管相比，"海归"高管具有显著的"明星效应"，"海归"人员一般拥有更为先进的技术和管理技能，因而，不少企业或政府单位在招聘要求中都对是否拥有海外经历提出明确要求。Schmid 和 Wurster（2017）研究表明，CEO 国际化经历常常会带来更高的公司绩效。一方面，拥有国际化经历的 CEO 更加了解国际市场信息，有利于推动和开展国际化业务。另一方面，拥有国际化经历的 CEO 往往具备更高的认知水平，从而对企业绩效和社会责任承担等产生正面影响，例如，Slater 和 Dixon-Fowler（2009）发现 CEO 国际化经历和企业社会责任之间存在正相关关系。国际外派经历提高了利益相关者对多样化需求的认识、处理复杂信息的能力，使其拥有开放的心态且尊重他人的兴趣，从而提高企业财务绩效。此外，CEO 国际经验也对其他战略产生影响。例如，Le 和 Kroll（2017）发现 CEO 国际化经历与战略变革存在正相关关系。学习国外经验也会令 CEO 国际化经历与完全控制进入国外市场的模式之间存在正相关关系。具有跨国经历的 CEO 在做出有关外国直接投资（FDI）进入模式的决策时，更倾向于收购和绿地投资而非组建合资企业。具有 FDI 职能背景的 CEO 更强调控制和效率，对变革持更保守的态度。具有国际化背景且更注重内部控制的 CEO 在进入国外市场时也更有可能选择完全控制的进入模式。

第二，高管的从政经历既属于高管的人力资本特征，又是公司政治关联的一种形式。已有研究发现高管从政经历对企业经济后果的影响存在巨大的争论。一方面，许多学者发现之前在政府机关任职的高层管理者有助于公司在各个方面获得来自政府的支持。Buyl 等（2011）在研究美国上市公司的并购行为时，发现公司高管团队中若存在具有从政经历的高管将更有利于企业并购。另一方面，也有部分研究坚持认为，高管的从政经历也会给公司带来一定的负面影响。韩婕珺等（2020）在探讨高管从政经历与公司全球价值链参与之间的关系时，发现高管从政经历所带来的政商关系使得公司不得不使用一些国内中间投入品，降低了公司的全球价值链参与度，对公司的长期发展不利。邢华等（2020）的研究表明，高管从政经历可能会对高管信念与情绪、认知与能力、自利动机等方面造成持续影响，促使投资偏好出现差异，进而导致非效率投资，如图 2-3 所示。

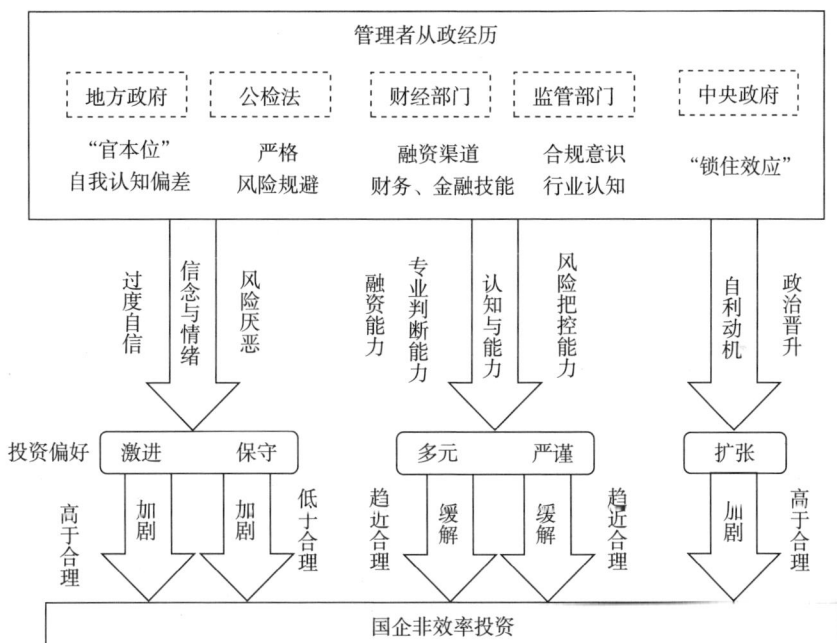

图 2-3　管理者从政经历对国企非效率投资的作用机理与路径

资料来源：邢华，奚浩彬，王海军. 管理者从政经历是否会导致国企非效率投资？[J]. 上海财经大学学报（哲学社会科学版），2020（5）：33-48.

第三，另一种有趣的 CEO 任职背景是 CEO 的军旅经历。与从政经历类似，军旅经历的影响也还存在许多争论。一部分研究认为，服兵役需要奉献精神、强烈的责任感和领导力。因此，具有军事背景的 CEO 会做出更保守的投资和更少的不道德选择。他们还能够更好地抵御行业低迷，在困难时期表现优于同行。然而，也有许多研究认为，具有军旅经历的高管在制定企业战略时更倾向于"不走寻常路"。Malmendier 等（2011）的研究发现，CEO 的部队经验会引导更积极的公司战略，这与其他研究结果相矛盾，该研究表明军事 CEO 会做出保守的决定。在企业实践中，王健林曾经说过，"不断探索新的商业模式才是万达集团成功的关键"。任正非在创办华为之前，也有过多年的部队经历，华为股权的高度分散、轮值 CEO 制度、全员持股等管理制度也和现代公司治理的一般模式大相径庭，甚至显得"离经叛道"。Malmendier 等（2011）的研究表明，高管的从军经历会增加其风险偏好，导致更加激进的财务决策。但是，上述两种流派的研究都承认 CEO 的军旅经历会对企业的战略决策行为产生重大影响。

第四，20 世纪 90 年代，大批科研人员、高校教职工从体制内辞职创业，形成独有的"下海经商"热潮。学术经历发生在一个人的青少年时期，这段时间是个人特质形成、塑造的关键时期。与此同时，学术研究也是一个锻炼思维能力、提高个人修养、沉淀个性的过程。目前，有关学术经历的经济后果研究主要包括企业创新（丁明发等，2020）、审计费用（沈华玉等，2018）、融资成本（赵慧，2018）、税收规避（文雯等，2019）和企业社会责任（曹越、郭天枭，2020）等方面。例如，张晓亮等（2019）认为，由于学术研究需要具有创新性和领域内知识的突破，CEO 的学术经历能培养其创新及探索精神，具备更高的失败容忍度，这使 CEO 在经营战略的选择上更偏向于摒弃陈旧、追求创新。因而，CEO 学术经历能够有助于企业进行创新。文雯等（2019）认为高管学术经历能够抑制企业避税行为。这是由于先前的学术经历使高管具有较强自我约束力且格外重视市场声誉，而采取激进避税策略的企业容易被冠以负面形象，出于自律意识及声誉成本考虑，拥有学术背景的高管会抑制避税行为。

第五，高管财务经历也是影响企业决策行为的重要方面，包括多元化、投融资决策和资本结构等。财务行业的高风险属性会影响到 CEO 的风险认知，而适当的风险认知是战略决策的前提（周兰等，2021）。Doan 等（2020）认为，拥有财务背景的高管倾向于将企业视为资源的组合，往往较为保守，较少会选择多元化战略。而另一些研究则持有不同观点。例如，何瑛和张大伟（2015）发现，拥有财务相关经历的管理者更容易产生过度自信，也更偏好使用负债进行融资。Custódio 和 Metzger（2014）拥有财务经历的高管往往会降低资本结构的偏离程度，从而提高企业的资产负债水平。

第六，发明家经历也是影响企业创新和战略决策的重要特征。首先，高管的发明家经历会更加全面地了解企业研发的过程，更加重视技术创新，也更愿意投资于产品或技术研发。其次，发明家高管一般为本领域的技术专家，更加深刻地了解技术前沿，能够敏锐发现更多的创新机会。尽管发明家高管对企业发展十分重要，但只有少数研究考察了发明家高管对企业决策及绩效的影响。Kaiser 等（2015）指出，发明家是组织的重要资源，因为他们拥有宝贵的知识、技能和能力，并决定了他们工作的公司的创新成果。虞义华等（2018）等发现，与非发明家高管相比，具有发明家经历的高管通过专业知识提供、缓解管理层短视等途径，提高企业创新。Kang（2021）的研究也指出，发明家高管具有发散性思维和内在动机的独特属性，对于战略决策的新颖性、独特性和利益相关者管理具有正向的影响。

综观已有文献，尽管现有研究极大地增强了我们对 CEO 任职背景特征对组织结果的影响的理解，但是，大多数研究集中在单一类型的任职背景上，而仅有少量研究考虑了 CEO 多样化任职经历。随着经济形态的不断变革，国内经理人市场也越来越成熟。相较于三十年前公司高层主要从内部遴选的做法，现在越来越多的企业通过外聘的方式去选择 CEO 和其他高管（何瑛等，2020）。因此，一些研究开始关注到 CEO 复合型任职经历的影响，包括薪酬（Mueller et al.，2020）、风险承担（何瑛等，2019）、企业创新（Custódio et al.，2019）等。Ryan 和 Wang（2012）对 CEO 雇佣经历的多样性与 CEO—企业的匹配度的相关关系展开了研究，发现拥有丰富任职经历的 CEO 同需要进行战略变革的焦点公司更为匹配，当雇佣具有多样化任职经历的 CEO 时，焦点公司可能会提高生产效率、变革公司政策，并最终为企业创造更高的股东价值。其结果表明公司和丰富任职经历的 CEO 的匹配会显著作用于公司绩效和相关政策制定。Crossland 等（2014）将 CEO 任职多样性作为另一种对公司战略决策产生影响的 CEO 工作经验。具有更多职业多样性的 CEO 有动力去追求新奇和变化，并在认知上准备好接受不同的观点和想法。在不同专业和机构领域拥有不同经验的 CEO 表现出更高水平的战略变革、战略独特性和高层管理团队（TMT）更替水平。然而，也有一些研究和实践中的例子不支持以上观点。Li 和 Patel（2019）研究了具有跨行业或跨公司经验的 CEO 对公司绩效的影响，并发现了二者呈负相关关系。这些通才 CEO 或许能够追求新颖和不同的战略，但他们不是最好的集成商，可能无法为重点行业和公司组织和利用资源。"车界两福"——李书福和王传福分别是任职经历多样性和任职经历单一性的例子。吉利汽车的李书福在创办吉利汽车之前，曾卖过冰箱；而比亚迪的王传福则拥有材料学硕士学位，在汽车领域长期深耕，不断推动电动汽车的技术革新。因此，高管的任职经历多样性对企业的战略变革和公司绩效是否存在着积极影响仍然有待进一步探究。

由此可见，有关 CEO 任职经历的丰富性与公司战略变革关系的文献还存在许多争论，且鲜有涉及影响路径和经济后果的研究。在理论上，目前尚不清楚通才 CEO 经历对企业绩效的影响。一方面，基于领域知识框架，通才 CEO 获得了更多的专业知识，可以利用公司特定的资源来增强他们的环境适应性（Custódio et al.，2019），改善与投资者的关系（Murphy & Zabojnik，2007），并且有助于公司从财务困境中恢复过来（Agnihotri & Bhattacharya，2021）；相较于专才 CEO，通才 CEO 可以利用他们更广泛的战略储备来寻找新机会。但是，另一方面，通才 CEO 在尝试调整当前公司的外部环境和可用资源时也会面临模棱两可的情况，这可能导致业绩下降（Morrison & Brantner，1992）。由于 CEO 在不同公司所取得的成就具有特异性，以及对内部环境和组织资源的了解较浅，可能导致通才 CEO 将组织资源延伸至更远的战略领域（Li & Patel，2019）。

为了弥补以上缺口，本书构建了 CEO 任职经历丰富性的概念，即管理者成为 CEO 之前，他在其他公司工作经历的广泛性，包括不同地域、不同行业、不同企业、不同职位等。CEO 任职经历丰富性在一定程度上代表了其个人的心理学属性：其一，个人对尝试新事物和改变现状的个性偏好；其二，个人所积累的认知的深度和广度。这一指标有助于很好地反映一个人在相关岗位上所积累的知识和技能，在一定程度上反映企业管理者的性格、心理特征和风险偏好，最终影响其战略决策以及战略实施。

第四节　战略变革的相关理论研究

一、战略变革的相关理论基础

战略变革是管理及战略领域的关键问题。学者们使用了多种理论和方法来研究与战略变革相关的各种现象。已有关于战略变革的研究主要基于两种相互对立的视角——环境决定论视角和唯意志论视角（Müller & Kunisch，2018）。环境决定论视角的研究认为战略变革是由制度和环境压力决定的外部驱动的过程，企业对外部环境变化所做出的被动反应。唯意志论视角认为管理者对战略变革具有重要影响。管理者不仅能主动影响战略决策，而且还能塑造环境和组织结构。此外，还出现了一种辩证的观点——辩证视角，这种观点认为，环境决定论和管理者主动选择对理解战略变革都是十分必要的，战略变革是客观环境作用和管理者主观变革共同作用的结果（MacKay & Chia，2013）。因此，本书梳理了战略变革文献主要存在的三种理论观点：环境决定论视角、唯意志论视角和辩证视角，并进一步讨论了每一种视角在理论上和方法上的贡献以及局限。

（一）环境决定论视角（Deterministic perspective）

环境决定论视角认为，战略变革是企业为了适应外部环境（如环境不确定性、复杂性和管制放松等）变化而重新配置资源的过程。首先，由于组织无法在内部生产所有必需的资源，企业的生存依赖于外部资源，因此，组织需要改变内部的资源分配以适应不断变化的环境，从而实现最优的公司绩效。其次，组织的惰性倾向是战略变革的主要阻碍之一。这种惰性限制了他们对不断变化的环境的适应性，减少了他们生存的机会。最后，当公司不得不做出变革时，他们倾向于模仿行业标杆企业以增加其组织合法性，最终提高其生存概率。图2-4呈现了环境决定论视角下的战略变革过程。

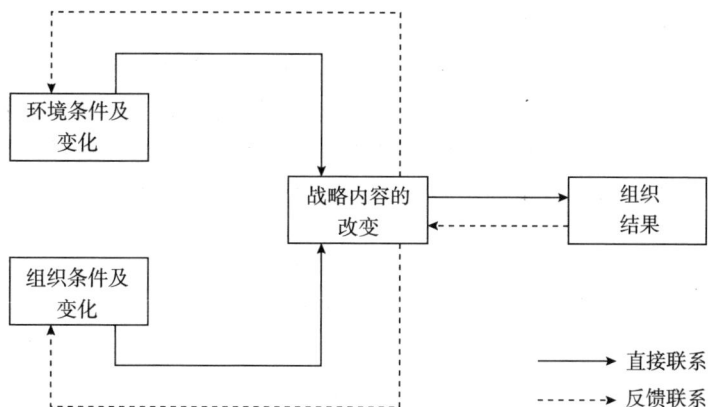

图2-4　环境决定论视角下的战略变革

资料来源：Rajagopalan N, Spreitzer G M. Toward a theory of strategic change：A multi-lens perspective and integrative framework ［J］. Academy of Management Review, 1996, 22（1）：48-79.

基于环境决定论视角的研究对于理解战略变革具有一些特殊的优势。其一，这些研究基于大样本，对环境因素、组织因素以及战略内容的变化都进行了操作，有利于研究之间的比较。其二，这些研究包括了更为动态的时间序列分析和事件分析，不仅解释了战略变革的可能性和方向，而且还解释了战略变革发生的时机。其三，这些研究者既关心战略变革的前因，也关注其结果。

然而，环境决定论视角在理论和方法上也存在一定局限。首先，环境决定论视角将管理者认知和决策过程的影响视为一个内在黑箱，并没有提供有关战略变革过程的见解。换言之，对于如何发起和实施战略变革还无法给出足够的解释。其次，环境决定论视角假定环境是决定性的和不可变动的，管理者的作用被严重忽略了，因此，对于组织如何寻求干预变革过程的见解相对较少。例如，监管、体制和技术变革等因素基本上被忽视了，就组织背景而言，没有关注到公司治理结构对战略变革的影响。最后，在方法层面上，虽然环境决定论视角的观点承认组织倾向于重复先前的战略变革，但是，大多研究侧重于分析单一时间节点的变革，对于战略变革如何随着时间推移而发生变化还缺乏了解。

（二）唯意志论视角（Voluntarily perspective）

21 世纪以来，学者们对高层管理者在公司战略变革中的作用的兴趣日益提高。在唯意志论视角下，战略变革被视为一个动态调整、反复的过程：管理者通过一系列相对较小的步骤，探究环境和组织的匹配来制定战略。这些"学习"的步骤可能会促进公司战略变革。唯意志论视角比环境决定论视角更全面具体，并认为战略变革源于组织中领导者和主导联盟的决策和行动。从这个角度来看，管理能够克服组织僵化，通过管理意图实现战略变革。除了改变战略应对外部变化以外，管理者还试图积极主动地工作以实现公司与环境之间的动态匹配，并且根据公司的优势来塑造公司所处的环境。相对于环境决定论视角，企业绩效（包括经济和非经济的）不仅会随着战略内容的变化而变化，也会随着管理者行为的改变而发生变化。图 2-5 呈现了唯意志论视角下的战略变革过程。

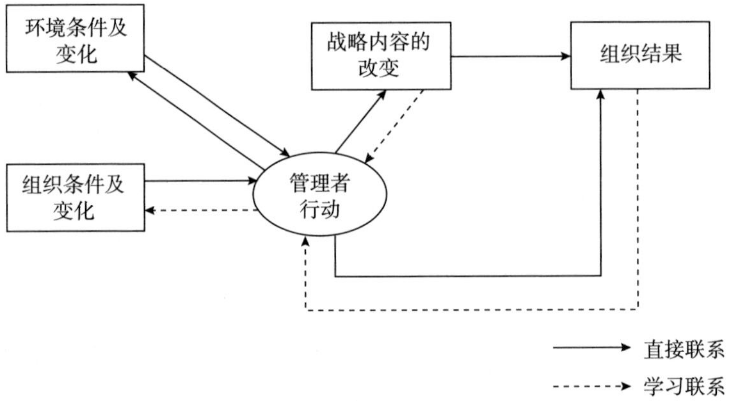

图 2-5　唯意志论视角下的战略变革

资料来源：Rajagopalan N，Spreitzer G M. Toward a theory of strategic change：A multi-lens perspective and integrative framework［J］. Academy of Management Review，1996，22（1）：48-79.

唯意志论视角具有以下有优势：首先，唯意志论视角揭示了组织管理者的作用，尤其是高层管理者，强调了公司所有权和治理结构的重要性。例如，这类研究提供了关于 CEO 继任（Bereskin & Hsu，2012；张行，2018）、CEO 个体特征（Schepker et al.，2017）和战略变革之间关系的深入见解。其次，唯意志论视角揭示了阻碍成功发动和推动实施战略变革的组织因素和管理者特征，并揭示了管理者如何参与战略变革的过程的黑箱机制。最后，与环境决定论视角的观点相比，唯意志论视角提供了有关影响战略变革的前因和结果变量的见解。

尽管具有以上重要优势，也必须承认唯意志论视角自身的理论和方法的局限性。首先，与环境决定论视角的观点相反，唯意志论视角的观点主要关注幸存的企业，因此，这些研究既没有分析组织生存失败的可能性，也没有分析幸存和失败企业之间的差异，因此，针对战略变革的长期效果还知之甚少。其次，这些研究大多关注孤立的单个变革事件，而事实上，企业可能会发生多次变革，以便在整个组织生命周期中持续保持竞争力。以万达集团为例，最初万达是靠房地产起家的，1993 年，万达从大连跨区域到广州开发，成为国内售价跨区发展的房企，成功进行了第一次转型；2000 年，万达制定了商业和住宅产"两条腿走路"战略；到 2005 年，万达开始布局文化娱乐产业，这是其第三次转型；2015 年，万达商业开始转向轻资产运营模式，标志着其开始进入依靠品牌获利的新阶段。唯意志论视角的观点难以解释一系列变革事件。最后，在方法上，大多数唯意志论视角研究是基于描述性的案例研究，没有将管理者行为的变化与环境因素、组织背景等相互关联在一起，阻碍了研究者比较不同研究。

（三）辩证视角

采用辩证视角的学者们承认，管理选择和环境决定了组织或企业的战略变革。根据这一观点，企业对环境压力既是主动发起的也是被动反应的，这取决于环境决定论视角和唯意志论视角两种对立理论的强度。辩证视角的其中一个关键假设是环境不能被客观决定，相反，它是由管理者制定的，并通过认知体现出来。同样地，组织环境也被假定为信息的一个来源，影响着个体认知的内容和结构。组织架构、激励机制以及管理体系等构成了广泛的组织意识形态的一部分，管理者对变革必要性和变革阻力的认知都嵌入其中。认知对战略变革影响不大，除非它们体现在行动中。反过来，知识结构可以通过寻求达成变革必要性共识的管理者行为被改变。

首先，辩证视角强调了市场情境的重要性。经济环境变化或市场波动会刺激企业进行战略变革。其次，辩证视角也考察了组织环境中的各种因素的作用，包括业绩不佳、某些公司特征和治理结构等。例如，万赫等（2021）的研究表明，拥有更多闲置财政资源的人公司能够更好地成功实施战略变革。Haynes 和 Hillman（2010）研究了加州医疗保健行业，发现多元化的医院董事会不太可能启动医疗服务的战略变革，董事会经验的异质性和战略变革之间存在着积极关系。一方面，多样化的董事会公司有许多个人利益和承诺，这为冲突创造了更多的可能性。另一方面，多样化的董事会经验、广泛的专家经验、更多的创造力和更多获得公司外部宝贵资源的机会，所有这些都与战略变革正相关。

综上所述，辩证视角整合了环境决定论视角或唯意志论视角的观点，在理论上更为完善。采用这种观点的研究者更多地关注背景因素，而不是变革推动者的特征，以解决混合的发现，例如，组织规模在战略变革中起到关键作用。然而，辩证视角也具有一些局限性。现有的研究集中于战略变革的前因条件，很大程度上忽略了其中间结果。和其他两种视角类似，辩证的视角研究大多集中于微观层面，而宏观层面的研究相对较少。最后，大部分现有的研究集中在单一变革事件上。

二、战略变革的前因和后果

（一）外部环境因素

根据权变理论，战略变革是管理者为应对外界环境变化，从而采取的战略调整。基于生态理论的自然选择学说也认为，外部环境对于战略变革有着决定性影响。当环境发生变化时，会导致交易成本上升，迫使企业调整战略资源配置方式，以不断适应变化的外部环境。刘鑫和薛有志（2015）的研究指出，外部环境的波动会影响管理者的控制方式，进而影响公司实施战略变革的速度和战略变革的程度。然而，环境不确定性往往较为抽象，缺乏细粒度的分析，因而，越来越多的学者开始探究具体环境特征对战略变革可能带来的影响，包括经济政策不确定性和其他经济金融因素等。

（1）经济政策不确定性，包括货币政策、产业或财政政策等。探究战略变革前因的研究，大多假定经济政策具备高度的可预测性与稳定性，然而，2008年金融危机后，尤其是2019年，各国央行都在频繁调整经济政策以应对经济衰退、房地产泡沫等，这导致了经济政策常常存在着高度的不确定性。任何企业都处于特定的经济政策环境之中，经济政策的不确定性会影响管理者对未来不确定性的判断，从而塑造企业的战略变革行为。例如，万赫等（2021）的研究发现，经济政策不确定性会提高企业进行战略变革的意愿。

货币政策。学者们针对货币政策如何影响企业的战略变革进行了系统研究。一方面，货币政策能够通过信贷、利率等传导机制，作用于企业的投融资决策和战略选择与实施；另一方面，通过其财富效应方式可以作用于市场需求，从而改变行业竞争结构，进而促进企业进行战略变革。例如，杨艳等（2016）的研究结果表明，宽松的货币政策往往会刺激企业进行更大幅度的战略变革和更大偏离程度的战略方向调整。

财政政策和产业政策。除了货币政策外，产业和财政政策也是影响公司战略变革的关键要素。例如，翟淑萍等（2015）调研发现，政府的赶超产业政策，容易促使企业管理者出现过度自信的心理，进而造成其对资源配置的认知偏差增大。Goll 等（2007）指出，管制和非管制条件下，战略变革和企业绩效之间存在差异。

（2）经济金融环境等其他外部环境。宏观经济的水平也会对微观的企业风险承担和战略变革意愿产生影响。当经济处于繁荣时期时，管理者往往更加乐观、资源约束也较少，企业更有意愿和能力进行更大幅度的战略变革；相反，当经济处于衰退时期时，管理者的风险意识增强，更愿意维持现状。例如，Pangarkar 和 Yuan（2021）分析发现，行业生命周期与企业的多元化战略之间存在密切的关联。此外，外部对企业或领导者的评价也会影响企业进行某些战略决策，例如媒体信息披露等。Schoar 和 Zuo（2017）认为，经济衰退时期开始职业生涯的 CEO，其职业轨迹和管理方式往往与那些在经济繁荣时期开始职业生涯的 CEO 存在明显不同。在经济衰退期开始其职业生涯的 CEO 的管理风格一般更为保守，倾向于在资本支出和研发上投入更少。

（二）组织因素

除了外部环境因素外，学者们还考察了组织环境会影响到组织惰性的一些因素，这些因素都会影响战略变革，包括组织年龄、组织规模、先前绩效、技术战略、多元化水平和企业所有权之间的关系等，如表 2-10 所示。

表 2-10 组织因素视角下影响战略变革的因素

组织因素	代表性文献
组织年龄	Kelly 和 Amburgey（1991）
先前绩效	Nakauchi 和 Wiersema（2015）
技术战略	Amburgey 和 Dacin（1994）
多元化水平	Huff 等（1992）；Hoskisson 和 Johnson（1992）
企业所有权	Acharya 等（2019）；Shuangpeng 等（2019）

资料来源：笔者自制。

第一，组织年龄和组织规模对战略变革具有负面影响。例如，Kelly 和 Amburgey（1991）表明，1962~1985 年对 136 家美国认证航空公司分析后发现，年轻的 airlincs 更像是为了应对放松管制而在商业和公司层面进行的战略变革。

第二，组织绩效。业绩不佳是导致企业进行战略变革的重要推动力，而企业业绩成功则会导致高管产生自满心态并维持战略稳定。战略变革是在企业业绩不佳时发起的，因此，战略变革被认为是必要的或对组织有益的。有证据表明公司层面的不良绩效与战略变革之间存在积极的关系，当盈利能力下降归因于内部时，战略变革的程度更大；相反，当绩效良好或正在改善时，组织倾向于保持其既定的活动模式。

第三，以往的战略变革会导致企业在未来进行相似类型的变革。在这方面，战略变革本身反映了一种惯性悖论。一方面，它打乱了组织惯性。另一方面，战略变革也受到惯性压力的影响，因为有的组织倾向于重复先前的变革，从而使变革变得常规化。

第四，学者们也探讨了战略和结构之间的动态关系。如 Donaldson（1987）研究了法、日、英、美、德五个国家的企业战略和结构变革之间的关系。Amburgey 和 Dacin（1994）分析了美国矿业和制造业战略和结构之间的偶然性关系。这些研究表明，结构的变革先于战略的变革。

第五，企业多元化水平可能引致公司实施战略变革。例如，Hoskisson 和 Johnson（1992）发现，活跃在工业制造行业的公司，包括相关和不相关的业务部门，更有可能进行重组。研究还表明，公司重组是由于治理体系不完善或战略制定不当导致的"过度多元化"。

第六，股权结构也是影响战略变革的关键要素之一。依据代理理论，CEO 拥有更高的股权有助于减少委托代理问题，如风险规避决策和高管短视，从而使得他们的利益与公司股东的利益保持一致。从这个视角来看，拥有高股权的 CEO 更有可能在公司发起战略变革。而另一些研究却表明，拥有高股权实际上意味着 CEO 在组织中具有更大的权力，更加倾向于保护个人的财富和职位安全，而不愿意推动具有风险的战略变革。Acharya 等（2019）对标准普尔 500 的上市公司数据分析后发现，CEO 股权实际上与公司的战略变革程度存在显著负相关关系，而且这种负相关关系主要存在于制造业企业而非服务业企业。

（三）公司治理因素特征

以往研究对公司战略变革的研究大多从行业差异、产权性质等公司基本特征出发，近年来，越来越多的研究基于委托代理理论，开始从公司治理的视角分析影响股东战略变革的驱动因素。

（1）董事会特征。董事会作为公司治理的主要内容，其权力大小、独董比例和异质性（或多样性）都会对公司战略变革产生重要影响。首先，强大的董事会或拥有更多外部成员的董事会更有可能促进战略变革。此外，来自组织外部的董事会成员应更贴近股东利益，并专注于财务结果。例如，Chatterjee 等（2003）在分析作为失败的敌意收购目标的美国公司是否重新聚焦时表明，非独立的、不警惕的董事更有可能在一次收购尝试后重新关注他们的公司，因为他们比独立的、警惕的董事更有可能将这种尝试解释为一个低效的、脆弱的组织信号。

其次，董事会的异质性也会有助于公司开展战略变革活动。一方面，异质的董事可以运用自身所具有的社交网络资源为企业贡献独特的力量；另一方面，还可以通过自身所掌握的专业知识为管理者提供更多富有建设性的建议或意见。

最后，值得注意的是，董事会任期、董事会任期确定性和董事会参与重组决策之间没有明显的关系。例如，Tuschke 等（2014）考察了董事会成员的战略经验，通过对美国 406 家大中型工业和服务公司的 CEO 继任和战略变革之间的关系进行研究，结果表明，当董事会经验被考虑时，新 CEO 的特征对战略变革的影响会消失。这一发现强调了考虑不同组织行为者之间相互关系的必要性。

（2）企业所有权。股权结构是协调管理层和股东利益的一个重要方面，对管理层具有明显的约束作用。现存的研究表明，几种类型的所有权，包括大股东所有权、内部人股权所有权和管理所有权与关注核心能力而导致的多元化减少有关（Ali et al.，2018）。当管理层所有权增加，企业范围重新聚焦时，大多数企业即使在公开反向收购时期也保持选择的战略路径。当管理层所有权增加或企业范围重新聚焦时，大多数企业即使在公开反向收购时期也会保持选择的战略路线。

（3）其他情境因素。行业环境、CEO 继任前的组织绩效、治理结构的变革和高层管理团队（TMT）的更替等情境要素也可以发挥作用。例如，如果高管团队的前任和其他成员离开公司，CEO 继任后进行战略变革的可能性就会增加（Kang，2021）。此外，在动荡的行业中，CEO 的继任更有可能导致后续的战略变革（连燕玲等，2019）。

（四）高层管理者特征

除了董事会特征因素外，公司高层管理者对于公司战略变革也发挥着至关重要的作用。第一，依据高阶梯队理论，高管的人口统计学特征会对公司战略决策的制定和实施产生重要影响（Wiersema & Bantel，1992）。例如，高管的年龄、性别、受教育程度等因素的差异会导致不同的风险偏好，从而对战略变革造成不同影响（Buyl et al.，2011）。首先，Barker 和 Mueller（2002）认为，年轻而有工程背景的高管将会帮助公司在创新方面形成独特优势。其次，由于男女在生理属性和社会属性方面存在诸多差异（许为宾等，2021），与女性高管相比，男性高管在投资项目上往往更加激进，更愿意选择多元化战略。此外，高管的年龄与其整合信息的能力和做出冒险决策的能力呈负相关关系。

第二，CEO 作为管理层中最有影响力的个体，CEO 的更替、继任来源和权力会影响到战略变革。首先，CEO 更替。张双鹏等（2019）指出，CEO 更替及高管团队重组极大影响到战略变革。从内部晋升的 CEO 常常会受到公司长期发展而产生的政治阻力、组织惯例和公司文化等诸多要素的制约，难以发起并开展战略变革活动，因此，CEO 更替往往成为公司战略变革的前兆。其次，继任来源。组织适应观的研究认为，外聘 CEO 比内部晋升的 CEO 更有可能发起战略变革，因为内部晋升的 CEO 对当前的战略具有更高的心理承受能力。拥有丰富的内部经验的 CEO 对公司事务更加了解，增加了他对现状的承受力。外部 CEO 的引入被视为董事会形成战略变革需要的表现（Zhang & Rajagopalan, 2010；张双鹏等，2019）。然而，组织破坏观的研究认为，外部 CEO 的认知是由先前的职业经验形成的，由于外聘 CEO 与焦点企业的管理层缺乏共享的经验，容易发生"外来者"和"在位者"之间严重的认知冲突，造成战略变革执行被迫中断（Kang, 2021）。再次，CEO 权力。Haynes 和 Hillman（2010）认为，一个强大的CEO 会削弱董事会经验对战略变革的积极影响。最后，CEO 任期。孟祥展等（2018）的研究发现，随着任期的延长，新任 CEO 的战略变革程度并非线性的，而是会出现先增加后降低的趋势。在任职的早期，外聘 CEO 不敢贸然进行大刀阔斧的改革，而是会适应和了解情况，逐渐推动战略变革；然而，当任期超过一定时间后，CEO 的行为模式变得很成熟，治理也越来越僵化，更加倾向于安于现状，难以偏离已经形成的公司经营战略。

第三，高管团队的构成及其成员的薪酬高低也与战略变革紧密相关。具有异质性的高层管理团队意味着信息来源和视角的多样性，以及决策中较高的创造性（Buyl et al. , 2011）。分析高管团队特征如何影响企业战略变革的研究表明，平均年龄小、团队任期长、教育水平高、教育专业化异质性较高以及科学领域学术培训较多的高管团队更有可能发起战略变革（García-Granero et al. , 2018）。例如，Zhang（2006）研究 CEO 先前公司的业绩和战略变革的影响后发现，当先前业绩较低时，焦点公司进行战略变革的幅度会显著增加，反之，会显著降低。关于高管团队的薪酬，Cho 和 Hambrick（2006）的研究表明，高管基于激励的薪酬越高，战略变革的可能性就越大。另外，从社会资本的角度看，董事会的多元化经验有助于企业获取更多的外部资源，从而有助于企业实施战略变革。

第四，作为企业经营决策中最为重要的管理者，CEO 的个体人格特质也会影响到战略变革，包括外向性（Datta et al. , 2003）、经验、好奇心（Gutschi & Klarner, 2021）和自恋程度（Adam et al. , 2015；Uppal, 2020）等。高阶梯队理论认为，面对复杂的外部环境，企业的高管无法做到完全理性，而是会受到其个人视野、格局和价值观念的影响。高管的职能经验、任期等也会影响到战略变革。例如，CEO 的性格特征差异（如外向型、责任心、情绪波动和自恋等）对高管团队运作存在显著影响，并最终导致企业之间的绩效差异。Boeker（1997）的研究表明，从另一家公司雇佣具有职能和行业经验的高管增加了该公司进入前雇主活跃的产品市场的可能性。有趣的是，战略变革还受到高层管理者的背景和专业知识的影响，因为他们从以往经历中获得知识和技能。Gutschi 和 Klarner（2021）发现，好奇心（定义为寻找新信息和体验的冲动）对 CEO 及其战略决策非常有益，CEO 的好奇心有助于企业进行战略变革。此外，CEO 自恋是 CEO 对自身魅力和能力的过高估计的一种人格特质，CEO 的自恋程度越高，在创业注意力方面的程度也就越高，公司的战略变革程度也越大（Uppal，2020；吴建祖、龚敏，2018）。

（五）战略变革的结果

现有文献对于战略变化和企业绩效之间的关系还存在许多争议，如表 2-11 所示。一些研究认为，战略变革可以使企业战略发展与外部环境保持一致，从而取得更好的绩效。他们认为，企业进行战略变革的根本目的在于提升其市场竞争力，最终提升企业绩效。例如，叶蓓（2017）认为，重新聚焦的公告和股票回报之间存在着积极的关系。根据这些发现，Phan 和 Hill（1995）表明，1986～1989 年减少多样化和层级复杂性提高了 214 家公司的效率。Kunisch 等（2017）的研究指出，根据外部变化（环境或时间等）而动态调整企业的战略有助于为公司赢得持续的竞争优势。

表 2-11　战略变革对公司绩效的影响

	观点	代表性文献
绩效提升论	战略变革可以使公司战略发展同外部环境保持一致，进而取得卓越绩效。他们认为，公司进行战略变革的根本目的在于提升其市场竞争力，而最终提升企业绩效	Phan 和 Hill（1995）；Cui 等（2011）
变革阻力论	环境的变化导致了企业战略的变化，如果企业战略无法与外部环境保持一致，那么，可能达到相反的效果。因此，另一些研究则认为，战略变化可能降低企业的生存能力，损害企业的绩效	Makhija（2004）；朱丽 等（2018）
非线性观点	战略变革和企业绩效之间可能并非简单的线性关系，而是会随着变革程度的变化而出现逆转。因而，一些研究提出了战略变革和企业绩效之间具有非线性关系的观点	Zhang 和 Rajagopalan（2010）；马李沛沛（2019）

资料来源：笔者自制。

尽管公司进行战略变革的初衷是增强其自身竞争优势，但是，正如环境决定论视角的观点所言，公司战略的变化必须与外界环境形成一种动态匹配的关系（Wang et al.，2020），如果公司战略无法与外部环境保持一致，那么，很可能会达到相反的效果。基于这一推论，变革阻力论的研究则认为，战略变化可能降低企业的生存能力，损害公司的绩效（Makhija，2004；朱丽等，2018）。例如，Makhija（2004）发现公司重组会显著降低公司价值。还有一组研究发现没有关系或混合关系。例如，Kelly 和 Terry（1991）研究了美国认证航空公司的战略变革后发现，战略变革与一个组织的生存可能性无关。Meyer 和 Lieb - Dóczy（2003）表明，即使资产的收购在短期内可能会对业绩产生负面影响，但从长期来看，这些资产可能会对业绩产生正面影响。朱丽等（2018）认为，公司在进行战略变革时，需要足够多的资源支撑战略调整，否则，公司很可能在变革的过程中遭遇外部资源匮乏和内部资源不足的双重困境，因而，战略变革与企业短期绩效之间可能存在着消极作用。

在上述两种相互对立的观点的基础上，最新的研究开始思考，战略变革和企业绩效之间可能并非简单的线性关系，而是会随着变革程度的变化而出现逆转。因而，一些研究提出了战略变革与公司绩效之间存在非线性关系的观点。例如，Zhang 和 Rajagopalan（2010）揭示了一个倒 "U" 型的业绩曲线，该曲线受 CEO 继任来源的影响。低水平的战略变革更具适应性，对公司业绩更为有利，而高水平的战略变革则具有破坏性。因此，进行适度的战略变革似乎是创造和保持持续竞争优势的核心。还有许多研究（马李沛沛，2019）发现，战略变革与企业绩效存在着 "N" 型关系。

然而，以上研究可能过分关注于某一阶段的公司价值，而忽视了战略变革对企业长期价值和短期价值所带来的差异性影响。一方面，企业经营环境复杂多变，没有一种战略能够使企业可以一劳永逸地实现长期发展，而战略变革是企业对关键资源的重新配置，从而提高企业的环境适应性，从长期来看，战略变革使企业维持竞争优势，获取长期成长的动力。另一方面，战略变革也意味着企业必须对内部资源、原有组织结构做出重大调整，可能会破坏组织惯性，导致企业内部协调成本的大幅提升，降低企业的短期价值。基于以上分析，在本书中，我们将企业绩效分为长期价值和短期价值，分别检验了战略变革对公司价值的双重影响。

第五节　公司价值的相关理论研究

梳理目前国内外公司价值的相关文献，本书发现，学术界关于公司价值的前因研究取得了丰硕的成果。众多学者运用企业行为理论、资源基础观理论、资源依赖理论等多种理论对公司价值概念进行界定，并探究了影响公司价值的各种关键因素，例如外部环境、企业特征、利益相关者以及企业行为等因素，如表2-12所示。

表 2-12 影响公司价值的前置因素

分类	影响因素	代表性文献
外部环境因素	经济环境因素	邹萍（2018）；唐国平（2018）
	市场竞争环境	谢尚俊和杭明（2017）；Liu 等（2018）
	制度环境	Chadee 和 Roxas（2013）；吕敏康（2017）；鲍树深（2018）
企业特征因素	企业生命周期阶段	冯媛媛（2014）；陈璐（2017）
	股权结构	张萌（2018）；杨文君等（2016）；袁涛（2017）；王思薇和王悦（2019）；徐嘉琪等（2019）
	企业文化	白美靖（2020）；Zhao 等（2018）
	治理结构	罗雨薇（2014）；Bhagat 和 Bolton（2019）
	董事会结构	杨威和吕星赢（2017）
	董事会规模	Coles 等（2008）；李鹏和王丽明（2017）
	商业模式	SohlVroom 和 McCann（2020）；SohlVroom 和 Fitza（2020）
利益相关者因素	股东	Andersona（2015）；梅光仪等（2019）
	董事会	李成等（2016）；叶蓓（2017）；周建等（2015）；谢尚俊和杭明（2017）；邱玉兴等（2019）
	CEO	王铁男和王宇（2015）；卢君生和朱艳阳（2017）；乔朋华等（2019）
企业行为因素	战略选择	Wright 和 Ferris（2015）；俞雪莲（2017）
	并购活动	Stein（1997）；Denis 等（1997）；曹俭（2008）；Zhang（2010）；乔朋华（2020）
	财务活动	顾亮（2014）；王化成和彭文伟（2013）；何瑛和张大伟（2015）
	战略变革	文雯（2020）；乔朋华等（2021）

资料来源：笔者自制。

第一，从外部环境来看，已有研究发现环境中的经济因素与制度因素会作用于公司的价值创造。首先，在经济环境因素中，人们往往更加关注区域经济发展水平、外部市场竞争态势以及时间要素，这些为公司价值创造提供了必要的生产环境。如果公司位于经济发展水平比较高的地域，那么可以获得良好的产业发展环境以及优质市场竞争环境。产品市场竞争环境的好坏会直接影响到企业特征因素、行为因素与公司价值之间的关系（Fosu，2013）。其中，一些研究还强调了市场竞争会导致公司之间的不良竞争行为。还有许多研究考虑时间因素的影响，探讨公司在特定时期中的价值创造问题，例如科技的迅猛发展带动了互联网浪潮，不少学者逐步展开了互联网经济下的公司价值创造作用机制研究。其次，在制度因素中，人们主要考察正式制度因素带来的影响。具体来说，充满不确定的制度环境（Chadee & Roxas，2013）、主要制度的类型（Liu et al.，2018）、内外部环境的规制（Rennings & Rammer，2011）以及新的会计准则（Susanto & Meiryani，2019）等都会影响到公司价值。

第二，从公司特征来看，现有研究指出公司经营发展中所呈现的结构、能力、公司治理机制等特质会影响公司价值。例如，陈璐（2017）研究发现公司当前所经历的生命周期阶段会显著影响公司价值。和春军等（2006）则发现企业的盈利能力会正向促进公司价值的提升。辛琳和张萌（2018）研究发现，合理的股权结构有助于缓解股东和债权人之间的利益冲突。在公司治理领域，学者们对治理结构与公司价值之间的关系研究也比较丰富。一些学者（Chen，2012）研究发现，公司负债影响公司价值。另一些学者则验证了股权结构对公司价值的影响（Detthamrong et al.，2017；Rahman et al.，2019）。也有一些学者从董事会结构入手，考察了董事会规模、独董占比、内外部董事占比、董事长与 CEO 是两职兼任或是分离（周建等，2015）、年龄结构（王鹏等，2009）等对公司价值的影响。综上可知，企业生命周期的不同阶段、公司治理架构、资本结构、商业运营模式、盈利能力以及公司文化等各种企业特征因素会影响公司价值。

第三，从利益相关者来看，先前研究着眼于公司股东、董事会以及 CEO 等因素。①在股东的研究中，除对股权结构的研究外，一些学者关注了控股股东股权质押行为（梅光仪等，2019）、股权激励（秦婉琪，2019）对公司价值的影响，还有学者研究大股东的"隧道行为"，并指出大股东对小股东的利益侵占行为严重损害了公司价值（马新啸等，2021）。②在董事会的相关研究中，除了对董事会结构的关注，不少学者还考察了董事会的其他特征及行为对公司价值的影响，如人力资本、社会资本、异质性、激励及内部联结等众多董事会属性均会影响公司价值。现阶段相关研究得出的董事会社会资本对公司价值的作用的结论未达成一致。一些学者坚信董事会的社会资本可以通过为公司提供各种利好资源，从而增加公司价值（叶蓓，2017）。但是也有部分学者坚持认为，董事会社会资本的异质性并不利于公司价值创造（Lins et al.，2017）。③现有对 CEO 的相关研究发现，CEO 权力的大小（邱玉兴等，2019）、CEO 薪酬（Mueller et al.，2020）以及 CEO 自恋与过度自信（Uppal，2020；乔朋华等，2021）等会显著影响公司价值。

第四，从公司行为来看，Moran 和 Sumantra（1999）认为，主要是公司采取的战略资源重新配置行为影响了公司价值创造。基于此，众多学者开始考察了公司决策行为与价值创造之间的关系。确切来说，公司战略选择、并购决策、战略变革行为及公司财务管理活动等都会影响公司价值。但是，以上这些研究并未得出一致的结论，有的学者认为企业的战略行为对公司价值的影响是正向的、线性的（Wu et al.，2019），或提升公司价值或损害公司价值（Le & Kroll，2017）；同时也有学者提出该作用关系是非线性的（Lin et al.，2021）。

分析既有研究发现，不同学者的研究情境具有差异性，而组织内外部的各种因素都可能对二者的关系产生影响。所以，有必要结合前三类因素共同考察公司战略行为对公司价值的具体作用。

第六节 文献述评

围绕本书的研究主题"CEO 任职经历对战略变革的影响机制及经济后果"，本章回顾了相关基础理论（高阶梯队理论、烙印理论等）。围绕 CEO 任职经历与公司战略变革的研究主题，分别对高管任职经历和公司决策行为研究、公司战略变革的影响因素研究、公司价值的影响因素研究进行了系统的文献回顾，为后续的理论深化、繁衍、整合和创新提供了坚实支撑。本书认为，现有研究呈现出以下主要特征：

第一，有关管理者管理风格对企业行为的影响文献持续增加，尤其是针对高管单一任职经历的。自 Hambrick 和 Mason（1984）将高阶梯队理论引入管理研究以来，高管个体特征及其对公司战略决策和绩效结果的影响一直是管理研究的热点议题。已有文献从多个维度对高管背景特征进行了系统性研究，并逐渐从性别、年龄、教育背景等显性特征入手，不断深入研究职业经历、早年灾害经历、个人兴趣爱好、过度自信心理（Adam et al.，2015）等较为深层次的内在特征。高管的价值观、性格特征及过往经历等个体要素会培养其决策视野、对环境的感知与解读能力，进而影响到公司战略决策、风险承担和公司价值等方面，即"管理者效应"。现有的研究主要集中于从军经历（郎香香、尤丹丹，2021）、从政经历（王海军等，2021）、学术经历（丁明发等，2020）、财务经历（Oradi et al.，2020；周兰，2021）、研发经历（Chen，2013）、海外经历（Schmid & Wurster，2017）等单一任职经历对企业财务和经营（多元化）等决策行为的影响。但是，不同的职业经历并非单独发挥作用，而是相互渗透，共同塑造管理者的管理风格，从而影响企业的财务活动以及风险承担水平（何瑛等，2019）。相较于专业型高管，拥有丰富任职经历的复合型高管行事更为高调，更能获得董事会的重视，更易于被聘任并给予高额薪酬。更为重要的是，CEO 作为公司关键的决策制定者和执行者，其过往任职经历差异会影响到 CEO 在信息处理方式、综合技能提升、社会资源积累以及决策思维等方面，导致其对公司战略看法不同，进而影响公司的风险承担和经营战略决策行为。有少量研究开始关注到高管任职经历丰富度在多元化战略（Chen et al.，2021）、企业创新（Custódio et al.，2019）、投融资成本（Gan，2019）和风险承担（何瑛等，2019）等方面的作用。例如，Chen（2013）分析了 CEO 的人力资本如何影响公司的收购行为和绩效后发现，通才型 CEO（拥有更广泛的知识和技能的 CEO）比专业型 CEO（拥有更狭窄但更深的知识和技能的 CEO）更有可能采取不相关的收购。截至目前，少有文献研究 CEO 任职经历丰富性与公司战略变革的关系，更未涉及影响路径和经济后果的研究。

第二，虽然高管任职经历丰富度的研究在近年来取得一定的突破，尤其是在指标度量方面的创新，但到目前为止，大多数研究多采用类别变量、代理变量去测量高管的任职经历丰富度。例如，孟祥展等（2018）在分析外聘 CEO 任职经历对公司经营战略变革的影响时，采用职业经历变动次数和是否具有海外工作经历这两个代理变量加以测度。例如，高管的工作经历指的是工作过的组织和机构的类型与数量，包括以往的职位、公司部门以及涉及的行业。CEO 任职经历的概念不同于高层管理团队（TMT）成员的内部职能多样性或高管在不同职能领域的经验，也不同于当前公司中不同层级的过去经验。对高管复合型任职经历进行全面系统考察的研究才刚刚起步，少量研究采用形成性指标（如通才管理者能力指数，generalist ability index）衡量任职经历。但是，这些研究仅仅考虑了其职能背景、国际化背景和任职期限等方面。例如，Cheng 等（2020）借鉴通才管理者能力指数衡量高管的任职经历。鉴于中国高层次人才的职业背景中不同组织机构的任职经历、任职 CEO 经历以及海外任职经历对其管理风格的影响十分深远，本书尝试增加了组织机构类型数、任职 CEO 经历以及海外经历这三项职业经历维度，对于 CEO 任职经历丰富性的构建更加全面，更加契合中国的制度背景及组织机构设置。

第三，公司内外部治理因素的不同，导致 CEO 任职经历丰富度对公司战略变革的影响效应可能并非同质的。董事会层面，公司的战略决策不仅取决于 CEO 个人，还受到董事会的监督和制约（Tuschke et al.，2014）。董事会权力是董事会履行战略职责，对高管实施战略监督的重要前提。董事会权力越大，意味着 CEO 的权力受到的制约越大，从而增加了 CEO 对制定新战略以及为战略变革进行资源调整的阻力（叶蓓，2017）。因此，董事会权力会削弱 CEO 的变革意愿和倾向，降低 CEO 任职经历丰富度对战略变革程度的影响。然而，现有研究对于董事会权力在 CEO 任职经历和战略变革关系的情境作用尚未明晰。在公司层面，冗余资源是塑造公司战略变革行动最为基本的内部资源因素（连燕玲等，2019），但战略变革情境机制研究针对冗余资源的情境作用至今仍存在分歧。一方面，冗余资源既可能通过扮演"缓冲器"的角色，CEO 的战略变革决策将会有更多的积极反应和更少的阻力，降低战略变革的成本和风险，促使企业更积极地实施战略变革来响应内外环境变化。另一方面，冗余资源也可能通过诱发企业"不思进取"的组织惰性，降低企业的风险容忍度，抑制企业针对内外环境变化采取战略变革响应行为（万赫等，2021）。这说明，若想明确冗余资源在 CEO 任职经历丰富度与公司战略变革之间究竟发挥何种情境作用，需要展开进一步的实证探讨。在环境层面，2020 年以来，各国为应对市场需求疲软、投资不足等问题，频繁调整经济政策以刺激经济发展，这导致了各国经济政策的高度不确定性。企业嵌在特定经济政策环境之中，当经济政策环境波动较大时，CEO 对于风险承担的意愿和能力将对公司战略变革产生重要影响。首先，CEO 任职经历所积累的社会网络关系将有助于公司快速响应市场变化（赵慧，2018），尤其是在资金筹集方面，更加依赖于非正式的社会关系。其次，由于 CEO 具备跨行业、跨企业的任职经历，其对市场变化更为敏锐，拥有丰富任职经历的 CEO 能够识别外部机会、提高资源配置效率（Custódio et al.，2019），从而做出一系列调整，最终促进公司的战略变革行为。此外，当经济政策不确定性较高时，公司周围的环境更加不稳定、动荡和难以预测，从而降低了现有标准和范式的有效性。经济政策不确定性为 CEO 推行独特的战略提供了宽松的外在条件。但目前探究经济政策不确定性的既有研究忽视了对 CEO 任职经历与战略变革关系的考察。那么，在经济政策不确定性背景下，CEO 任职经历如何影响战略变革决策还有待深入研究。

第四，对 CEO 任职经历丰富度的经济后果考察越来越多地受到学者们关注，但目前还不够深入且尚未形成一致结论。Murphy 和 Zabojnik（2007）发现，在 CEO 的招聘和薪酬决策中，"综合管理能力"（领导一个复杂的现代企业的关键管理技能，但不是特定于任何组织的管理技能）比反映技能、知识、人脉的"公司特定管理资本"更受青睐（Cheng et al.，2020）。尽管有着不同职业经历的 CEO 会发起广泛的战略行动，并获得显著的薪酬溢价（Mueller et al.，2020）；但是，从理论上讲，任职经历更丰富的 CEO 与公司价值是正相关还是负相关尚不清楚，尤其是在中国制度情境下。基于领域专业知识框架，通才 CEO 会随着时间的推移，利用公司特定资源获得更多的专业知识，以增强他们的环境适应性，改善与投资者的关系（孟祥展等，2018；赵子夜等，2018）。任职经历丰富的 CEO 在试图调整外部环境和公司当前可用资源时也会面临模糊性，这可能导致较低的绩效。受他们在不同公司或行业内不同成就的驱动，通才 CEO 寻求将不同行业和公司之间的经验相结合，但将其与公司特定资源配对成功的可能性有限，从而导致组织资源延伸到陌生的战略领域（Li & Patel，2019；Müller & Kunisch，2018）。因此，CEO 任职经历丰富度如何影响战略变革，并最终导致怎样的经济后果的研究还鲜有涉及。本书继承了 Custodio 等（2017）和孟祥展等（2020）关于外聘 CEO 任职经历的研究，基于中国情境对 CEO 任职经历丰富度、战略变革与公司价值的关系进行理论和实证检验。

综上所述，基于有限理性假说，CEO 任职经历丰富度对公司战略决策行为的影响效应属于当前高阶梯队理论研究热点，截至目前鲜有文献从战略变革的视角拓展管理者任职经历丰富度的经济后果，引入董事会权力、冗余资源和经济政策不确定性三种关键内外部治理因素的情境作用，以便明确 CEO 任职经历作用于公司战略变革的边界条件，分析影响 CEO 任职经历对战略变革影响的情境变量，并以风险承担和社会网络资源作为影响路径，以期在理论方面厘清 CEO 任职经历和公司战略变革的内在逻辑，并且为上市公司遴选 CEO，将 CEO 职业经历与公司未来战略变革匹配提供一定指导。

第三章 CEO 任职经历丰富性
指标构建及评价

通过第二章对研究所需的关键变量界定、相关文献的系统梳理及评述，逐步明确了本书依托的理论基础与研究情境，研究问题的价值及可行性得到凸显，并确定了 CEO 任职经历丰富性指数作为本书的关键研究变量。鉴于此，本章将着重对变量的指标构建过程加以详细阐述，以便全面而系统地测度 CEO 任职经历的丰富性程度。其一，归纳已有学者对高管任职经历丰富性的变量测度；其二，在借鉴已有学者研究方法的基础上，将中国独特的制度环境考虑在内，构建出符合中国管理实践的 CEO 任职经历丰富性指标的测度方式；其三，选取 2007 ~ 2020 年中国沪深 A 股非金融上市公司为研究样本，进而构建 CEO 任职经历丰富性指数；其四，对研究样本的整体分布情况进行分析总结，以便帮助我们更好地了解中国情境下 CEO 任职经历丰富性的具体现状。

第一节 高管任职经历相关度量

随着高阶梯队理论的逐渐完善，学者们开始从不同维度对管理者及高管团队等展开相应的研究，其中 CEO 过往多元化任职经历成为众多学者研究的焦点。相较于国外学者早期对 CEO 过往多元化任职经历的研究，国内学者近几年才开始对其感兴趣，并主要从单一任职经历维度出发。此外，对 CEO 等管理者多元化任职经历的测度也并未统一。现有研究主要有以下四类：

第一类，根据管理者任职经历的类型构建虚拟变量。早期的 CEO 任职经历主要聚焦其过往任职的职能部门类别，诸如生产部门、研发设计部门、财务部门、管理部门、市场营销部门等，这一类职能部门划分更多的是参考 Finkelstein（1992）的分类方式。另外，部分学者还将职业背景按照产出、生产、管理及其他四个大类进行划分，使不同类别的职业背景包含的领域更为广泛。通过多元化的职业背景经历为管理者积累了丰富的实践经验，在一定程度上提升了个体人力资本及社会资本的积累。综合上述维度划分，学者们据此设置虚拟变量，并根据不同研究目标构建相应的虚拟变量。

第二类，统计并加总管理者过往任职经历类型数构建管理者多元化任职经历变量。除了上述职业背景划分标准外，现有学者开始聚焦任职经历多样性的指标测度，考察管理者过往曾任职过的职能部门类型数、公司数、行业类型数。目前，备受学界认可并推崇的主要有 Hu 和 Liu（2015）、Crossland 等（2014）拓展的变量构建，Hu 和 Liu（2015）将中国独特的制度环境考虑在内，在中国一个人的职业经历通常包括三种类型的工作机构，即生产营利性组织、非生产营利性组织以及政府等行政部门，这些工作机构在中国情境下均被称为"单位"。与此同时，在中国社会制度下，每个单位往往代表一个特定的社会关系网络，例如，在中国，无论是地方还是中央政府办公室的社交网络都可能包括办公室成员、受其管辖的单位和管理它的单位。公司也是如此，不仅包括其内部员工，还包括外部利益相关者、消费者以及银行等金融机构。所以，一个人的过往职业经历在某种程度上能够反映个体的内外部社会关系网络。在此基础上，Hu 和 Liu（2015）构建了两种衡量标准来考察 CEO 职业经历的影响，分别是 CEO 在其职业生涯中工作过的单位数和 CEO 是否在政府、研究机构、其他行业以及金融机构等任职过。Crossland 等（2014）则直接将 CEO 就职焦点公司前曾任职过的职能部门数、公司数以及行业数除以 CEO 的就职年数，并将前述三项年均值数加总，进而构造出 CEO 任职经历丰富性指数。

第三类，利用因子分析法或主成分分析法构造管理者任职经历变量。随着商业管理实践中对高层次人才的需求提高，复合型高端人才在经理人市场中备受追捧。学界也响应中国管理实践，开始了对 CEO 过往任职经历的更为全面的研究。通过各类数据库、中国上市公司年报以及相关网站信息披露等途径获取 CEO 过往多维度的任职经历，并利用诸如因子分析及主成分分析的统计方法构建管理者任职经历指数。其中，国内外较为典型的研究主要体现在以 Custódio 等（2013，2017）、赵子夜等（2018），以及何瑛等（2019）等为代表的研究成果。例如，Custódio 等（2013）通过 CEO 曾任职过的职位数、公司数、行业数、是否任职过CEO 以及是否在集团公司就职过，在此基础上利用主成分分析法提取关键成分并构造管理者通才能力指数。当指数值越高，说明管理者的任职经历越丰富。而何瑛等（2017）结合中国独特的制度环境，即单位对个体的影响较大，统计 CEO 曾任职过的职能部门数、公司数、行业数、组织机构数以及海外经历五个方面，最后构建了 CEO 复合型职业经历指数。

第四类，利用反映管理者某类经验的替代变量测度经验变量。尽管多元化任职经历能够塑造复合型管理人才，这并不否认过往具有某一类任职经历的重要性。考虑到知识或经验存在行业依附性的特点，管理者过往相关任职经历所习得的知识或经验只能在其所属领域内发挥作用。目前，学界对此主要采用经验的替代指标来衡量。例如，Diestre 等（2015）通过考察连锁董事在每个经验源公司样本期内为公司所在的市场推出的新药数量来测度连锁董事新市场进入经验。同样地，还有 Boh 等（2020）通过对管理者所投资行业的独特数量作为管理者投资经验的替代变量以及周建等（2021）利用焦点公司专利申请等相关指标经行业一致性处理后作为高层管理者创新经验的替代变量，从而考察其与公司创新之间的关系。

综上，由于不同学者对管理者任职经历研究目的的差异，其测度也不一样。考虑到全方位多维度的 CEO 过往任职经历的相关数据，能够更为贴切地反映 CEO 任职经历的个体属性特征。因此，本书沿袭已有学者的做法，结合中国管理实践，亦采用 CEO 过往多维度任职数据，利用主成分方法构建 CEO 任职经历丰富性指数。

第二节　CEO任职经历丰富性指标构建

已有研究在高阶梯队理论及人力资本相关理论的基础上，通过对个体过往任职经历的考察发现，其在一定程度上显著影响了 CEO 等高层管理者的各项综合管理能力、决策风格、价值观念等，并最终表现在管理者后续的具体决策行为上（Hambrick & Mason，1984）。本书参考 Custddio 等（2013）、赵子夜等（2018）以及何瑛等（2019）等的研究，将中国管理实践及独特的制度环境考虑在内，构建了 CEO 任职经历丰富性指数（CEO career experience，Career_exper），主要包括 CEO 过往任职的职业背景数、公司数、行业数、组织机构数、过往任职 CEO 经历、海外经历六个方面。详细指标定义及构建如下所示：

（1）职业背景数（CEO_posi）：CEO 曾经就任的职业背景数。个体经验源于个体参与过类似的活动，CEO 过去在其他职能部门任职，能够获取该职位相关的技能与知识。CEO 所就任的职业背景数越多，越能够积累更为丰富的职业技能和开展工作所需的各类知识。同时，借助于在这些部门的工作经历，CEO 可以对公司整体运营情况产生更加深刻的理解和认识，而不同职能部门的工作经历也会影响管理者在制定公司决策时的思维模式和风险意识。例如，从事过市场营销或研发的 CEO 往往遵从市场需求和产品创新战略；具有金融背景的管理者更倾向于多元化经营，具有财务经历的管理者则倾向于投融资等公司决策行为。

结合 CSMAR 数据库中上市公司人物特征数据的具体特征以及各个公司所披露的高管人员简历信息的特点，本书的职业背景类型主要包括生产、研发、设计、人力资源、管理、市场、金融、财务、法律九类。主要通过两种方法确定 CEO 曾经任职的职能部门数量：其一，CSMAR 数据库的董监高个人特征文件中职业背景指标刻画了 CEO 曾经任职的职能单位类型，本书首先将各类型职能单位提取出来，而后以总量作为 CEO 曾经就任的职能部门类型数的测度指标；其二，以 CSMAR、Wind、CCER 数据库中列示的董监高个人简历数据作为原始判断依据，然后针对各个职能部门类型，分别选取对应关键词进行匹配，进而明确简历中包含的职能部门类型数量。对于直接获取与简历提取得到的数据存在差异的部分，通过翻阅简历和网络公开搜索等渠道确定最终的 CEO 曾经或正在任职的职能部门类型数量。

（2）公司数（CEO_corp）：CEO 曾经任职的公司数量。每一个公司都面临独特的发展环境，拥有独特的公司文化、管理体系、人员构成等诸多因素，这使得每个公司都是一个独特的存在，其运营方式、管理方式等均存在较多差异。CEO 曾经任职的公司数量越多，越能够有效地掌握根据不同公司特点制定公司特异性发展战略和管理方式的能力，越能够知悉应对不同的经营发展环境的技能。CEO 曾经任职的公司数量越多，意味着 CEO 的学习能力越强，能够尽快掌握应对新工作环境所需的各类知识和技能（Fee et al.，2013）。

本书通过以下方式确定 CEO 曾经任职的公司数量。首先，根据先前补充完整的高管个人简历，利用 Python 进行编码，将高管个人简历中的过往任职公司逐一过滤，删除重复任职公司。其次，对分离后的公司数量进行加总，进而得出 CEO 曾经任职的全部公司数量，并将其作为 CEO 曾经任职的公司数的测度指标。

（3）行业数（CEO_indu）：CEO 曾经任职所经历的不同行业类型，包括 CEO 曾任职的（非）上市公司所在的行业数量。多个行业的就职经历有助于管理者培养跨界意识并实现知识资源转移，比如，Custodio 和 Metzger（2013）研究表明，在公司并购时，曾在标的方所在行业中有过任职经历的 CEO 价值获取能力更高，能够选择更优的并购交易并在议价商榷时起到更大的作用，并购绩效相对更好。Wang 等（2015）研究独立董事的行业专业知识是否会影响董事会监督有效性时发现，在公司审计委员会中有行业经验的独立董事会显著抑制公司的盈余管理，而董事会成员中具有行业经验的独立董事的增加也会大大提高公司多元化收购的回报。

本书通过以下方式确定 CEO 曾经任职所经历的行业数量。基于（2）中识别出的 CEO 曾任职的全部公司，将其与全部上市公司信息进行匹配，以识别出 CEO 曾任职的上市公司和非上市公司。分两种情况确定 CEO 曾任职所经历的行业数量：A. 对于 CEO 曾任职的上市公司所在的行业数量，依据以下方式获取。首先，根据国泰安及万得等数据库，匹配各上市公司所处行业；其次，删除重复行业。B. 对于 CEO 曾任职的非上市公司所在行业数量，依据以下方式获取。根据简历中 CEO 曾任职的非上市公司，在国家企业信用信息系统中查询其工商注册信息及经营信息，对公司主营业务做出界定，按照 2012 年证监会行业分类标准划分所在行业。最后，综合上述两种途径，汇总该 CEO 曾经任职的（非）上市公司的行业总数量，将其作为 CEO 曾经任职的全部公司的行业数量的测度指标。

（4）组织机构数（CEO_orga）：CEO 曾任职的不同组织机构数，包括军队组织、科研机构、金融机构、地方或国家政府机构、企事业单位、非营利组织等其他组织机构。已有研究指出，许多 CEO 在公司任职之前曾加入过政府、军队、科研院所等组织机构，不同的组织机构具有截然不同的组织风格和组织文化，并由此影响其认知及行为偏好，例如，具有军旅背景的高管可能会偏好激进的行事风格，如采取激进的融资方式，偏好高风险及高收益的并购活动；具有学术背景的独立董事能够提升公司的创新水平；具有政府任职经历的管理者可能具有较高的风险承担水平。通过在这些组织机构任职，可能会为其积累丰富的社会资源，同时也可能对其管理风格产生复杂深远的影响。特别是在中国情境下，管理者任职的不同"单位"往往对其产生的影响极为深远（Hu & Liu，2015），诸如各级政府部门、各类军队组织以及细分类别下的科研院所等机构，还会为管理者提供区别于营利性公司的差异化稀缺资源，这类资源往往具有非显性的特征。

鉴于此，本书在已有学者的基础上，完善了组织机构包含的细分类别并拓宽了该维度的涉及范围，使得该维度能够更为全面地反映管理者任职的背景特征。例如，财政局、勘查局、地矿局、发展局、管理局等局类；各市人大常委、农经委、市经委等委类，以及各类研究所等。本书利用 Python 进行编码，从而将高管个人简历中的过往任职组织机构逐一过滤，删除重复任职组织机构，并对分离后的组织机构数量进行加总，将其作为 CEO 曾经任职过的组织机构数的测度指标。

（5）过往任职 CEO 经历（CEO_exper）：CEO 是否曾有过任职 CEO 的经历。Sternberg（1994）分析强调，专家只有在其作为专家的领域才拥有充分的知识储备。Krampe（2015）在界定专家经验时强调，专家经验应该是个体在某一特定领域的杰出表现。刘柏等（2017）研究认为，知识往往具有行业依附性，即相关知识或经验在其所属领域才能够最大化地发挥作用。McDonald 等（2008）分析指出，专家仅限于在某一个或某几个知识领域是专家，他们无法在所有领域均成为专家。鉴于此，本书借鉴已有研究，设置 CEO 过往任职 CEO 经历虚拟变量，如果CEO 曾担任过其他公司的 CEO，则取值为 1，反之为 0。

（6）海外经历（CEO_fore）：CEO 是否曾有过在海外工作或者学习的经历。从中国管理实践来看，近年来国内各企事业单位对海归人才的重视程度逐渐增加，相较于中国地区，海外地区在文化、制度环境、经济发展和商业实践方面有很大不同（Hofstede，1980）。虽然这些巨大差异会导致文化冲击，给高管在国外适应和工作带来困难，但它们会刺激管理者自主学习（Li et al.，2013）。Kolb（1984）指出，当个体经历周边环境与自身固有认知出现认知失调时，他们会有主动学习的动力。随着管理者所处的外部环境呈现出新的刺激，这导致管理者认知中形成一种不和谐的矛盾感。为了改善这种颇具压力且不确定的状态，个体将主动学习以适应当前的环境（DeRue & Wellman，2009）。而这学习过程便体现为同化和适应两个阶段（Fee et al.，2013），其中，同化包括丰富个体现有的知识、信念和其他记忆等模式，能够产生更多特定于某个领域的、只能在某个领域使用的特定领域知识；适应则涉及复杂图式的发展和认知结构的根本变化（Fee et al.，2013），促成较强的一般认知能力，诸如创造力、解决问题能力、领导力、信息处理能力和其他可以在不同领域使用的能力（Godart et al.，2015）。二者通过相互补充最终实现管理者认知结构的根本变化，这对于公司来说往往是隐性知识和竞争优势的来源。拥有海外工作或学习经历的管理者在亲历海外工作和学习过程后，更能了解管理文化之间的差异，使其在制定公司关键决策上更为系统全面，思维和眼界相较无海外经历的管理者也更加开阔。鉴于此，本书借鉴已有学者，设置 CEO 海外经历虚拟变量，如果 CEO 曾有过海外工作或留学的背景，则取值为 1，反之为 0。

考虑到本书中衡量 CEO 任职经历的六个维度数据之间存在相关性，故本书选取主成分分析方法进行降维，以特征值大于 1，且累计方差贡献率高于 70% 的因子为选取标准，提取其解释力较强的主成分因子，作为 CEO 任职经历丰富性指数（Career_exper）。

本书选取 2007~2020 年中国沪深 A 股非金融上市公司为研究对象，通过手工及 Python 等方式收集上述六维度相关数据。具体地，首先，参照已有学者的研究，从国泰安数据库、万得数据库、上市公司公告、公司年报、百度百科、新浪财经、凤凰财经、和讯网等途径，结合手工及 Python 等方式获取、完善并补充各 CEO 的简历信息。其次，考虑到中国独特的制度环境，分别从管理者过往任职的职业背景数、公司数、行业数、组织机构数、任职 CEO 经历、海外经历六个维度，构建出符合中国管理实践的 CEO 任职经历丰富性指标的测度方式。在指标构建之前，根据本书需要，对不符合要求的样本量予以剔除，以确保样本质量的可靠性。最终获取了 1415 家上市公司 17948 个公司年度非平衡面板数据样本。在此基础上，借助主成分分析法提取特征根大于 1 的主成分构建综合指标，进一步分析以中国上市公司为研究样本的数据分布趋势。研究中采用 Excel2019 和 Stata17.0，并结合计算机 Python 程序对数据进行分析。

表 3-1 列示了构成 CEO 任职经历的六个细分维度的描述性统计结果。可知，从均值来看，CEO 过往任职的公司数为 4.388，显著高于其他维度的分布情况，该结果与管理实践中的现状较为吻合。另外，除了过往任职 CEO 经历和是否有过海外经历之外，其余维度的均值及中位数介于 0 到 5。此外，可以看到研究样本中至少有一半 CEO 没有在组织机构中任职，同时拥有海外经历的 CEO 也不到一半，说明具有复合型的过往任职经历的管理者仍然是紧缺人才。

表 3-1　细分维度描述性统计

Variable	N	Mean	sd	min	p25	p50	p75	max
CEO_posi	17948	1.653	0.786	1	1	2	2	4
CEO_corp	17948	4.388	2.329	1	3	4	5	14
CEO_indu	17948	1.609	1.021	1	1	1	2	6
CEO_orga	17948	0.707	1.236	0	0	0	1	6
CEO_exper	17948	0.865	0.342	0	1	1	1	1
CEO_fore	17948	0.060	0.238	0	0	0	0	1

资料来源：笔者自制。

针对上述基础数据，进行如下分析。首先，进行 KMO 检验及 Bartlett 球形检验，计算得到 KMO 值为 0.524，大于 0.5；其次，Bartlett 球形检验卡方近似值的 p 值为 0.000，说明该数据适合进行因子分析。使用主成分分析构建 CEO 任职经历丰富性指数的相关数据如下。根据 Stata15.0 软件计算输出结果，CEO 任职经历丰富性指数的计算公式如公式（3-1）所示。

$$Career\_exper = 0.338 \times CEO\_posi + 0.291 \times CEO\_corp + 0.467 \times CEO\_indu +$$
$$0.075 \times CEO\_orga + 0.049 \times CEO\_exper + 0.038 \times CEO\_regi \quad (3-1)$$

表 3-2 报告了运用因子分析法计算的因子特征值及方差贡献率，表 3-3 报告了因子载荷矩阵，图 3-1 报告了碎石图分布，可知前三个公共因子特征值均大于 1，适合做因子分析。其中，第一个公共因子 Factor1 的特征值为 2.037，方差贡献率为 0.340；第二个公共因子 Factor2 的特征值为 1.093，方差贡献率为 0.522；第三个公共因子 Factor3 的特征值为 1.004，方差贡献率为 0.689，由此可得 CEO 任职经历丰富性指数。根据上述因子载荷矩阵可以看到，第一个公共因子在 CEO_corp 和 CEO_indu 具有较高的载荷，而在 CEO_posi，CEO_orga，CEO_exper，CEO_regi 载荷系数相对较低；第二个公共因子 Factor2 在 CEO_orga，CEO_regi 载荷系数较高，而在 CEO_posi，CEO_corp，CEO_indu，CEO_exper 具

有较低的载荷系数；第三个公共因子 Factor3 除了在 CEO_exper 有很高的载荷系数之外，其余维度的载荷系数均较低。

表 3-2　因子分析特征及累计方差贡献率

Factor	Eigenvalue	Difference	Proportion	Cumulative
Factor1	2.037	0.945	0.340	0.340
Factor2	1.093	0.089	0.182	0.522
Factor3	1.004	0.070	0.167	0.689
Factor4	0.933	0.056	0.156	0.845
Factor5	0.877	0.822	0.146	0.991
Factor6	0.055	—	0.009	1.000

资料来源：笔者自制。

表 3-3　因子载荷矩阵

Variable	Factor1	Factor2	Factor3
CEO_posi	0.382	0.149	-0.303
CEO_corp	0.965	-0.118	0.057
CEO_indu	0.963	-0.123	0.054
CEO_orga	0.084	0.671	0.380
CEO_exper	-0.043	-0.301	0.868
CEO_fore	0.152	0.707	0.091

资料来源：笔者自制。

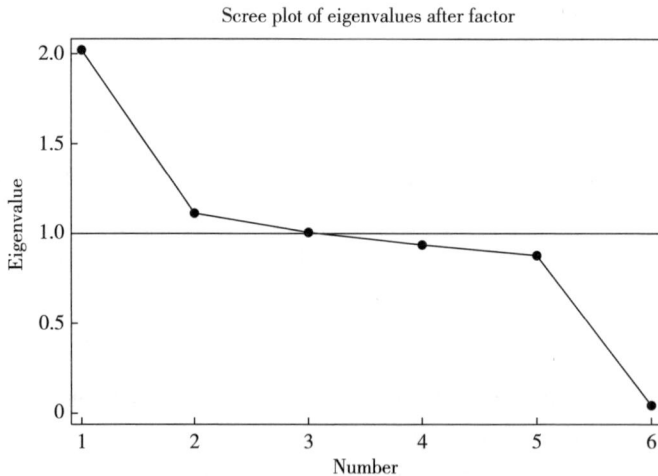

图 3-1　因子分析碎石图

资料来源：笔者自制。

第三节　CEO 任职经历丰富性结果分析

本书基于前述指标构建，选取 2007~2020 年 1415 家中国 A 股上市公司的 17984 个样本，并初步分析其聘任的 CEO 任职经历丰富性数据，主要有箱线图展示以及不同产权性质及行业属性下的样本分析。

图 3-2 绘制了 CEO 任职经历样本在研究期内不同年份的箱线图分布。可以看到，随着年份的增长，CEO 任职经历样本的年度中位数分布处于逐年缓慢上升趋势，中位数基本小于 0，这表明大部分样本公司 CEO 任职经历丰富性较低。此外，由不同年份箱线图中的最大值、最小值以及上下四分位的数据显示，CEO 任职经历样本波动总体呈不断上涨的态势，特别是对于最大值以及上四分位数来说，上升趋势比较明显。该结果充分表明，目前中国上市公司聘任的 CEO，其过往任职经历的丰富性程度逐年增加，但是总体样本的任职经历丰富性程度还比较低。

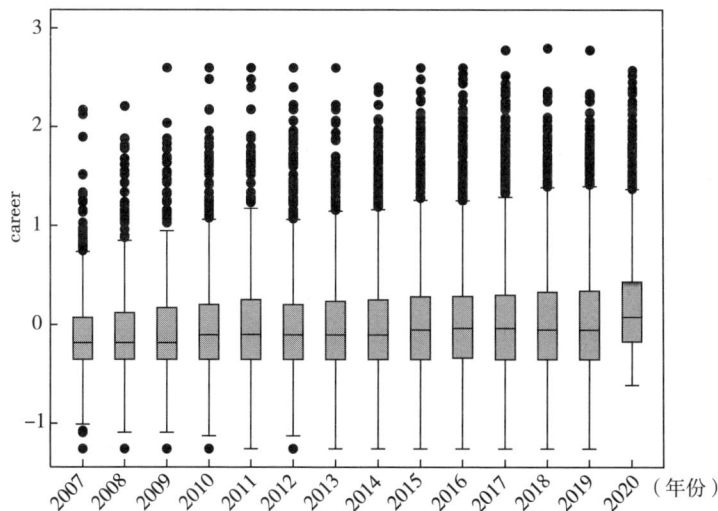

图 3-2　2007~2020 年 CEO 任职经历丰富性各年度箱线图分布

资料来源：笔者自制。

考虑到不同行业或不同产权性质的公司往往面临着差异化的管理情境，故本书推测不同行业公司中 CEO 任职经历之间具有差异性，而不同产权性质的公司中 CEO 的任职经历亦是如此。鉴于此，本书采用基于非参数检验的 Mann-Whitney U 检验以及基于参数检验的组间均值差异 T 检验，从而考察不同行业类别以及不同产权性质的公司是否可能存在对具有复合型任职经历的 CEO 的聘任偏好。

一、基于行业属性的对比分析

表 3-4 列示了基于行业属性差异的 CEO 任职经历丰富性比较分析。本书参照中国国家统计局对高新技术产业类别划分标准，将研究样本分成两类，即高新技术行业和非高新技术行业。其中，高新技术行业主要包括医药、电子通信设备、信息化学品等六大类制造业。根据数据统计，样本中包含 7856 家高新技术行业的公司，10092 家非高新技术行业公司。高新技术行业公司 CEO 任职经历均值明显大于非高新技术行业公司，组间差异 Mann-Whitney U 秩和检验以及 T 检验均显著，说明相较于非高新技术行业的公司来说，高新技术行业公司的 CEO 具有更为丰富的任职经历。尽管高新技术行业中研发人才处于重中之重的位置，需要具备特定领域的专业知识及技术，并不要求具备多元化的任职经历带来技能提升，但是与研发人员有所不同的是，该类公司高层管理者最好还是要具备丰富的多领域、跨职能、跨部门等的任职经历，以实现管理人员的综合素质、管理技能以及决策视野的提升，帮助公司实现更好的发展。

表 3-4　高新技术公司与非高新技术公司组间差异检验

行业属性	样本量	均值	Mann-Whitney U test	T test
高新技术行业	7856	0.067	Z=-3.978，p=0.000	T=-3.861 p=0.000
非高新技术行业	10092	-0.032		

资料来源：笔者自制。

二、基于产权性质的对比分析

表 3-5 列示了不同产权性质公司之间的比较分析结果。由检验结果可知，非国有公司 CEO 任职经历的丰富性均值显著高于国有公司 CEO 任职经历的丰富性。此外，组间差异 Mann-Whitney U 秩和检验以及 T 检验均显著，说明相较于国有公司来说，非国有公司的 CEO 具有更为丰富的任职经历。究其原因，可能是国有公司的高管往往由政府及中央等机构直接调派，因此国有公司的管理者任职经历较为稳定且多呈现单一化，相反，非国有公司管理者则更多的是依据职业经理人市场聘任机制，从而导致这类公司的 CEO 往往任职经历丰富且呈现多元化现象。

表 3-5　国有公司与非国有公司组间差异检验

产权性质	样本量	均值	Mann-Whitney U test	T test
国有公司	7775	-0.156	Z = 19.082, p = 0.000	T = 18.991
非国有公司	10173	0.132		p = 0.000

资料来源：笔者自制。

第四节　本章小结

本章梳理了关键变量 CEO 任职经历的相关理论研究，并据此详细构建了该指标。

首先，针对已有学者对 CEO 任职经历指标既往测度方式进行梳理，发现主要分为四大类，即根据管理者任职经历的类型构建虚拟变量、统计并加总管理者过往任职经历类型数构建管理者多元化任职经历变量、利用因子分析或主成分分析的方法构造管理者任职经历变量、利用反映管理者某类经验的替代变量测度经验变量。结合中国管理实践及制度背景可知，上述四类指标构建中，采用全方位多维度的综合型指标较为合适，能够更为全面地反映中国上市公司管理者任职经历个体特征属性。

其次，本书参照以往学者的处理方式，结合中国独特的制度背景及管理实践，利用 CEO 过往任职的职业背景数、公司数、行业数、组织机构数、过往任职 CEO 经历、海外经历六个维度构建了 CEO 任职经历丰富性指数。

最后，选取 2007~2020 年中国沪深 A 股非金融上市公司作为研究对象，利用手工及 Python 等方式获取 CEO 任职经历的多维度详细数据，依据上述六个维度并采用主成分分析法构建本书的核心变量，即 CEO 任职经历指数。通过箱线图展示研究样本的特征属性，并考察了不同产权性质及行业属性下的样本特征。

第四章 CEO 任职经历与公司战略变革：
情境要素的调节效应

  战略变革是公司顺应环境变化、保持持久竞争优势的重要手段，探究公司战略变革的微观影响因素对于公司成长具有重要意义。高阶梯队理论认为，信息不对称使得管理者在面对高度复杂化的环境时，往往是作为有限理性且极具差异化的个体，其个人过往职业背景的差异会塑造其个人偏好、决策视野、价值观念以及认知风格，从而造成公司战略决策及战略偏好上的差异（Hambrick & Mason，1984）。基于此，管理者经验是影响战略变革的重要因素。在第三章中，本书充分考虑了中国独特的制度环境，分别从管理者过往任职的职业背景数、公司数、行业数、组织机构数、任职 CEO 经历以及海外经历六个维度，构建中国情境下 CEO 任职经历丰富性综合指标。在本章中，将分别从横向和纵向两个角度划分战略变革，分析了 CEO 任职经历对战略背离（行业层面）和战略变动（公司层面）的影响。尽管 CEO 对于公司决策行为具有重要的话语权，但是，CEO 能否在公司中制定其倾向性的决策，也面临着内外部治理环境的约束，这些因素会制约 CEO 的自由裁量权。因而，本书不仅考察了 CEO 任职经历对战略背离和战略变动的影响，还从董事会层面、公司层面和外部环境层面三个方面探讨了影响 CEO 任职经历对战略变革影响的调节作用。

第一节 问题提出

  战略变革是公司对组织目的、优先顺序以及目标等适用性挑战的一种行为，是关系到公司生存的重要决策。随着智能制造时代的到来，大数据、区块链等正以前所未有的速度改变行业整体态势。为了应对内外环境变化，公司的战略变革势必需要与时俱进，以便在激烈的市场中获得有效的竞争力。战略定位失误、战略执行偏差和组织结构惯性的约束可能会导致战略变革惨遭挫败，进而对公司产生负面影响。从公司经营活动的角度看，既有像三九集团跨主业开发"999 冰啤"的惨淡收场，也有类似海尔从传统家电公司转型为制造创客平台的华丽蜕变。可见，公司战略变革的实施需要更能够容忍变革失败且思维敏捷具有战略远见的决策者，以形成公司战略变革的内在推动力，这使得作为决策主体的 CEO 的个人特征在影响公司战略决策上举足轻重。

学者们总在探讨这样一个问题：为什么一些——也许是大多数已建立的公司具有组织惯性且倾向于模仿，而其他公司则展现出更多的新颖性战略变革？在战略管理领域的研究中，国内外学者很早就已经意识到管理者特征对组织战略决策过程及结果的影响。例如，高阶梯队理论认为，公司战略决策的制定，在一定程度上是由高管自身拥有的背景特征背后所反映的心理特征和认知特征驱动的（Hambrick & Mason，1984）。鉴于战略创新要求组织克服强大的惯性作用，这样的行为似乎特别需要协调一致、深思熟虑的选择。因此，研究人员将高管的影响力作为变革的动力。Hambrick（2007）认为，管理者过往经历、价值观和个性等特征，能够影响其对公司所处环境的认知能力和认知水平，进而会影响具体的公司战略决策行为。高管们把他们的经历视为认知和情感的一部分，从而塑造决策者对特定情形和问题处理的看法。由于公司 CEO 扮演着重要的角色，其任职经历可能是塑造公司成果的关键因素。烙印理论指出，在特定环境中形成的环境适应的"印记"会影响到主体后续的行为方式（戴维奇等，2016）。过去特定敏感环境中受到的影响依旧会以某种方式潜移默化地影响个体决策行为（Marquis & Tilcsik，2013），即使其所处的环境发生重大变化。相关学者从个体过往工作经历中证实，以往的任职经历对个人的认知和能力发挥着重要的作用（Bamber et al.，2010；Schoar & Zuo，2017）。从这一角度可以预期，CEO 的任职经历会对公司的战略决策行为产生显著影响。

梳理相关文献发现，已有研究 CEO 背景特征的学者主要聚焦于 CEO 的单一经历，很少聚焦于 CEO 的多元化任职经历。例如，军旅经历（Koch-Bayram & Wernicke，2018；董静、邓浩然，2021；赵西卜、杨丹，2021）、贫困经历（许年行、李哲，2016；马永强等，2019）、从政经历（王海军等，2021）、财务经历（姜付秀等，2013，2016）、金融背景（Custódio & Metzger，2014；杜勇等，2019）、研发背景（李慧聪等，2019；张栋等，2021）、创新经验（周建等，2021）、投行经历（孙甲奎、肖星，2019）、学术经历（张晓亮等，2019；鲁桂华、潘柳芸，2021）、海外经历（代昀昊、孔东民，2017；Le & Kroll，2017；柳光强、孔高文，2018）、经济衰退期经历（Schoar & Zuo，2017）等单一特殊职业经历对公司决策行为的影响。然而，由于不同的任职经历会互相作用共同塑造管理者的管理风格，而单一的经历特征忽视了各种职业经历之间的相互联系和作用，所以难以全面而系统化地分析多样化的任职经历对管理者战略决策行为的影响。事实上，管理者在制定公司决策时会综合运用整个职业生涯所习得的各项技能（Custódio et al.，2013），同任职经历较为单一的管理者相比，拥有复合型经历的高层管理者，在应变能力、跨界能力、创新意识及冒险精神等方面表现得更为优秀，也更容易被公司关注和聘任，并获得更高的薪酬。最近少量的研究开始注意到 CEO 丰富任职经历的重要作用，包括公司创新、高管薪酬和公司投融资等。例如，何瑛等（2019）指出，CEO 多元化的职业经历是驱动公司创新投资的重要影响因素，在将职业经历细分之后，发现 CEO 在不同公司的任职经历对公司创新投资的促进作用更为明显。赵子夜等（2018）从通才和专才的视角区分CEO 类型，研究发现通才型 CEO 能够显著提升公司创新水平。尽管 Crossland 等（2014）指出具有更多职业多样性的 CEO 有动力去追求新奇和变化，并在认知上准备好接受不同的观点和想法。在不同专业和机构领域拥有不同经验的 CEO 表现出更高水平的战略变革、战略独特性和高层管理团队更替水平。但是，CEO 过往的任职经历如何影响战略变革尚未得到国内外学者的充分关注。

除此之外，决策者所处的特定情境要素也是影响公司战略决策行为的重要因素（Ocasio，1997）。基于董事会层面，权力是董事会履行战略职责，对高层管理者进行战略监督和控制的基础和必要条件。权力的大小，直接关系到董事会对公司经营决策行为的影响，强权董事会能够对 CEO 的战略决策进行有效的监督和限制。当董事会权力较大时，意味着 CEO 将受到更多的制约，CEO 发起和实施战略变革所面临的阻力也相应增加，这会削弱 CEO 任职经历对公司战略变革的影响。基于公司层面，资源冗余意味着公司可以承担与追求不确定性、探索和公司内部适应相关的成本。冗余资源可以降低战略变革的成本和风险，扮演"缓冲器"的角色。冗余资源水平越高，公司内部资源分配的竞争或冲突就越少，因为有更多空间支持多种活动。基于公司行为理论的观点，冗余资源是影响公司战略决策行为的重要因素。当公司实际拥有的资源超出了正常开展经营活动所需的资源时，公司便拥有了可用于缓冲内部和外部压力的冗余资源。这也意味着 CEO将拥有更多可用资源来追求和支持战略变革。然而，目前探讨冗余资源在 CEO任职经历与公司战略行为之间作用的研究成果付诸阙如。从外部环境的层面看，极具动荡性、不稳定性和低可预测性是动态行业的显著特征（万赫等，2021）。经济政策不确定的情况下，如果公司未能及时适当地调整战略并动态匹配外部环境，那么公司战略与环境之间的错位将越来越大。可见，生存危机将增强公司的冒险动机，抑制公司等待更多信息披露之后再进行决策的递延决策倾向。行业中出现的频繁变化和较少的可预测性使得先前设定的范式很容易过时，只关注某个既定方向可能是危险的。由于任何公司均嵌入在特定的经济政策环境之中，经济政策不确定性将对公司战略变革产生重要的塑造作用（Yang et al.，2015），以往任职经历更加丰富的 CEO 可以更好地说服他人支持其进行变革，这基于公司所处环境现状的迫切需求。在这种情况下，公司的战略决策制定与管理者的个体认知及风险容忍度等背景特征密切相关，反映了管理者对待风险决策的态度。因此，经济政策不确定性是 CEO 任职经历影响战略变革的一个重要外部情境因素。但现有研究较少探讨经济政策不确定性对 CEO 任职经历与公司战略变革之间关系的情境作用。

　　为了弥补既有研究的不足，本章基于烙印理论、高阶梯队理论以及社会认知理论，研究了 CEO 过往丰富的任职经历是否影响战略变革，以及在不同情境要素下，上述二者关系间的差异化表现。具体而言，本书从战略背离（横向）和战略变动（纵向）两个视角考察 CEO 任职经历的丰富程度对公司战略变革的影响。其中，战略背离（Strategic deviation），是指特定公司偏离其所在行业主流战略的程度，即在任何给定的时间点，一家公司的概况与其他公司的概况或其行业的核心趋势有多大不同；战略变动（Strategic variation），是指在时间的纵向维度上公司偏离自身战略的程度，即一家公司在前后年份改变其资源分配和优先事项的程度。在此基础上，本书还试图引入董事会权力、组织资源冗余和经济政策不确定性三个关键的内外部情境因素，以厘清 CEO 任职经历的丰富程度影响公司战略变革的边界条件。通过将 CEO 任职经历确定为公司战略变革的重要但未经系统研究的决定因素，本书为理解公司战略决策的变化提供了一个新的视角。

第二节　理论分析与研究假设

一、CEO 任职经历对战略变革的影响

　　高阶梯队理论认为，CEO 之前的职业经历（指 CEO 在成为 CEO 之前在各种角色和职位上工作的时间）会影响他们的战略选择。根据高阶梯队理论，这些先前的任职经历通过塑造他们寻求和注意的信息、他们如何解释信息以及他们如何利用信息做出决策来影响 CEO 的战略选择（Hambrick & Mason，1984）。

　　（一）CEO 任职经历与战略背离

　　战略背离是指公司的战略风格偏离行业公认经营惯例和竞争对手常用竞争策略的程度（Finkelstein & Hambrick，1990）。相较于公司内部资源分配随时间变化的战略变动而言，战略背离反映了公司之间资源分配模式的差异，即一家公司

忽视主流行业规范的程度。本书认为，具有丰富任职经历的 CEO 领导的公司将表现出更高水平的战略背离。

一方面，任职经历丰富的 CEO 具有对新奇事物的固有偏好、对不同背景的更多接触，以及伴随着独特想法和解决方案的经验，将推动他们考虑更广泛的战略选择（Gan，2019）。任职经历丰富的 CEO 往往对独特的战略有着内在的动力，并从追求这些战略中感受到快乐、享受和满足。即使没有金钱奖励、经理人市场声誉以及职业发展等外在激励，这些 CEO 仍然会追求具有独特性的策略，并在制定和实施这些策略时获得内在的满足感（Custódio et al.，2019）。因此，CEO 任职经历本身更有可能带来原创的、非传统的方法，并积极看待他人提出的独特解决方案。与此相反，由职业生涯背景较为单一的 CEO 领导的公司将明显不那么与众不同。由于他们对新奇事物的偏好有限，对替代战略方案的经验相对较少，而且过往单一职业生涯背景致使这类高管自己创造独特方法的可能性也较低。何瑛等（2020）的研究也表明，任职经历丰富的 CEO 更有可能受到创造性和原创性任务的内在激励，并且更有可能追求独特的战略。

另一方面，不同任职经历能够影响管理者个体的认知、管理技能以及知识的发展，具有丰富任职经历的 CEO 对新颖性战略变革的认知更为全面，更有能力推动公司制定并实施新颖的战略变革。具体来说，CEO 先前任职经历为新的工作提供了来自过去的丰富的战略决策参考，更能全方位地理解战略变革对公司发展的重要性。Hu 和 Liu（2015）认为职业变动参与塑造了个人的认知地图。CEO 的过往任职经历越丰富，越倾向于将既定的行业惯例和概况视为公司需要超越的起点，而不是需要严格遵循的标准。他们可能相对富有想象力，并质疑传统智慧。此外，丰富的任职经历提高了 CEO 的管理技能和知识库存，使得 CEO 能够准确预测市场变化趋势，敏锐地发现更具竞争力的市场机会，从而制定并实施区别于行业主要竞争对手的更大程度上的战略变革。多元化的职业生涯经历使他们能够从不同的角度处理面临的问题，这种综合信息处理能力让他们能够有效把握市场机会，将更多的创造性思维应用于公司战略的制定与实施过程中（Maddux & Galinsky，2009）。同时，过往丰富任职经历中的社会网络也提升了 CEO 复杂信息处理和解决的能力，帮助 CEO 应对战略变革中的经营风险。最后，CEO 利用过往丰富任职经历中不同的信息来源和决策依据，容易产生不常见的新想法，并脱离先前设定的概念范式。任职经历丰富的 CEO 能够考虑不常见、新颖和原创的策略，在信息之间建立更远距离的关联，更容易脱离共同战略（Mueller et al.，2020），为产生不同于常规的战略想法创造条件，从而更轻松地摆脱行业标准并评估适合其需求的多种替代方案。在拥有这样的任职经历后，CEO 可能并不会过度受制于"这里的事情应该怎么做"等这类普遍的组织规范，对工作、业务和行业等方面的要求也不会按照新人的标准。相反，工作经验不太丰富和多样化的个人由于缺乏经验将面临更高的不确定性。当 CEO 对工作、组织和环境不够熟悉时，他们通常不太可能发起改变，而是倾向于保持谨慎、等待以及学习的姿态。综上所述，本书提出如下假设：

H1a：CEO 任职经历与公司层面的战略背离呈现正相关关系，即 CEO 任职经历越丰富，公司层面的战略背离程度越大。

（二）CEO 任职经历与战略变动

战略变动是指在时间维度上，一家公司在资源分配和优先事项方面的变化幅度（Geletkanycz & Hambrick，1997）。战略变动意味着公司在广告、研发、资本投资和资本结构等领域的资源配置上，每年都会发生巨大变化。尽管 CEO 们在某些限制下工作，但他们作为组织中强有力的执行者，对新产品引进、市场进入、收购和剥离、资源分配和内部重组等战略选择具有相当大的影响力。高管的个人特征会在一定程度上影响公司的战略决策行为（Chen et al.，2021）。当面对客观上相似的情况时，不同的高管可能会根据他们自己对这些情况的理解做出本质上不同的决定。因此，公司层面的结果可以部分地与高管的经历、认知和价值观联系起来，CEO 任职经历丰富性可以通过两种相互关联的机制影响公司的战略变动。

第一，从风险偏好特征来看，丰富的任职经历放大了 CEO 的冒险倾向，促使 CEO 具有较强的动机去改变公司现状以及公司战略风格。首先，拥有丰富任职经历的 CEO 可能对新奇事物和变化有偏好，他们更可能拥有广泛的战略方法经验，主动提出相对独特的战略方案选择，并倾向于采用新颖的举措。Crossland 等（2014）发现，即便一家公司具有可观的绩效表现，对于拥有丰富任职生涯经历的 CEO 来说，其仍会被动态的行动所吸引，并且会对现状满意。战略学者也证实，个性差异是个体是否变更职业的重要影响因素，相较于长期在同一家公司工作的 CEO，职业流动性强的 CEO 钟情于个人经历的体验以及战略的巨大变化，而职业经历较为单一的 CEO 往往倾向于选择规避风险，表现得更为沉稳。其次，在渐进的和全新的替代方案都被视为大致相等的预期价值情况下，任职经历丰富的 CEO 更容易选择激进的战略。Kiss 等（2020）指出，当 CEO 拥有多家公司任职经历时，其风险承受能力更高，冒险倾向更大，对某一个具体组织的认可度较低，不会轻易选择满足现状，更倾向于改变，进而提高公司战略变革的可能性。相比之下，低多样性任职经历的 CEO 领导的公司将呈现相对较小的同比变化。由于当年的资源分配格局极大地预示着下一年的资源配置情况，因而随着时间的推移，公司在具有较低任职经历的 CEO 领导下，其广告、研发、资本投资及资本结构等方面的资源配置变化可能并不明显。

第二，从管理者认知积累视角来看，丰富的任职经历增加了 CEO 的知识储备，提高了 CEO 对外界环境的适应性，有助于推动公司战略变动的顺利实施。首先，具有丰富任职经历的 CEO 接触到新的业务领域、新的组织环境及任务要求后，能够形成更多的特定领域知识并提升自身一般认知能力，这在一定程度上能够拓展其认知框架。从 CEO 的战略洞察力视角看，任职经历丰富的 CEO 有望比任职经历单一的同行开发出更具创造性、创新性的替代方案，从而使新的战略选择更有可能被采用。与职业生涯经历单一的 CEO 相比，任职背景差异大的高管对公司战略形势的看法可能存在显著差异，他们往往会认为广泛而兼具新颖性的战略决策在任何特定的战略形势下均是可行的选择。其次，广泛且丰富的任职经历为管理者提供了全新的视野，在制定管理决策时能够参照并借鉴过去的管理标准、习得的经验及相关策略，进而触发创造性的解决方案，大大降低了战略变革实施的难度。最后，丰富任职经历提升了 CEO 特定领域的知识储备、管理技能以及丰富的社会网络资源等优势（何瑛等，2020；叶康涛等，2021），并逐渐转变为公司战略变革行为的助推力，不仅为公司带来新的发展方向，同时在公司制定和实施各项决策时更具有选择的余地。相反，职业生涯经历单一的 CEO 在工作中面临相似工作任务的可能性比较大，很少需要处理来自不同行业领域的突发任务，因此其市场机会识别能力、跨界知识转移能力以及关键问题解决能力等综合技能相较于具有丰富任职经历的 CEO 来说可能偏低。当这类 CEO 处于全新的组织环境中，其自身也在不断探索的过程中，因此很难顺利实现公司战略变革。基于上述分析，本书提出如下假设：

H1b：CEO 任职经历与公司层面的战略变动呈现正相关关系，即 CEO 任职经历越丰富，公司层面的战略变动程度越大。

二、情境要素的调节效应

（一）董事会权力的调节作用

董事会是现代公司制度下公司治理机制的核心，在公司战略配置资源、提供创造性思维以及与外界沟通方面发挥着重要的作用（Garg & Eisenhardt，2017），其通过专业的知识和能力获得了对战略决策施加影响的机会（李春玲等，2021）。已有研究指出，为了实现塑造公司未来战略发展方向的目标，董事会的惯用做法是从外部组织中选聘具有丰富任职经历能够实施符合董事会成员认可的战略的CEO，这样的新 CEO 发起的战略变革更贴合董事会的真实意图，充分体现了董事会对 CEO 特征及公司未来发展战略的独特偏好（Westphal & Fredrickson，2001）。除此之外，董事会作为公司战略决策的关键性角色，在公司重组及更新等战略变革中也扮演着十分重要的角色（Zhu & Westphal，2014）。他们不仅需要对公司高层管理者的经营战略履行监督和控制职能，而且公司的各项重大决策议案也需要经由董事会审议表决后才能予以执行。显然，董事会拥有影响公司战略决策的权力，董事会权力的大小对公司经营决策活动起到了重要作用（Golden & Zajac，2001）。

根据既有研究，董事会权力包含四个维度，主要有结构权力、所有权权力、专家权力以及声誉权力（Golden & Zajac，2001）。具体到每个单一维度上，董事会结构权力反映了外部董事在董事会中的占比。当外部董事比例较高时，董事会整体的独立性较强，能够强化董事会对CEO的约束力，从而提高其对公司战略决策的控制力。董事会所有权表现为董事会成员的持股情况。随着董事会持股比例的增加，董事会成员之间的信息共享和交流得到加强，并且提高了董事会参与公司战略决策的动机（Åberg & Torchia，2020）。这能够强化对CEO的战略监督及控制，尤其在CEO提议的公司战略变革决策方面，会在一定程度上削弱CEO进行战略变革的意愿。董事会的专家权力则由董事会成员的学历教育背景所反映。高度不确定性和高风险性是战略变革活动的重要特征，公司战略变革决策事实上是对决策者的认知及信息处理能力的考验，需要决策者能够在复杂多样化的信息中识别关键有效信息，并准确把握市场机遇实现公司战略的顺利转变。当董事会成员具备高学历教育背景，说明其总体研究能力及学习能力处于高水平状态，能够快速准确地从多种途径获取战略变革所需的有关重要信息（孟祥展等，2018）。因此，对于CEO的战略变革提案会形成更为系统而严密的审查，全方位地发现其变革提案中可能存在的问题，当CEO变革提案有损公司价值时，董事会将会否决该议案。董事会声誉权力则涉及董事会成员劳动力市场上的职业声誉（Triana et al.，2019）。战略变革属于高风险高收益的不确定行为，当出现变革失败的情形时，可能会损害董事会成员在市场环境中的职业声誉。因此，为了降低这种风险发生的可能性，董事会成员将会认真监督CEO的各项战略决策行为，在必要的时候，甚至会及时否决CEO的极端战略变革提议和方案。

相关研究也证实了董事会权力对公司的战略变革产生显著影响，例如，尹翠芳等（2014）发现董事会权力的大小，与公司在战略决策资源配置上偏离行业的程度显著相关，强势董事会的存在，会弱化CEO多样性的职业经历对公司战略变革的影响（孟祥展等，2018）。对于权力较弱的董事会来说，即便其拥有丰富的专业领域知识、相关行业经验或心理选择偏好等，也不可能会像强势的董事会一样有能力对公司的战略决策行为产生必要的影响。相反，强势的董事会则明显不同，他们往往能够对CEO的战略决策施加关键限制。Tang等（2011）指出，面对强大的董事会，除非CEO所提的战略决策能够充分满足公司利益最大化原则，否则CEO一般不会贸然提出可能受到董事会拒绝的提案，如公司战略变革决策等。而且，偏离公司固有战略决策或背离公司所属行业规范的战略决策本身就属于一种极端的高风险战略，当董事会的权力较大时，任职经历丰富的 CEO 通过控制董事会议程等途径来影响董事会同意其战略变革议案的可能性较低，CEO 甚至会因此面临着失去董事会信任的风险，这反过来会提高董事会对由任职经历丰富的 CEO 主导的战略变革提议的审查力度。

综上所述，董事会权力越强大，在一定程度上会削弱具有丰富任职经历的 CEO 主动开展公司战略变革的倾向及意愿。与此同时，CEO 在组织资源调配上的能力会受到限制，极大地降低公司战略变革的程度。因此，本书提出以下假设：

H2a：在其他条件不变的情况下，董事会权力越大，CEO 任职经历对公司战略背离的促进作用越弱。

H2b：在其他条件不变的情况下，董事会权力越大，CEO 任职经历对公司战略变动的促进作用越弱。

（二）组织资源冗余的调节作用

组织冗余作为公司内部提供的资源，在生产经营中充当资源缓冲器的作用，确保公司能够及时调整战略决策以适应内外部环境的骤变（Bourgeois，1981）。组织冗余代表了公司内部存在丰富的未被利用或尚可以利用的资源优势。在一定程度上反映公司内部财务资源的存量，能够为公司实施并执行战略变革活动配备充足资源，有效缓解内部多目标单元间因资源不足引发的冲突（朱丽等，2018）。具体表现在以下三个方面：

首先，组织资源冗余降低了具有丰富任职经历的 CEO 执行战略变革活动的风险和不确定性，为公司营造较为和谐宽松的内部变革环境。任职经历丰富的 CEO 往往是发散性思维者，并且在本质上受到创造性和新颖性任务的激励，他们有能力和动机去追求不同于行业其他公司的相似战略（Kang，2021）。然而，追求独特的战略会产生成本和风险，并且可能成为公司的负担，从而引起其他决策者的抵制。当任职经历丰富的 CEO 所在的公司拥有更多可以被潜在利用的额外资源时，CEO 便可以放手大胆地去追求与众不同的战略。富足的冗余资源能够支撑 CEO 探索新颖战略并降低其对公司带来的不确定性影响，使其他决策者也会对具有丰富任职经历的 CEO 推动的战略变革行为给予更多积极认可和更少阻碍反对，这在一定程度上为战略变革决策的实施创造了宽松的环境氛围。

其次，在公司战略变革过程中，冗余的组织资源能够为战略变革的开展提供必要的资源补充，充分发挥"缓冲器"的作用，能够提高公司开展战略变革活动取得成功的信心，从而推动公司战略变革的成功实施。将组织冗余资源投入到探索公司未来发展方向的新领域中，不仅能够帮助公司快速识别市场新的增长点，提高公司在市场环境中的整体竞争力，同时也能有效减弱市场动态变化对公司形成的外部冲击（严若森等，2018）。尽管具有丰富任职经历的CEO能够帮助公司获取丰富的隐性社会网络资源，但这些外部资源的可获取性往往是有限的，制约因素也颇为繁杂。拥有富足的组织内部冗余资源能够充分发挥资源缓冲作用，为战略变革活动配备充足资源，实现内外部资源互补（傅皓天等，2018；王溥、黄俊林，2012），使得公司战略变革活动取得成功的可能性大大提升。这种环境下能够确保具有丰富任职经历的CEO顺利开展战略变革活动，而不用担心公司出现资金链等资源供应不足的风险，有效地推动了战略变革项目的执行（Gruber et al.，2010）。

最后，组织资源冗余能够促使公司积极应对环境骤变，提高公司及时调整战略变革的效率，降低了环境变化带来的挑战。面对快速变化的外部环境，公司必须能够及时调整战略决策以适应外部环境的变化，作为闲置资源的组织冗余资源能够及时提供资源支持，帮助公司快速地进行战略调整（严若森等，2018）。因此，组织冗余作为公司决策情境，直接关乎公司战略变革决策能否被采纳并落实到具体实施过程（Ocasio，1997）。组织冗余能够有效降低外部冲击对公司的影响。如果公司有更多的额外资源，那么CEO在追求战略变革时便有更多的自由和灵活性。而且，可用于变革的资源越丰富，越会让任职经历丰富的CEO在重新分配资源以寻求变革时面临较少的阻力，进而致力于寻求创新的战略变革，为公司在外部环境骤变时扭转战略变革提供更多的选择空间。

综上可知，较高水平的组织冗余资源，使得任职经历丰富的CEO具有更强的风险偏好，并更加积极地寻求外部环境中可能的新机会。任职经历丰富的CEO寻求更多不确定性、探索性的战略变革行为也更可能被容忍并接受。任职经历丰富的CEO也会面临更少的担忧，并在战略选择时拥有更大的灵活性等优势。在这种情况下，任职经历丰富的CEO将会更倾向于开展类似偏离行业主流或是偏离公司自身的具有新颖性的战略变革行为。基于此，本书提出以下假设：

H3a：在其他条件不变的情况下，组织资源冗余程度越高，CEO任职经历对公司战略背离的促进作用越强。

H3b：在其他条件不变的情况下，组织资源冗余程度越高，CEO任职经历对公司战略变动的促进作用越强。

（三）经济政策不确定性的调节作用

从战略变革意愿的角度，CEO任职经历有助于改善CEO的风险认知及风险容忍度，进而偏好进行战略变革决策。经济政策不确定性是市场经济主体无法有效预知政府经济政策态势变化、政策执行和政策落实等指向和强度所产生的可变性（Gulen & Ion，2016）。经济政策不确定性反映公司面临外部环境的变化及冲击，对公司战略决策者而言，外生政策与经济的不确定性具有损失与机会的双面性，一方面可能会加剧管理者的风险规避倾向，另一方面可能提升管理者的期望预期。因而，本书推测，在经济政策不确定性高的市场环境中，具有不同任职经历的 CEO 更容易获得感知机会所需的各种信息，他们可以抓住多个变革机会，制定出不同的战略响应方案，并最终引发战略变革。

首先，战略变革的机遇观认为，经济政策不确定程度越高，公司所面临的潜在发展机遇越多（张慧等，2018），这些为任职经历丰富的 CEO 提供了战略变革的条件。一方面，具有丰富任职经历的 CEO 往往具有更强的内在动机而想要追求战略变革。经济政策不确定性的特点是不稳定、动荡和低可预测性。频繁的变化和较少的可预测性使得以前设定的商业模式或惯例很容易过时，固守原定战略将导致公司错失"良机"。另一方面，由于社会认同效应，任职经历丰富的 CEO 可以更好地说服其他人支持他们做出改变的决定，实现对当前领先公司的"弯道超车"。傅皓天等（2018）发现，环境动态性会促使公司积极实施战略变革来把握市场机遇。因此，面临高经济政策不确定的环境时，具有丰富任职经历的 CEO 的冒险动机会增强，从而积极实施与之前战略不同的战略变革以抓住潜在机遇。

其次，经济政策不确定性会强化 CEO 任职经历丰富性与公司战略变革之间的关系。在充满不确定性的行业，任职经历丰富的 CEO 能够寻找更多机会和理由来支持他们追求不同于常规的战略。更高的政策不确定性不断激发其他公司广泛的现有战略有效性，而较低的可预测性使 CEO 难以自信地争辩说其公司使用的战略会带来成功。经济政策不确定性程度的增加使决策者很难选择一个正确的策略作为最佳策略，高管面临着更大的选择策略的自由。在这种行业形势下，具有丰富任职经历的 CEO 将有更多的机会去追求独特的战略。当经济政策不确定较低时，追求独特的战略往往会遇到其他决策者的抵制，因为这种战略与许多其他公司正在使用的更安全的战略存在显著差异。相反，在经济政策不确定性更高的环境下，标准战略的结果则变得不那么确定，CEO 的丰富任职经历使之有更多的自主权去采取独特的战略。买忆媛等（2015）认为，当面临环境变得动荡时，公司会积极调整战略来应对环境的动荡性。基于以上分析，本书提出假设：

H4a：经济政策不确定性会增强 CEO 任职经历对战略背离的影响。在其他条件不变的情况下，经济政策不确定程度越高，CEO 任职经历对公司战略背离的促进作用越强。

H4b：经济政策不确定性会增强 CEO 任职经历对战略变动的影响。在其他条件不变的情况下，经济政策不确定程度越高，CEO 任职经历对公司战略变动的促进作用越强。

基于上述分析，本书的具体理论模型如图 4-1 所示。

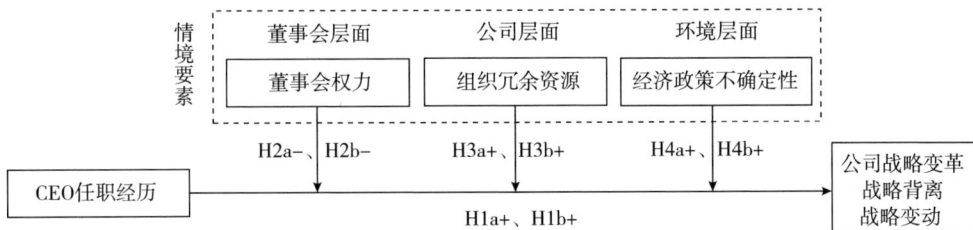

图 4-1　理论模型

资料来源：笔者自制。

第三节　研究设计

一、数据来源与样本选择

本书对论文关键变量 CEO 任职经历数据的收集，主要是借助手工及计算机 Python 程序等方式科学获取，主要收集过程为：第一步，基于国泰安（CSMAR）、万得（Wind）等数据库获取中国上市公司高管个人简历等文档，对于存在高管简历信息缺失的样本，下载相应的上市公司年度报告，并结合上市公司年报、公司公告、百度百科、新浪财经、凤凰财经、和讯人物、金融界等途径手工收集并补全中国上市公司高管简历信息切实的数据。第二步，邀请五位商学院博士研究生人工阅读并整理 CEO 任职经历六维度数据，同时利用计算机 Python 程序对所需研究数据进行编码匹配处理，进而得到每个样本年度 CEO 任职经历的六维度数据。第三步，书中所需的其他变量，如公司战略变革、管理者过度自信以及董事会、公司及环境等层面的控制变量数据均获取于国泰安（CSMAR）数据库、万得（Wind）数据库。研究中采用 Excle2019 和 Stata17.0，并结合计算机 Python 程序对数据进行分析。

本书选取的初始样本为 2007～2020 年在中国沪深两市上市交易所有非金融业上市公司。样本研究期间起始于 2007 年，主要是考虑到中国证监会在 2004 年对所有上市公司要求增加"现任董事、监事、高级管理人员的主要工作经历和在除股东单位外的其他单位的任职或兼职情况"。同时，考虑到政策制定后会存在估计三年的调整适应期，中国上市公司年报中对于公司管理人员的信息披露到 2007 年日渐完善。在此之前，有关公司高管简历、个人信息等通常存在信息披露不全、缺失信息较多等现象，这可能涉及公司高层管理者个人背景特征及相关公司信息的数据完整性及可靠性难以得到保证，因此本书将研究起点设置为 2007 年。2020 年是本书能够获取核心变量数据的最新年份。本书在初试样本的基础上，进行了如下数据处理：①相较于一般上市公司财务报表结构，金融保险业类上市公司财务报表结构和主要会计项目具有其特殊性，故剔除样本中隶属于金融保险行业的上市公司样本；②剔除上市公司年度报告信息缺失极为严重的样本；③剔除相关研究变量信息披露不全且存在缺失的样本；④剔除 ST、PT 等财务状况异常或面临退市风险的样本。为了避免极端异常值对研究结论可能产生的影响，本书将所有连续变量进行了 1% 和 99% 水平上的 Winsorize 缩尾处理，最终得到了 1415 家上市公司 17948 个公司年度非平衡面板数据样本。

二、变量与模型设计

（一）变量测度

1. 被解释变量

公司战略变革。参考已有研究（Zhang & Rajagopalan, 2010），本书将战略变革界定为公司在多个关键战略维度上资源配置情况的总体变化和调整，主要包括如下六个维度：①广告投入强度（销售费用与营业总收入之比）；②研发投入强度（管理费用与营业总收入之比）；③固定资产更新程度（固定资产净值与固定资产原值之比）；④非生产性费用投入程度（期间费用与营业总收入之比）；⑤存货周转水平（存货净额与营业总收入之比）；⑥财务杠杆（负债与所有者权益之比）。区别已有研究多聚焦于从某一方面考察公司战略变革，本书从横向和纵向两个维度全面而系统地探究 CEO 任职经历对公司战略变革的影响（Finkelstein & Hambrick, 1990；Geletkanycz & Hambrick, 1997；朱丽等, 2018），充分体现了公司对现有资源配置的合理调整情况。具体来说，在横向维度表现为战略背离（Strategic deviation），是指公司采用的战略偏离行业内主流战略风格和类型的程度，即公司相比于行业内公认的经营惯例和竞争对手所普遍采用的竞争策略的偏离（Finkelstein & Hambrick, 1990）。换言之，该维度主要考察在任何给定的时间点，一家公司的经营概况与其他公司的概况或其行业的核心趋势存在多大程度的不同。在纵向维度表现为战略变动（Strategic variation），是指公司的战略随着时间的推移而偏离自身既有战略的程度，即一家公司的资源分配和优先事项随时间变化的幅度（Geletkanycz & Hambrick, 1997）。该维度主要考察一家公司从上一年到下一年改变其资源分配和优先事项的程度。

（1）战略背离（Strategy_DEV）。遵循已有学者（Tang et al.，2011；Zhang & Rajagopalan，2010；张双鹏等，2019）的惯用做法，同时考虑到中国上市公司战略资源配置的实际情况及样本数据的可获取性，本书从上述六个维度构建战略背离的综合衡量指标。在获取上述六个维度相关数据后，分别计算同行业中该指标的平均值和标准差，将每个公司这六个维度指标分别使用该指标的年度均值进行平减，然后再除以行业标准差进行标准化，将所得到的数据进行取绝对值处理。通过这种方法得到了各公司在每一个战略维度上偏离行业平均水平的程度。最后，对六个维度上得到的指标值来求平均值，得到战略背离指标（Strategic_DEV）。该指标为正向指标，值越大代表公司与同年度同行的战略背离程度越大。

（2）战略变动（Strategy_VAR）。遵循已有学者（Tang et al.，2011；Zhang & Rajagopalan，2010；周建等，2015）的惯用做法，同时考虑到中国上市公司战略资源配置的实际情况及样本数据的可获取性，基于前述六个维度的指标构建综合性指标。在获取上述六个维度相关数据后，计算每个指标当年与上一年的差额，同时计算各指标行业中位数的年度差额，得到经行业中位数调整后的各指标的年度差额，最后，将经过调整的六个指标年度差额进行标准化后取绝对值进行加总，则获得衡量战略变动的综合指标。若该指标数值越大，说明该公司本年度战略资源配置情况相对于上一年变化幅度越大，战略变动的程度越高。

2. 解释变量

CEO 任职经历（Career_exper）。参考国内外学者（Custodio et al.，2013；何瑛等，2019；赵子夜等，2018）已有研究的基础上，将中国制度环境及管理实践考虑在内，结合手工及 Python 等方式获取 CEO 任职生涯多维度数据，具体包括 CEO 过往任职的职业背景数、公司数、行业数、组织机构数、过往任职 CEO 经历、海外经历六个方面。①职能部门类型数（CEO_posi）：CEO 曾经就任的职业背景数。②公司数（CEO_corp）：CEO 曾经任职的公司数量。③行业数（CEO_indu）：CEO 曾经任职所经历的不同行业类型，包括 CEO 曾任职的（非）上市公司所在的行业数量。④组织机构数（CEO_orga）：CEO 曾任职的不同组织机构数，包括军队组织、科研机构、金融机构、地方或国家政府机构、企事业单位、非营利组织等其他组织机构。⑤过往任职 CEO 经历（CEO_care）：CEO 之前是否担任过 CEO。⑥海外经历（CEO_fore）：CEO 是否拥有海外工作经历或者海外留学经历。对上述六个方面采用主成分分析法构建了更为符合中国情境的反映上市公司高层次人才特质的 CEO 任职经历指数（Career_exper）。对于变量的相关数据收集及测度见第三章变量构建的详细内容。

3. 调节变量

（1）董事会权力（Board_Power）。参考学术界的常用做法，本书从结构权力、所有权权力、声誉权力和专家权力四个维度构建董事会权力综合性指标（Finkelstein，1992）。

董事会结构权力，又被称为合法性权力，通常源于组织结构特征和层级人员分布所形成的影响力（Finkelstein，1992；Patel & Cooper，2014）。其结构性权力不仅能从董事会在组织层级结构中的相对地位中获得，而且能从董事会在监督CEO 各项行为活动的法定权力中获得该权力。由委托代理理论可知，这种法定权力主要是由董事会和股东之间的委托关系所决定的（Horner，2011）。外部董事嵌入董事会可以对 CEO 的行为形成有效制衡。相较于外部董事对 CEO 战略决策问题上的质疑，内部董事在公司重大决策问题中更倾向于追随 CEO 的意愿，在一定程度上是管理者利益的体现（Fama & Jensen，1983）。因此，董事会中外部董事占比通常被用来衡量董事会独立性程度。随着外部董事占比的增加，董事会对 CEO 决策行为的制约作用越强。

董事会所有权权力。类似于 Finkelstein（1992）的管理者所有权来源，董事会所有权权力形成于三个方面，即在法律上代表所有者行事的能力、董事会成员在公司中持有的部分股权、董事会成员与公司创始人以及关键公司投资者之间的私人联系（Breton-Miller & Lester，2005；Horner，2011）。当持股份额带来的股权收益逐渐增加时，使得董事会成员愿意主动获取相关公司信息，并积极参与到公司关键战略决策事宜中（Johnson et al.，1993），这强化了对 CEO 的战略监督及控制。

董事会声誉权力。制度环境中的行业声誉（Meyer & Scott，1983），各类商业管理实践中的精英人才声誉，社会组织或机构中的正式权威，以及连锁董事与其他组织之间形成的联系（Mizruchi & Stearns，1994）等，均是董事会声誉权力的关键来源。具有高等教育背景的管理者，在某种程度上意味着该主体具备较强的学习能力、拥有丰富的多领域知识储备，更有可能在公司决策过程中贡献个人智慧，因此，董事会倾向于招募这类具有高声誉的个体加入董事会，在提高公司群体决策智慧的同时，还可以有效提升公司的合法性程度。

董事会专家权力。专家权力主要源于董事会成员作为董事或职业经理人过往的一般管理或治理经验，尤其体现在当焦点公司面临突发任务环境时，其利用专业知识及时处理并解决问题的能力（Åberg & Torchia，2020）。除此之外，专家权力还与董事过往参与的某些特定战略选择具有战略相关性。经历过相似战略决策环境的董事往往能够敏锐地识别环境中可能存在的问题并致力于有效地解决问题，在具体实践中也会积极履行个体监督职能，从而减少可能出现的损失。

遵循尹翠芳等（2014）和孟祥展等（2018）的做法，本书通过独立董事比例测度董事会结构权力，通过董事会持股比例测度所有权权力，通过高学历董事占比测度董事会声誉权力，通过高级职称的董事占比测度董事会专家权力。将收集到的上述四个指标进行标准化处理，以降低不同类型的数据对综合指标可能产生的影响，最后对标准化后的数据加总得到董事会权力综合性指标。

（2）组织资源冗余（Slack）。组织资源冗余代表组织中存在的超过维持组织正常运营所需资源的最低限度。现有学者利用组织冗余的常用指标来衡量，即流动比、权益负债比以及费用收入比（严若森等，2018）。本书对上述指标采用主成分分析法，提取特征根大于1的因子，利用特征值和因子载荷系数得出三者的特征向量值分别为0.873、0.795、0.892，可知三者之间差异较小，因此本书选择上述三个指标，采用主成分分析法得到组织冗余（Slack）的综合性指标。

（3）经济政策不确定性（EPU_CN）。经济政策不确定性指的是经济参与主体难以准确感知政府是否、何时以及如何改变现行经济政策的不确定性程度（Gulen & Ion，2016），属于经济不确定性的重要组成部分。目前，学界对于该指标的测度，主要参考由斯坦福大学与芝加哥大学的新闻报道内容，使用文本检索和过滤方法构建的中国经济政策不确定性指数，用来概括性地反映中国经济政策的不确定性。鉴于此，本书利用月度经济政策不确定性指数的年度均值，将月度经济政策不确定性转化为年度指标，从而获得年度经济政策不确定性（Bhattacharya et al.，2017；顾夏铭等，2018；万赫等，2021）。

4. 控制变量

延续既有研究（Faccio et al.，2016；Richard et al.，2019；何瑛等，2019；连燕玲等，2019；张敏等，2015），本书在回归模型中分别加入了公司特征及治理层面等可能影响公司战略变革的其他相关因素。

公司特征层面选取的控制变量主要包括：Size为公司规模，用期末总资产的自然对数表示，公司规模越大，说明公司越具备实施重大战略决策的资源实力（Liu et al.，2011）；Lev表示资产负债率，通过年末负债总额占资产总额的比值测度。当公司具有较高的资产负债率，说明此时正面临着巨大的财务风险，其会与战略变革活动对资源需求形成冲突，进而影响公司战略变革活动的开展；ROA表示公司盈利能力，以期末净利润除以期末总资产平均余额来衡量。一般来说，公司盈利能力越好，反映了该公司具备越充足的资源开展战略变革活动；Cashflow表示公司现金流量比率，以经营活动产生的现金流量净额除以公司总资产来衡量。现金流比率越高的公司，说明公司越具有较强的资金实力，能够支撑公司更好地开展各项活动。Growth表示公司成长性，以当年公司营业收入与上年营业收入的比值减去 1 来衡量。成长性越好的公司，说明其各项资源越富裕，更有可能在公司当前情境下进一步开拓并挖掘新领域或新市场，因此成长性好的公司更倾向于采取战略变革决策行为。

治理特征层面选取的控制变量主要包括：Board 表示董事会规模，通过董事会成员的总数量取自然对数测量。董事会规模越大，其战略决策协调成本越高，因此对于具有高风险性的战略变革决策的战略监督和控制力度也相应地增加；独立董事比例（Indep）通过董事会中独立董事所占的比例测度。出于个人职业生涯声誉考虑，独立董事在董事会各项战略决策中会尽可能地发挥自身的监督职能，从而加强对公司重大决策事宜的审议；当 CEO 兼任董事长时，将 Dual 赋值为 1，否则为 0。如果 CEO 和董事长为同一人，此时更容易形成较高的管理自主权，因此对于 CEO 来说将会有更大的自由裁量权以推动公司战略变革活动。SOE 表示产权性质，当公司由国有控股时取 1，否则取 0。对于国有公司来说，除了营利性目标外，往往还具有行政任务，其公司各项决策很大程度上取决于行政任务安排，一项决策从制定到实施中间会经过层级审批，因此这类公司战略变革活动一般很难顺利执行。ListAge 为公司上市年限，以观测年份减去公司上市年份的差值加 1，然后进行取自然对数处理。公司发展不同阶段，对于战略的选择具有明显差异性。在公司上市早期，会主动采取相应的战略变革以响应外部环境的动态变化，随着公司上市年限增长，其各类商业模式发展较为健全，相伴而来的还有组织惯性的形成，因此对于充满不确定性的战略变革行为往往并不是特别重视（Hoskisson et al.，2017）。TOP1 表示股权集中度，通过第一大股东持股占公司总股本的比例衡量；Balance 表示股权制衡度，通过第二到第五大股东持股比例之和与第一大股东持股之比来衡量，该指标在一定程度上能够反映公司内部治理水平，当内部治理水平越高，对于 CEO 提议的各项重大决策的审议力度越大，在一定程度上会对 CEO 形成制约效应。INST 表示机构投资者持股比例，以机构投资者持股总数与公司流通股本之比来衡量。Big4 表示公司是否由四大（普华永道、德勤、毕马威、安永）审计，在一定程度上说明公司面临的外部治理水平越高，越能够有效地规制管理者的自利行为，缓解代理问题。

除此之外，本书还设置了年份和行业虚拟变量，以控制年份和行业固定效应，其中行业变量参考证监会 2012 年行业分类标准。具体变量定义如表 4-1 所示。

表4-1　变量定义

变量类型	变量名称	变量符号	变量说明
被解释变量	战略背离	Strategy_DEV	首先，将公司每个战略维度均分行业和年度进行标准化处理，使均值为0，方差为1；其次，计算公司每个战略维度与所在行业平均得分的绝对差值；最后，将六个维度相加得到每家公司每个年度战略背离指标
	战略变动	Strategy_VAR	首先，计算公司年度t，每个战略维度从t-1到t+2四个年度的方差；其次，按照行业对战略维度进行标准化处理，使均值为0，方差为1，反映了公司在每个战略维度上的变异程度；最后，对每个战略维度的变异程度取绝对值并相加，得到公司在年度t的战略变动测量指标
解释变量	CEO任职经历	Career_exper	根据CEO过往任职的职业部门类型数、公司数、行业数、组织机构数、过往任职CEO经历以及海外经历六个方面，利用主成分分析对上述六个方面进行测度，进而构建中国情境下反映上市公司高层次人才特质的CEO任职经历指数，详见论文第三章指标构建部分
调节变量	董事会权力	Board_Power	对独立董事比例、董事会持股比例、高学历董事占董事会成员的比例和高级职称董事占董事会成员的比例4个指标进行标准化并加总，得到董事会权力指数
	组织资源冗余	Slack	对流动比、权益负债比以及费用收入比三项指标利用主成分分析得出的综合评价值
	经济政策不确定性	EPU_CN	参考斯坦福大学和芝加哥大学联合发布的经济政策不确定性指数，采用提取年度算术平均值的方式，将月份经济政策不确定性转化为年度指标，即年度经济政策不确定性
控制变量	公司规模	Size	公司期末总资产的自然对数
	资产负债比率	Lev	负债总额/资产总额
	公司盈利能力	ROA	期末净利润除以期末总资产平均余额
	现金流量比率	Cashflow	经营活动产生的现金流量净额/总资产
	公司成长性	Growth	当年营业收入/上年营业收入-1
	董事会规模	Board	董事总人数的自然对数
	独立董事比例	Indep	独立董事人数占董事会总人数之比

变量类型	变量名称	变量符号	变量说明
控制变量	两职兼任	*Dual*	CEO 和董事长兼任时取值为 1，否则取 0
	产权性质	*SOE*	若公司为国有控股取值为 1，其他为 0
	上市年限	*ListAge*	Ln（公司上市至今的年限+1）
	股权集中度	*Top*1	第一大股东持股比例
	股权制衡度	*Balance*	第二至第五大股东持股的和与第一大股东持股之比
	机构投资者持股比例	*INST*	机构投资者持股总数/流通股本
	是否四大	*Big*4	若公司经由四大（普华永道、德勤、毕马威、安永）审计为 1，否则为 0
虚拟变量	行业	*Industry*	根据中国证监会行业分类标准（2012）生成行业虚拟变量
	年份	*Year*	根据年份生成年度虚拟变量

资料来源：笔者整理。

（二）模型构建

1. CEO 任职经历与公司战略变革之间的主效应

为了科学考察 CEO 任职经历对公司战略变革的影响，本书综合考虑了行业效应和时间效应，从而构建双向固定效应模型（Two-way FE）。同时，对样本数据的 Hausman 检验结果显示 P 值为 0.000，拒绝原假设，再次验证了本书应该使用固定效应模型。为了检验 H1a、H1b，即 CEO 任职经历对公司战略变革的影响，本章构建公式（4-1）的回归模型：

$$Strategy_{i,t} = \alpha_0 + \alpha_1 Career\_exper_{i,t} + \alpha_2 Size_{i,t} + \alpha_3 Lev_{i,t} + \alpha_4 ROA_{i,t} +$$
$$\alpha_5 Cashflow_{i,t} + \alpha_6 Growth_{i,t} + \alpha_7 Board_{i,t} + \alpha_8 Indep_{i,t} +$$
$$\alpha_9 Dual_{i,t} + \alpha_{10} SOE_{i,t} + \alpha_{11} ListAge_{i,t} + \alpha_{12} Top1_{i,t} + \alpha_{13} Balance_{i,t} +$$
$$\alpha_{14} INST_{i,t} + \alpha_{15} Big4_{i,t} + \sum Industry + \sum Year + \varepsilon \qquad (4-1)$$

其中，Strategy 为被解释变量，代表公司战略变革，具体包括战略背离（Strategy_DEV）和战略变动（Strategy_VAR）两个细分变量。Career_exper 为解释变量，表示 CEO 任职经历指数。α_0 为截距项，α_1 为变量的估计系数，ε 为误差项，如果 H1a、H1b 成立，预估基于公式（4-1）的回归模型中 CEO 任职经历的回归系数 α_1 应该显著为正。除此之外，其余变量为控制变量，详见表 4-1。

2. 董事会权力（Board_Power）的调节效应

为了检验董事会权力对 CEO 任职经历（Career_exper）与公司战略变革

（Strategy）之间关系的作用效果，本章构建公式（4-2）的回归模型：

$$Strategy_{i, t} = \alpha_0 + \alpha_1 Career\_exper_{i, t} + \alpha_2 Board\_Power_{i, t} + \alpha_3 Career\_exper_{i, t} \times$$
$$Board\_Power_{i, t} + \alpha_4 Size_{i, t} + \alpha_5 Lev_{i, t} + \alpha_6 ROA_{i, t} + \alpha_7 Cashflow_{i, t} +$$
$$\alpha_8 Growth_{i, t} + \alpha_9 Board_{i, t} + \alpha_{10} Indep_{i, t} + \alpha_{11} Dual_{i, t} + \alpha_{12} SOE_{i, t} +$$
$$\alpha_{13} ListAge_{i, t} + \alpha_{14} Top1_{i, t} + \alpha_{15} Balance_{i, t} + \alpha_{16} INST_{i, t} + \alpha_{17} Big4_{i, t} +$$
$$\sum Industry + \sum Year + \varepsilon \qquad (4-2)$$

公式（4-2）中被解释变量为公司战略变革（Strategy），包括战略变动（Strategy_VAR）和战略背离（Strategy_DEV），解释变量为 CEO 任职经历（Career_exper），调节变量为董事会权力（Board_Power），α_1 测度了 CEO 任职经历（Career_exper）对公司战略变革（Strategy）的影响，ε 为误差项。根据 H2a、H2b 可知，董事会权力（Board_Power）负向作用于 CEO 任职经历与公司战略背离（Strategy_DEV）、战略变动（Strategy_VAR）之间的关系，因此，如果 H2a、H2b 成立的话，则预期基于公式（4-2）的回归模型中，CEO 任职经历（Career_exper）与董事会权力（Board_Power）的交乘项 Career_exper×Board_Power 的回归系数应该显著为负，与 CEO 任职经历（Career_exper）的回归系数 α_1 符号相反。

3. 组织资源冗余（Slack）的调节效应

为了检验 H3a 和 H3b，即组织资源冗余（Slack）对 CEO 任职经历（Career_exper）与公司战略变革（Strategy）之间关系的作用效果，本章构建公式（4-3）的回归模型：

$$Strategy_{i, t} = \alpha_0 + \alpha_1 Career\_exper_{i, t} + \alpha_2 Slack_{i, t} + \alpha_3 Career\_exper_{i, t} \times$$
$$Slack_{i, t} + \alpha_4 Size_{i, t} + \alpha_5 Lev_{i, t} + \alpha_6 ROA_{i, t} + \alpha_7 Cashflow_{i, t} +$$
$$\alpha_8 Growth_{i, t} + \alpha_9 Board_{i, t} + \alpha_{10} Indep_{i, t} + \alpha_{11} Dual_{i, t} + \alpha_{12} SOE_{i, t} +$$
$$\alpha_{13} ListAge_{i, t} + \alpha_{14} Top1_{i, t} + \alpha_{15} Balance_{i, t} + \alpha_{16} INST_{i, t} +$$
$$\alpha_{17} Big4_{i, t} + \sum Industry + \sum Year + \varepsilon \qquad (4-3)$$

公式（4-3）中被解释变量为公司战略变革（Strategy），包括战略背离（Strategy_DEV）和战略变动（Strategy_VAR），解释变量为 CEO 任职经历（Career_exper），调节变量为组织资源冗余（Slack），α_1 测度了 CEO 任职经历（Career_exper）对公司战略变革（Strategy）的影响，ε 为误差项。根据 H3a、H3b 可知，组织资源冗余（Slack）正向作用于 CEO 任职经历与战略背离（Strategy_DEV）、战略变动（Strategy_VAR）之间的关系，因此，如果 H3a、H3b 成立，则预期基于公式（4-3）的回归模型中，CEO 任职经历（Career_exper）与组织资源冗余（Slack）的交乘项 Career_exper×Slack 的回归系数应该显著为正，与 CEO

任职经历（Career_exper）的回归系数 α_1 符号保持一致。

4. 经济政策不确定性（EPU_CN）的调节效应

为了检验 H4a 和 H4b，即经济政策不确定性（EPU_CN）对 CEO 任职经历（Career_exper）与公司战略变革（Strategy）之间关系的作用效果，本章构建公式（4-4）的回归模型：

$$Strategy_{i,t} = \alpha_0 + \alpha_1 Career\_exper_{i,t} + \alpha_2 EPU\_CN_{i,t} + \alpha_3 Career\_exper_{i,t} \times$$
$$EPU\_CN_{i,t} + \alpha_4 Size_{i,t} + \alpha_5 Lev_{i,t} + \alpha_6 ROA_{i,t} + \alpha_7 Cashflow_{i,t} +$$
$$\alpha_8 Growth_{i,t} + \alpha_9 Board_{i,t} + \alpha_{10} Indep_{i,t} + \alpha_{11} Dual_{i,t} + \alpha_{12} SOE_{i,t} +$$
$$\alpha_{13} ListAge_{i,t} + \alpha_{14} Top1_{i,t} + \alpha_{15} Balance_{i,t} + \alpha_{16} INST_{i,t} + \alpha_{17} Big4_{i,t} +$$
$$\sum Industry + \sum Year + \varepsilon \qquad (4\text{-}4)$$

公式（4-4）中被解释变量为公司战略变革（Strategy），包括战略背离和战略变动，解释变量为 CEO 任职经历（Career_exper），调节变量为经济政策不确定性（EPU_CN），α_1 测度了 CEO 任职经历（Career_exper）对公司战略变革（Strategy）的影响，ε 为误差项。根据 H4a、H4b 可知，经济政策不确定性（EPU_CN）正向作用于 CEO 任职经历与公司战略背离（Strategy_DEV）、战略变动（Strategy_VAR）之间的关系，因此，如果 H4a、H4b 成立，则预期基于公式（4-4）的回归模型中，CEO 任职经历（Career_exper）与经济政策不确定性（EPU_CN）的交乘项 Career_exper×EPU_CN 的回归系数应该显著为正，与 CEO 任职经历（Career_exper）的回归系数 α_1 符号保持一致。

此外，上述模型中还加入了其他可能影响被解释变量的因素作为控制变量，详见表4-1。

第四节　实证结果分析

一、描述性统计与相关性分析

表4-2 报告了主要变量的均值、标准差、最大值以及最小值等结果。根据表4-2 可知，公司战略变革的两个维度变量，即战略背离（Strategy_DEV）和战略变动（Strategy_VAR），其均值分别为 0.647 和 -0.067，标准差分别为 0.365 和 2.748，说明样本期内不同公司的战略变革程度存在较大差异，侧面验证了本书具有一定的价值。CEO 任职经历（Career_exper）均值为 -0.008，最小值和最大

值分别为-1.091 和1.882，说明样本期内 CEO 任职经历丰富性程度较低，具有丰富任职经历的 CEO 仍属于少数，而且不同个体任职经历丰富性之间具有较大的差异。此外，董事会权力（Board_Power）均值为0.086，最大值和最小值分别为3.389 和-3.171，说明样本上市公司董事会对公司重大决策事宜具有较大影响力，且不同样本公司的董事会权力大小分布不一；组织资源冗余（Slack）均值为0.282，最大值和最小值分别为1.688 和0.008，说明样本期内中国上市公司资源冗余分布情况有多有少，充分反映了不同公司之间的资源储备存在较大差异；经济政策不确定性（EPU_CN）均值为1.410，最大值和最小值分别为1.657 和0.916，说明样本期内中国经济政策不确定性波动较大，不同年份样本之间存在明显差异。

表4-2　变量描述性统计

变量	样本量	均值	标准差	最小值	中位数	最大值
Strategy_DEV	17948	0.647	0.365	0.175	0.546	2.556
Strategy_VAR	17948	−0.067	2.748	−2.788	−1.039	15.159
Career_exper	17948	−0.008	0.521	−1.091	−0.099	1.882
Board_Power	17948	0.086	1.322	−3.171	0.113	3.389
Slack	17948	0.282	0.261	0.008	0.197	1.688
EPU_CN	17948	1.410	0.162	0.916	1.409	1.657
Size	17948	22.260	1.439	17.901	22.112	27.048
Lev	17948	0.494	0.268	0.042	0.488	3.502
ROA	17948	0.033	0.069	−0.534	0.032	0.306
Cashflow	17948	0.044	0.077	−0.236	0.043	0.351
Growth	17948	0.207	0.747	−0.729	0.083	8.094
Board	17948	2.162	0.232	0.000	2.197	2.708
Indep	17948	0.369	0.057	0.000	0.333	0.600
Dual	17948	0.149	0.357	0.000	0.000	1.000
SOE	17948	0.593	0.491	0.000	1.000	1.000
ListAge	17948	2.382	0.721	0.000	2.565	3.367
Top1	17948	0.365	0.158	0.064	0.350	0.804
Balance	17948	0.612	0.579	0.014	0.417	2.883
INST	17948	0.416	0.237	0.000	0.430	0.921
Big4	17948	0.076	0.265	0.000	0.000	1.000

资料来源：笔者整理。

最后，从控制变量来看，公司规模（Size）均值为 22.260，最大值和最小值分别为 27.048 和 17.901，样本公司总资产数据分布总体较为平均，可能得益于上市公司对公司最低注册资本有所规定；资产负债率（Lev）均值为 0.494，最大值和最小值分别为 3.502 和 0.042，说明样本公司面临较高的债务；公司盈利能力（ROA）均值为 0.033，最大值和最小值分别为 0.306 和 -0.534，说明样本公司盈利能力存在较大的差异；现金流量比率（Cashflow）的均值为 0.044，最大值和最小值分别为 0.351 和 -0.236，说明样本公司中各公司之间资金实力具有差异。公司成长性（Growth）的均值为 0.207，最大值和最小值分别为 8.094 和 -0.729，说明样本公司中各公司之间的成长能力具有一定的差异。董事会规模（Board）均值为 2.162，最大值和最小值分别为 2.708 和 0.000，说明样本公司董事会规模平均由 9 人构成，总体符合上市公司基本要求，并没有出现极端异常董事会规模分布情况；独立董事比例（Indep）的均值为 0.369，最大值和最小值分别为 0.600 和 0.000，说明样本公司独董占比基本与当前中国公司治理实践相吻合，符合公司法的基本要求；两职兼任（Dual）的均值为 0.149，说明样本期内上市公司 CEO 兼任董事长的现象总体偏少，符合当前董事会独立性的迫切需求；产权性质（SOE）的均值为 0.593，说明样本公司中国有控股和非国有控股比例分布总体相差不大；公司上市年限（ListAge）均值为 2.382，最大值和最小值分别为 3.367 和 0.000，说明样本公司总体上市年限相对较短；股权集中度（TOP1）的均值为 0.365，最大值和最小值分别为 0.804 和 0.064，说明样本期内中国上市公司的股权分布呈现较为集中的状态，对于部分上市公司来说还是存在一股独大的现象；股权制衡度（Balance）均值为 0.612，最大值和最小值分别为 2.883 和 0.014，说明样本期内上市公司能够保持股权相对集中的状态，在一定程度上能够抑制大股东对公司利益的侵占；机构投资者持股比例（INST）均值为 0.416，最大值和最小值分别为 0.921 和 0.000，说明样本期内上市公司总体面临较高的机构投资者持股，随着机构投资者持股比例的提高，其更有可能参与公司监督及治理；是否四大（Big4）均值为 0.076，说明样本公司聘请四大的比例较低，只有不到 8%。

表 4-3 报告了核心变量的 Pearson 相关性分析结果。CEO 任职经历 Career_exper 与公司战略背离 Strategy_DEV 呈显著正相关（$r=0.056$，$p<0.01$），与战略变动 Strategy_VAR 的相关系数（$\beta=0.044$，$p<0.01$）显著为正，这说明 CEO 任职经历 Career_exper 与公司战略变革的两个维度之间存在着不同程度的相关性，CEO 任职经历越丰富，公司战略变革的水平越高，H1a、H1b 得到初步验证。董事长权力 Board_Power 与公司战略背离 Strategy_DEV 呈显著正相关

表 4-3 Pearson 变量相关性分析

变量	Strategy_DEV	Strategy_VAR	Career_exper	Board_Power	Slack	EPU_CN	Size	Lev	ROA	Cashflow
Strategy_DEV	1.000									
Strategy_VAR	0.390***	1.000								
Career_exper	0.056***	0.044***	1.000							
Board_Power	0.021***	-0.046***	-0.001	1.000						
Slack	0.033***	0.039***	-0.006	0.006	1.000					
EPU_CN	0.016**	0.011	0.017**	0.010	0.013*	1.000				
Size	0.009	-0.158***	0.107***	0.132***	-0.048***	-0.004	1.000			
Lev	0.224***	0.168***	-0.006	0.029***	-0.088***	-0.006	0.171***	1.000		
ROA	-0.245***	-0.131***	-0.008	0.056***	0.008	-0.013*	0.046***	-0.291***	1.000	
Cashflow	-0.073***	-0.114***	0.004	0.051***	-0.034***	-0.043***	0.080***	-0.164***	0.317***	1.000
Growth	0.025***	0.125***	0.012	-0.012	-0.005	-0.003	0.014	0.041***	0.158***	0.012
Board	-0.007	-0.060***	0.056***	0.039***	-0.017**	0.001	0.241***	0.041***	0.035***	0.064***
Indep	0.041***	0.019**	-0.005	0.034***	0.019**	0.017***	0.084***	0.000	-0.031***	-0.029***
Dual	-0.002	0.023***	-0.210***	-0.051***	0.004	-0.003	-0.134***	-0.038***	-0.009	-0.038***
SOE	-0.015**	-0.101***	0.003	0.141***	-0.029***	0.001	0.300***	0.107***	-0.037***	0.049***
ListAge	0.111***	0.094***	-0.007	-0.019**	-0.052***	-0.018**	0.216***	0.208***	-0.146***	0.001
Top1	-0.041***	-0.114***	0.014*	0.401***	-0.014*	0.012	0.315***	0.006	0.124***	0.108***
Balance	0.031***	0.046***	0.033***	-0.323***	0.021***	-0.017**	-0.113***	-0.073***	0.007	-0.021***
INST	-0.009	-0.106***	0.078***	0.190***	-0.028***	0.061***	0.456***	0.016	0.116***	0.139***
Big4	0.049***	-0.047***	0.083***	0.079***	-0.041***	0.002	0.361***	0.030***	0.057***	0.094***

续表

变量	Growth	Board	Indep	Dual	SOE	ListAge	Top1	Balance	INST	Big4
Growth	1.000									
Board	-0.035***	1.000								
Indep	0.006	-0.197***	1.000							
Dual	-0.006	-0.137***	0.084***	1.000						
SOE	-0.043***	0.206***	-0.035***	-0.232***	1.000					
ListAge	0.021***	0.020***	0.003	-0.097***	0.267***	1.000				
Top1	0.023***	0.070***	0.037***	-0.102***	0.276***	-0.087***	1.000			
Balance	0.040***	0.008	-0.014*	0.069***	-0.291***	-0.148***	-0.661***	1.000		
INST	-0.032***	0.153***	0.028***	-0.138***	0.339***	0.251***	0.391***	-0.151***	1.000	
Big4	-0.014*	0.075***	0.059***	-0.048***	0.110***	0.020***	0.186***	-0.023***	0.223***	1.000

注：*、**、***分别表示在10%、5%、1%的水平下显著。

资料来源：笔者整理。

（$r=0.021$，$p<0.01$），与战略变动 Strategy_VAR 呈显著负相关（$\beta=-0.046$，$p<0.01$），初步证实了 H2b，而 H2a 未得到验证，故有待后文进一步检验。组织资源冗余与战略变革（战略背离 Strategy_DEV、战略变动 Strategy_VAR）的相关系数为正（$r=0.033$，$p<0.01$；$r=0.039$，$p<0.01$），说明组织冗余水平越高，公司战略变革程度越大，H3a、H3b 得到初步验证。经济政策不确定性（EPU_CN）与战略背离 Strategy_DEV 的相关系数为 0.016，在 5% 的水平上显著，而与战略变动 Strategy_VAR 的相关系数为 0.011，但不显著，故 H4a 初步得到证实，H4b 有待进一步检验。此外，从部分控制变量来看，资产负债率 Lev、公司成长性 Growth、独立董事比例 Indep、公司上市年限 ListAge 和股权制衡度 Balance 与公司战略变革显著正相关，说明资产负债率越高、公司成长性越大、独董占比越高、公司上市年限越长以及股权制衡度越高，公司战略变革的程度越大。公司盈利能力 ROA、现金流量比率 Cashflow、产权性质 SOE、股权集中度 Top1 与公司战略变革显著负相关，说明公司盈利能力越高、现金流量比率越高、国有控股产权以及股权集中度越高的公司，其战略变革程度越小。这些结果为后文的进一步分析提供前提。最后，为防止多重共线性问题对研究结论的影响，本书利用方差膨胀因子（VIF）检验自变量和控制变量，发现各变量 VIF 最大值为 2.78，小于 3.3，表明不存在显著的多重共线性情况（Belsley，Kuh & Welsch，1980；Kennedy，1988），保证了后续回归结果的可靠性。

二、多元回归分析

（一）CEO 任职经历对公司战略变革的主效应检验

表 4-4 为 CEO 任职经历影响公司战略变革的多元回归检验结果。假设 1a 预测 CEO 任职经历正向促进公司战略背离，假设 1b 预测 CEO 任职经历正向促进公司战略变动。根据表 4-4 可知，模型（1）和模型（2）是战略背离 Strategy_DEV 作为被解释变量，考察 CEO 任职经历对公司战略背离的影响；模型（3）和模型（4）是战略变动 Strategy_VAR 作为被解释变量，考察 CEO 任职经历对公司战略变动的影响。

表 4-4　CEO 任职经历和公司战略变革

变量	(1) Strategy_DEV	(2) Strategy_DEV	(3) Strategy_VAR	(4) Strategy_VAR
Career_exper		0.034*** (5.385)		0.292*** (7.009)

续表

变量	(1) Strategy_ DEV	(2) Strategy_ DEV	(3) Strategy_ VAR	(4) Strategy_ VAR
Size	−0. 015 ***	−0. 015 ***	−0. 439 ***	−0. 443 ***
	(−5. 198)	(−5. 377)	(−18. 990)	(−19. 189)
Lev	0. 251 ***	0. 251 ***	1. 569 ***	1. 563 ***
	(14. 652)	(14. 666)	(10. 800)	(10. 776)
ROA	−1. 050 ***	−1. 045 ***	−4. 882 ***	−4. 844 ***
	(−13. 635)	(−13. 721)	(−10. 195)	(−10. 217)
Cashflow	0. 023	0. 026	−1. 235 ***	−1. 206 ***
	(0. 518)	(0. 593)	(−3. 525)	(−3. 452)
Growth	0. 020 ***	0. 020 ***	0. 502 ***	0. 497 ***
	(4. 373)	(4. 274)	(10. 119)	(10. 017)
Board	0. 005	0. 003	0. 113	0. 098
	(0. 415)	(0. 274)	(1. 228)	(1. 066)
Indep	0. 185 ***	0. 186 ***	0. 971 ***	0. 982 ***
	(3. 928)	(3. 946)	(2. 770)	(2. 796)
Dual	−0. 005	0. 006	−0. 106 *	−0. 011
	(−0. 660)	(0. 754)	(−1. 871)	(−0. 188)
SOE	−0. 038 ***	−0. 037 ***	−0. 414 ***	−0. 403 ***
	(−5. 913)	(−5. 710)	(−8. 401)	(−8. 184)
ListAge	0. 037 ***	0. 039 ***	0. 362 ***	0. 378 ***
	(8. 335)	(8. 803)	(10. 943)	(11. 469)
Top1	0. 083 ***	0. 084 ***	0. 087	0. 103
	(2. 992)	(3. 065)	(0. 412)	(0. 487)
Balance	0. 033 ***	0. 032 ***	0. 085	0. 083
	(4. 462)	(4. 448)	(1. 510)	(1. 487)
INST	−0. 014	−0. 017	−0. 159	−0. 179 *
	(−1. 052)	(−1. 221)	(−1. 592)	(−1. 793)
Big4	0. 097 ***	0. 093 ***	0. 455 ***	0. 421 ***
	(9. 037)	(8. 686)	(6. 662)	(6. 186)
_cons	0. 663 ***	0. 679 ***	7. 099 ***	7. 236 ***
	(10. 382)	(10. 625)	(14. 266)	(14. 522)
Industry	Yes	Yes	Yes	Yes
Year	Yes	Yes	Yes	Yes
N	17948	17948	17948	17948
adj. R^2	0. 121	0. 123	0. 129	0. 132
F	31. 630	31. 222	26. 892	27. 250

注：括号内为 t 统计量，* 、** 、*** 分别表示在 10%、5%、1%的水平下显著。

资料来源：笔者整理。

　　具体而言，模型（1）和模型（3）为仅在回归模型中纳入了控制变量；模型（2）和模型（4）分别在模型（1）和模型（3）的基础上加入解释变量 CEO 任职经历 Career_exper。由模型（2）的检验结果可知，CEO 任职经历对公司战略背离影响的回归系数显著为正（$\beta = 0.034$，$p < 0.01$），表明 CEO 任职经历越丰富，公司战略偏离行业内主流公司的战略程度越高，即 H1a 得到支持；模型（4）显示 CEO 任职经历与公司战略变动显著正相关（$\beta = 0.292$，$p < 0.01$），表明随着 CEO 任职经历丰富程度的上升，在时间维度上公司战略风格变动的程度越高，即 H1b 得到支持。进一步地，从经济意义上来看，CEO 任职经历增加一个标准差，公司战略背离 Strategy_DEV 和战略变动 Strategy_VAR 分别增长 4.85% 和 5.54%。因此，无论是从计量统计意义上还是现实经济意义上来看，CEO 任职经历均对公司战略变革有促进作用。

　　从控制变量来看，相应的回归结果如下所示：公司规模 Size 的回归系数显著为负，说明相较于大公司，期末总资产不足的小公司，更可能因巨大的市场压力迫使其积极推行战略变革活动以适应外部环境变化。资产负债率 Lev 的回归系数显著为正，说明负债水平与战略变革程度之间存在显著的正相关关系，适度的负债水平可能为公司提供了进行战略变革所需的资金和资源。公司盈利能力 ROA 的回归系数显著为负，说明公司盈利能力较强的公司反而较少地进行战略变革，这类公司可能更加注重保持现有的竞争优势和利润水平，避免因为战略变革而带来的不确定性和风险。公司成长性 Growth 的回归系数显著为正，说明成长能力强的公司，其战略变革活动更容易被认可并执行。独立董事比例 Indep 的回归系数显著为正，说明独董比例越高的公司，其战略变革活动更有可能受到独董的战略监督和严密审查，因此战略变革的程度往往较小。股权集中度 TOP1 的回归系数显著为正，说明股权集中度的提升有利于公司战略变革的实施。产权性质 SOE 的回归系数显著为负，说明同非国有控股上市公司相比，国有控股的公司往往进行战略变革的程度较低。公司上市年限 ListAge 的回归系数显著为正，说明越成熟的公司越倾向于进行战略变革。除此之外，其余控制变量对战略变革的影响基本与现有学者的研究保持一致，在此不再赘述。

　　（二）情境要素的调节效应检验

　　1. 董事会权力的调节效应

　　表 4-5 报告了不同情境要素之下 CEO 任职经历对公司战略变革影响的检验结果。表 4-5 中模型（1）和模型（2）报告了 H2a、H2b 的回归分析结果，即董事会权力对 CEO 任职经历和公司战略变革之间关系影响的检验结果。为了研究公司董事会权力对 CEO 任职经历与战略背离 Strategy_DEV、战略变动 Strategy_VAR 之间关系可能存在的差异化影响，本书在前述基准模型的基础上加入董

事会权力 Board_Power，以及董事会权力与 CEO 任职经历的交互项 Career_exper×Board_Power，详见模型（1）和模型（2）。其中，模型（1）是战略背离 Strategy_DEV 作为被解释变量，考察董事会权力对 CEO 任职经历与公司战略背离之间关系的影响；模型（2）是战略变动 Strategy_VAR 作为被解释变量，考察董事会权力对 CEO 任职经历与公司战略变动之间关系的影响。由模型（1）的检验结果可知，董事会权力与 CEO 任职经历的交互项 Career_exper×Board_Power 的回归系数显著为负（$\beta=-0.019$，$p<0.01$），说明董事会权力会弱化 CEO 任职经历对公司战略背离的影响，H2a 得到验证。同样地，由模型（2）的检验结果可知，董事会权力与 CEO 任职经历的交互项 Career_exper×Board_Power 的回归系数显著为负（$\beta=-0.114$，$p<0.01$），说明 CEO 任职经历对公司战略变动的正向影响在董事会权力较大的公司中被削弱，即随着董事会权力的不断增大，具有丰富任职经历的 CEO 对公司战略变动的促进作用将会减弱，H2b 得到验证。

表 4-5　CEO 任职经历和公司战略变革：情境要素的调节效应

变量	(1) Strategy_DEV	(2) Strategy_VAR	(3) Strategy_DEV	(4) Strategy_VAR	(5) Strategy_DEV	(6) Strategy_VAR
Career_exper	0.033*** (5.373)	0.291*** (6.994)	0.034*** (5.541)	0.296*** (7.091)	0.036*** (5.799)	0.317*** (7.680)
Board_Power	0.013*** (5.633)	0.006 (0.373)				
Career_exper× Board_Power	-0.019*** (-3.627)	-0.114*** (-3.578)				
Slack			0.061*** (5.829)	0.441*** (5.306)		
Career_exper×Slack			0.099*** (3.829)	0.375** (2.183)		
EPU_CN					0.044*** (2.694)	0.223* (1.864)
Career_exper× EPU_CN					0.180*** (4.037)	1.103*** (3.669)
Size	-0.015*** (-5.335)	-0.442*** (-19.182)	-0.016*** (-5.379)	-0.442*** (-19.178)	-0.013*** (-4.569)	-0.409*** (-18.292)
Lev	0.249*** (14.517)	1.564*** (10.787)	0.255*** (14.890)	1.597*** (10.958)	0.239*** (14.298)	1.436*** (10.193)

续表

变量	(1) Strategy_ DEV	(2) Strategy_ VAR	(3) Strategy_ DEV	(4) Strategy_ VAR	(5) Strategy_ DEV	(6) Strategy_ VAR
ROA	−1.047***	−4.832***	−1.046***	−4.843***	−1.050***	−5.095***
	(−13.777)	(−10.209)	(−13.745)	(−10.243)	(−13.998)	(−10.969)
Cashflow	0.024	−1.210***	0.036	−1.142***	−0.013	−1.392***
	(0.527)	(−3.464)	(0.798)	(−3.266)	(−0.303)	(−4.025)
Growth	0.020***	0.498***	0.020***	0.497***	0.021***	0.492***
	(4.353)	(10.015)	(4.250)	(10.028)	(4.549)	(9.971)
Board	0.002	0.096	0.004	0.101	0.004	0.082
	(0.164)	(1.041)	(0.325)	(1.096)	(0.379)	(0.899)
Indep	0.183***	0.994***	0.180***	0.945***	0.218***	1.235***
	(3.881)	(2.833)	(3.824)	(2.693)	(4.681)	(3.549)
Dual	0.007	−0.008	0.007	−0.006	0.009	0.020
	(0.850)	(−0.137)	(0.880)	(−0.101)	(1.117)	(0.341)
SOE	−0.037***	−0.404***	−0.036***	−0.401***	−0.044***	−0.475***
	(−5.811)	(−8.206)	(−5.661)	(−8.160)	(−6.947)	(−9.864)
ListAge	0.040***	0.378***	0.040***	0.386***	0.044***	0.443***
	(8.945)	(11.458)	(9.048)	(11.682)	(10.331)	(13.890)
Top1	0.056**	0.107	0.086***	0.109	0.070**	0.007
	(2.017)	(0.496)	(3.120)	(0.519)	(2.541)	(0.033)
Balance	0.036***	0.083	0.033***	0.086	0.032***	0.098*
	(4.894)	(1.495)	(4.528)	(1.539)	(4.463)	(1.754)
INST	−0.021	−0.182*	−0.017	−0.180*	0.006	−0.009
	(−1.535)	(−1.822)	(−1.253)	(−1.803)	(0.457)	(−0.087)
Big4	0.094***	0.425***	0.096***	0.437***	0.087***	0.358***
	(8.719)	(6.241)	(8.971)	(6.426)	(8.125)	(5.313)
_cons	0.688***	7.219***	0.653***	7.035***	0.579***	6.383***
	(10.776)	(14.466)	(10.188)	(14.115)	(8.783)	(12.711)
Industry	Yes	Yes	Yes	Yes	Yes	Yes
Year	Yes	Yes	Yes	Yes	No	No
N	17948	17948	17948	17948	17948	17948
adj. R^2	0.126	0.133	0.126	0.134	0.119	0.130
F	30.648	26.172	30.763	26.412	36.579	33.437

注：括号内为 t 统计量，*、**、***分别表示在10%、5%、1%的水平下显著。

资料来源：笔者整理。

为了更加形象直观地理解董事会权力的调节效应，本书参考 Aiken 等（1991）的建议和做法分别绘制了董事会权力对 CEO 任职经历与公司战略背离、公司战略变动之间的关系调节作用示意图（如图 4-2、图 4-3 所示）。由图 4-2 可知，随着董事会权力的不断增大，CEO 任职经历对公司战略背离的促进作用将减弱；由图 4-3 可知，随着董事会权力的不断增大，CEO 任职经历对公司战略变动的促进作用也逐渐得到减弱。因此，H2a、H2b 再次得到验证。

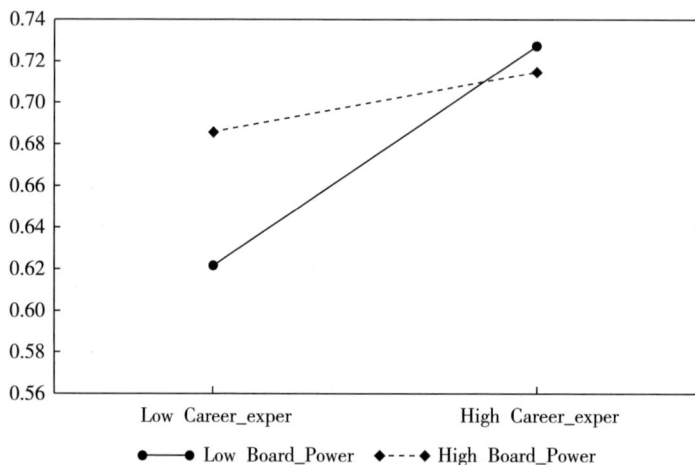

图 4-2　董事会权力对 "CEO 任职经历—公司战略背离" 关系的调节效应

资料来源：笔者绘制。

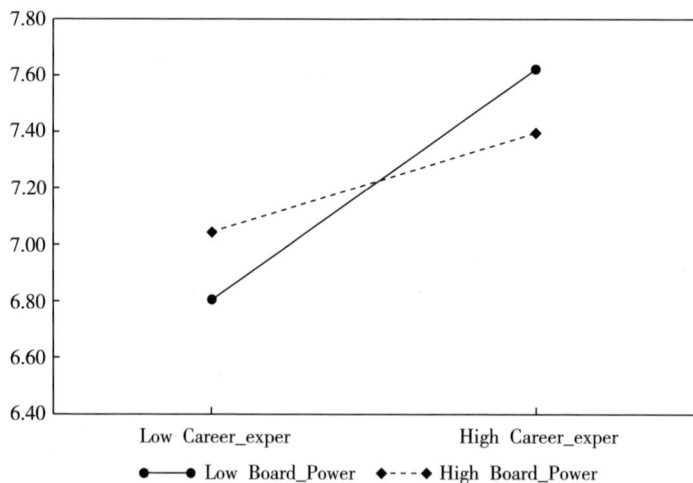

图 4-3　董事会权力对 "CEO 任职经历—公司战略变动" 关系的调节效应

资料来源：笔者绘制。

2. 组织资源冗余的调节效应

为了考察组织资源冗余对 CEO 任职经历与战略背离 Strategy_DEV、战略变动 Strategy_VAR 之间关系可能存在的差异化影响，本书在前述基准模型的基础上加入组织资源冗余 Slack，以及组织资源冗余与 CEO 任职经历的交互项 Career_exper×Slack，详见模型（3）和模型（4）。表 4-5 中模型（3）和模型（4）报告了 H3a、H3b 的回归分析结果。其中，模型（3）是战略背离 Strategy_DEV 作为被解释变量，考察组织资源冗余对 CEO 任职经历与公司战略背离之间关系的影响；模型（4）是战略变动 Strategy_VAR 作为被解释变量，考察组织资源冗余对 CEO 任职经历与公司战略变动之间关系的影响。由模型（3）的检验结果可知，组织资源冗余与 CEO 任职经历的交互项 Career_exper×Slack 的回归系数显著为正（$\beta=0.099$，$p<0.01$），说明 CEO 任职经历对公司战略变动的正向影响在组织资源冗余程度较高的公司中得到强化，即当公司拥有较为充裕的组织资源冗余，具有丰富任职经历的 CEO 对公司战略背离的促进作用将会增强，H3a 得到验证。同样地，由模型（4）的检验结果可知，组织资源冗余与 CEO 任职经历的交互项 Career_exper×Slack 的回归系数显著为正（$\beta=0.375$，$p<0.05$），说明组织资源冗余强化了 CEO 任职经历与公司战略变动之间的关系，H3b 得到验证。

延续前文思路，为了更加形象直观地理解组织资源冗余的调节效应，本书参考 Aiken 和 West（1991）的建议和做法分别绘制了组织资源冗余对 CEO 任职经历与公司战略背离、公司战略变动之间关系的调节作用示意图（如图 4-4、图 4-5 所示）。由图 4-4 可知，当组织资源冗余程度不断提高，CEO 任职经历对公司战略背离的促进作用得到增强；由图 4-5 可知，当组织资源冗余程度不断提高，CEO 任职经历对公司战略变动的促进作用也逐渐得到增强。因此，H3a、H3b 再次得到验证。

3. 经济政策不确定性的调节效应

为了考察经济政策不确定性对 CEO 任职经历与公司战略变革（战略背离 Strategy_DEV、战略变动 Strategy_VAR）之间关系的影响，本书在前述基准模型的基础上加入经济政策不确定性 EPU_CN，以及经济政策不确定性与 CEO 任职经历的交互项 Career_exper×EPU_CN，详见模型（5）和模型（6）。表 4-5 中模型（5）和模型（6）报告了 H4a、H4b 的回归分析结果。其中，模型（5）是战略背离 Strategy_DEV 作为被解释变量，考察经济政策不确定性对 CEO 任职经历与公司战略背离之间关系的影响；模型（6）是战略变动 Strategy_VAR 作为被解释变量，考察经济政策不确定性对 CEO 任职经历与公司战略变动之间关系的影响。由模型（5）的检验结果可知，经济政策不确定性与 CEO 任职经历的交互项 Career_exper×EPU_CN 的回归系数显著为正（$\beta=0.180$，$p<0.01$），说明在经济

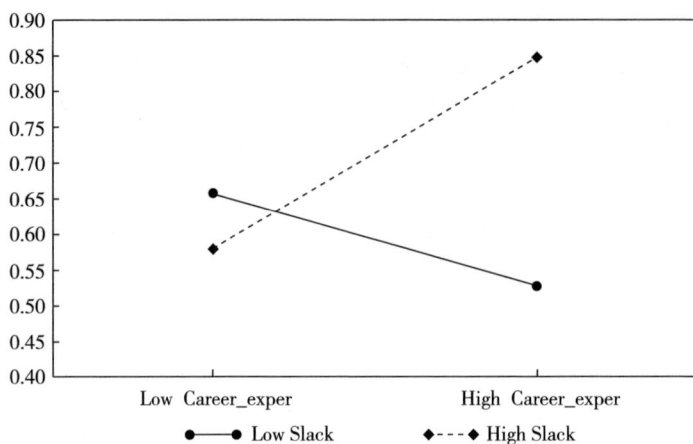

图4-4 组织资源冗余对"CEO任职经历—公司战略背离"关系的调节效应
资料来源：笔者绘制。

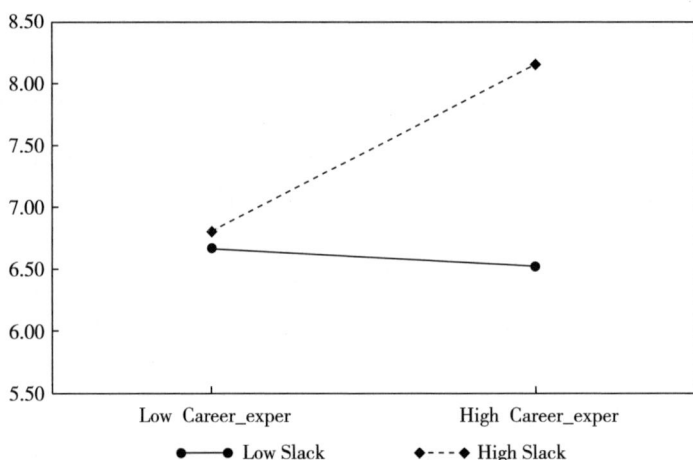

图4-5 组织资源冗余对"CEO任职经历—公司战略变动"关系的调节效应
资料来源：笔者绘制。

政策不确定性程度较高的情况下，CEO 任职经历对公司战略背离的正向作用更强，H4a 得到验证。由模型（6）的检验结果可知，经济政策不确定性与 CEO 任职经历的交互项 Career_exper×EPU_CN 的回归系数显著为正（$\beta = 1.103$，$p < 0.01$），说明 CEO 任职经历对公司战略变动的正向影响在经济政策不确定性程度较高的情况下被强化，即当公司经济政策不确定性程度越高，具有丰富任职经历的 CEO 对公司战略变动的促进作用将会越强，H4b 得到验证。

为了更加形象直观地理解经济政策不确定性的调节效应，本书参考 Aiken 和 West（1991）的建议和做法分别绘制了经济政策不确定性对 CEO 任职经历与公司战略背离、公司战略变动之间关系的调节作用示意图（如图 4-6、图 4-7 所示）。由图 4-6 可知，随着经济政策不确定性程度的不断提高，CEO 任职经历对公司战略背离的促进作用得到增强；由图 4-7 可知，当经济政策不确定性程度不断提高时，CEO 任职经历对公司战略变动的促进作用也逐渐得到增强。因此，H4a、H4b 再次得到验证。

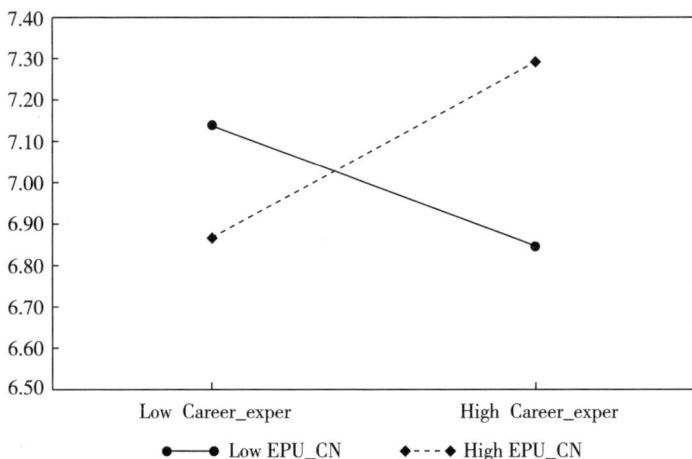

图 4-6　经济政策不确定性对"CEO 任职经历—公司战略背离"关系的调节效应

资料来源：笔者绘制。

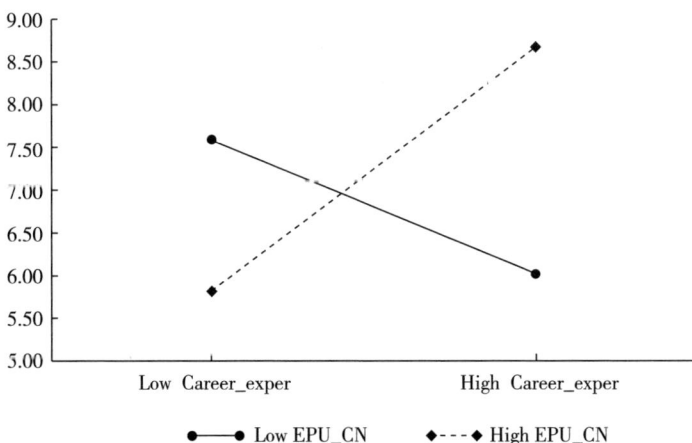

图 4-7　经济政策不确定性对"CEO 任职经历—公司战略变动"关系的调节效应

资料来源：笔者绘制。

三、稳健性检验

为了确保本书研究结论的可靠性，并解决 CEO 任职经历与公司战略变革之间可能存在的内生性问题，本书利用替换核心变量测度、剔除部分样本量、对变量进行滞后一期处理以及控制可能对因变量有影响的要素等方法，分别再对本书的研究假设进行回归检验，以提高研究结论的可靠性。

（一）公司战略变革替代指标测度检验

考虑到公司战略变革作为本书研究的关键核心变量之一，为确保变量测度方式的准确性，在稳健性检验部分，本书替换公司战略变革测度方式以重新检验回归模型。现有学者在对公司战略变革测度的时候，主要从公司在六个关键领域的资源分配情况出发，构建六指标综合维度。考虑到中国当前上市公司信息披露的现实情况，即战略变革指标维度中的广告费用及研发费用较少被上市公司披露，因此部分学者选取了销售费用与无形资产的近似值加以替代（叶康涛等，2014；张双鹏等，2018；孟祥展等，2018）。但仍有部分学者对上述指标维度的替代表示存疑，故本书在稳健性检验部分通过剔除销售费用与无形资产的近似值，将原先的六指标维度计算方式更换为四指标维度。最后，在此基础上重新测度公司战略变革（即战略背离 Strategy_DEV_4、战略变动 Strategy_VAR_4），具体测度方式同前述变量定义部分相同，故不再赘述。表 4-6 报告了基于四指标测度战略变革的稳健性检验结果。根据主效应回归检验结果可知，CEO 任职经历 Career_exper 与战略背离 Strategy_DEV_4、战略变动 Strategy_VAR_4 均显著正相关（$\beta = 0.037$，$p < 0.01$；$\beta = 0.270$，$p < 0.01$），该结果与表 4-4 汇报的结果相吻合。

表 4-6　更换为"四指标"维度战略变革的测度方式——主效应

变量	(1) Strategy_DEV_4	(2) Strategy_VAR_4
Career_exper	0.037***	0.270***
	(5.736)	(7.001)
Size	-0.018***	-0.372***
	(-5.642)	(-18.553)
Lev	0.289***	1.343***
	(14.750)	(10.735)
ROA	-0.944***	-4.054***
	(-11.771)	(-9.341)

续表

变量	(1) Strategy_ DEV_ 4	(2) Strategy_ VAR_ 4
Cashflow	−0. 033	−0. 996 ***
	(−0. 672)	(−3. 310)
Growth	0. 024 ***	0. 426 ***
	(4. 251)	(10. 047)
Board	0. 001	0. 057
	(0. 073)	(0. 773)
Indep	0. 238 ***	1. 046 ***
	(4. 476)	(3. 606)
Dual	0. 005	−0. 006
	(0. 590)	(−0. 127)
SOE	−0. 040 ***	−0. 346 ***
	(−5. 682)	(−8. 040)
ListAge	0. 049 ***	0. 318 ***
	(10. 248)	(11. 171)
Top1	0. 086 ***	−0. 016
	(2. 826)	(−0. 086)
Balance	0. 032 ***	0. 034
	(4. 034)	(0. 704)
INST	−0. 027 *	−0. 161 *
	(−1. 827)	(−1. 856)
Big4	0. 104 ***	0. 390 ***
	(8. 872)	(6. 303)
_cons	0. 728 ***	5. 977 ***
	(10. 093)	(14. 176)
Industry	Yes	Yes
Year	Yes	Yes
N	17948	17948
adj. R^2	0. 118	0. 130
F	30. 576	26. 261

注：括号内为 t 统计量，*、**、*** 分别表示在 10%、5%、1% 的水平下显著。

资料来源：笔者整理。

为增加结果的可靠性，本书将更换为四指标维度战略变革的测度方式带入调节效应检验模型中，表4-7汇报了更换为四指标测度战略变革的测度方式在调节效应中的稳健性检验结果。根据调节效应回归检验结果可知，CEO 任职经历与董事会权力 Board_Power（$\beta = -0.016$，$p < 0.01$；$\beta = -0.105$，$p < 0.01$）、组织资源冗余 Slack（$\beta = 0.074$，$p < 0.01$；$\beta = 0.683$，$p < 0.01$）以及经济政策不确定性 EPU_CN（$\beta = 0.091$，$p < 0.05$；$\beta = 0.611$，$p < 0.05$）的交互项系数均显著，该结果与表4-5汇报的结果相吻合，说明检验结果具有稳健性。

表4-7　更换为"四指标"维度战略变革的测度方式——调节效应

变量	(1) Strategy_DEV_4	(2) Strategy_VAR_4	(3) Strategy_DEV_4	(4) Strategy_VAR_4	(5) Strategy_DEV_4	(6) Strategy_VAR_4
Career_exper	0.037 ***	0.269 ***	0.038 ***	0.275 ***	0.040 ***	0.289 ***
	(5.728)	(6.969)	(5.854)	(7.158)	(6.174)	(7.572)
Board_Power	0.009 ***	−0.011				
	(3.811)	(−0.819)				
Career_exper× Board_Power	−0.016 ***	−0.105 ***				
	(−3.025)	(−3.717)				
Slack			0.067 ***	0.401 ***		
			(5.793)	(5.548)		
Career_exper×Slack			0.074 ***	0.683 ***		
			(2.880)	(3.785)		
EPU_CN					0.060 ***	0.299 ***
					(3.358)	(2.910)
Career_exper× EPU_CN					0.091 **	0.611 **
					(2.121)	(2.473)
Size	−0.018 ***	−0.372 ***	−0.018 ***	−0.372 ***	−0.015 ***	−0.345 ***
	(−5.613)	(−18.559)	(−5.610)	(−18.624)	(−4.779)	(−17.853)
Lev	0.288 ***	1.346 ***	0.294 ***	1.374 ***	0.275 ***	1.243 ***
	(14.657)	(10.773)	(14.949)	(10.933)	(14.369)	(10.215)
ROA	−0.945 ***	−4.037 ***	−0.944 ***	−4.058 ***	−0.956 ***	−4.254 ***
	(−11.802)	(−9.315)	(−11.783)	(−9.374)	(−12.078)	(−10.041)
Cashflow	−0.035	−0.996 ***	−0.023	−0.935 ***	−0.075	−1.157 ***
	(−0.717)	(−3.313)	(−0.469)	(−3.112)	(−1.555)	(−3.889)

续表

变量	(1) Strategy_ DEV_4	(2) Strategy_ VAR_4	(3) Strategy_ DEV_4	(4) Strategy_ VAR_4	(5) Strategy_ DEV_4	(6) Strategy_ VAR_4
Growth	0.024*** (4.310)	0.426*** (10.036)	0.024*** (4.237)	0.425*** (10.072)	0.024*** (4.378)	0.420*** (9.978)
Board	0.000 (0.003)	0.056 (0.760)	0.001 (0.107)	0.061 (0.832)	0.002 (0.110)	0.043 (0.583)
Indep	0.236*** (4.435)	1.066*** (3.669)	0.233*** (4.358)	1.005*** (3.468)	0.276*** (5.252)	1.251*** (4.349)
Dual	0.006 (0.659)	−0.004 (−0.080)	0.006 (0.693)	0.000 (0.006)	0.008 (0.967)	0.018 (0.359)
SOE	−0.040*** (−5.747)	−0.347*** (−8.057)	−0.040*** (−5.650)	−0.344*** (−8.000)	−0.048*** (−7.024)	−0.404*** (−9.627)
ListAge	0.050*** (10.333)	0.317*** (11.124)	0.050*** (10.488)	0.325*** (11.404)	0.055*** (12.084)	0.369*** (13.352)
Top1	0.066** (2.152)	0.029 (0.158)	0.087*** (2.864)	−0.006 (−0.031)	0.071** (2.327)	−0.094 (−0.518)
Balance	0.034*** (4.308)	0.029 (0.617)	0.033*** (4.099)	0.037 (0.782)	0.033*** (4.109)	0.045 (0.941)
INST	−0.031** (−2.031)	−0.158* (−1.827)	−0.028* (−1.842)	−0.164* (−1.892)	−0.002 (−0.113)	−0.019 (−0.228)
Big4	0.105*** (8.905)	0.394*** (6.380)	0.107*** (9.096)	0.411*** (6.635)	0.098*** (8.282)	0.341*** (5.556)
_cons	0.734*** (10.180)	5.944*** (14.074)	0.698*** (9.658)	5.807*** (13.788)	0.627*** (8.478)	5.285*** (12.282)
Industry	Yes	Yes	Yes	Yes	Yes	Yes
Year	Yes	Yes	Yes	Yes	No	No
N	17948	17948	17948	17948	17948	17948
adj. R^2	0.119	0.131	0.120	0.134	0.113	0.128
F	29.590	25.232	29.842	25.621	36.273	32.137

注：括号内为 t 统计量，*、**、***分别表示在10%、5%、1%的水平下显著。

资料来源：笔者整理。

（二）CEO 任职经历替代指标检验

考虑到 CEO 任职经历作为本书的另一个关键核心变量，本书将通过以下两种方式替代该变量以提高研究结论的稳健性：

第一，采用因子分析法，对 CEO 任职经历六指标维度重新进行综合指标构建，再将其带入回归模型进行检验。通过因子分析对 CEO 任职经历多指标维度采取降维处理，在此基础上，以特征根大于 1 且累计方差贡献率高于 70% 的因子为选取标准，提取其中具有较强解释力的成分因子，进而构建新的 CEO 任职经历指数（Career_exper_fac），并将其作为解释变量引入回归模型重新检验本书的研究假设，详见表 4-8 的稳健性检验结果，其中，模型（1）的被解释变量为战略背离 Strategy_DEV，模型（2）的被解释变量为战略变动 Strategy_VAR。根据模型（1）和模型（2）的回归结果，CEO 任职经历 Career_exper_fac 与战略背离 Strategy_DEV、战略变动 Strategy_VAR 均显著正相关（$\beta = 0.044$，$p<0.01$；$\beta = 0.387$，$p<0.01$），再次说明具有丰富任职经历的 CEO 对公司战略变革具有正向促进作用。

表 4-8　替换 CEO 任职经历测度方式——主效应

变量	(1) Strategy_DEV	(2) Strategy_VAR
Career_exper_fac	0.044*** (5.833)	0.387*** (7.721)
Size	−0.016*** (−5.421)	−0.444*** (−19.236)
Lev	0.251*** (14.661)	1.563*** (10.772)
ROA	−1.041*** (−13.683)	−4.807*** (−10.147)
Cashflow	0.025 (0.568)	−1.216*** (−3.480)
Growth	0.020*** (4.271)	0.497*** (10.014)
Board	0.004 (0.345)	0.105 (1.148)
Indep	0.187*** (3.968)	0.989*** (2.818)

变量	(1) Strategy_ DEV	(2) Strategy_ VAR
Dual	−0. 004	−0. 101*
	(−0. 586)	(−1. 784)
SOE	−0. 036***	−0. 394***
	(−5. 546)	(−7. 998)
ListAge	0. 040***	0. 382***
	(8. 883)	(11. 561)
Top1	0. 083***	0. 090
	(3. 014)	(0. 429)
Balance	0. 032***	0. 076
	(4. 349)	(1. 368)
INST	−0. 018	−0. 186*
	(−1. 277)	(−1. 863)
Big4	0. 091***	0. 395***
	(8. 413)	(5. 790)
_cons	0. 685***	7. 292***
	(10. 707)	(14. 631)
Industry	Yes	Yes
Year	Yes	Yes
N	17948	17948
adj. R^2	0. 123	0. 132
F	31. 305	27. 330

注：括号内为 t 统计量，*、**、***分别表示在10%、5%、1%的水平下显著。
资料来源：笔者整理。

为进一步增加结果的可靠性，本书将替换 CEO 任职经历测度方式带入调节效应检验模型中，表4-9汇报了替换 CEO 任职经历测度方式在调节效应中的稳健性检验结果。根据调节效应回归检验结果可知，CEO 任职经历与董事会权力 Board_ Power（$\beta=-0.018$，$p<0.01$；$\beta=-0.097$，$p<0.05$）、组织资源冗余 Slack（$\beta=0.106$，$p<0.01$；$\beta=0.506$，$p<0.05$）以及经济政策不确定性 EPU_ CN（$\beta=0.159$，$p<0.01$；$\beta=1.200$，$p<0.01$）的交互项系数全部通过了显著性检验，该结果与表4-5汇报的结果相吻合，说明检验结果具有稳健性。

表 4-9 替换 CEO 任职经历测度方式——调节效应

变量	(1) Strategy_DEV	(2) Strategy_VAR	(3) Strategy_DEV	(4) Strategy_VAR	(5) Strategy_DEV	(6) Strategy_VAR
Career_exper_fac	0.044***	0.386***	0.045***	0.393***	0.048***	0.424***
	(5.795)	(7.710)	(6.009)	(7.799)	(6.363)	(8.541)
Board_Power	0.013***	0.005				
	(5.538)	(0.294)				
Career_exper_fac× Board_Power	−0.018***	−0.097**				
	(−2.786)	(−2.450)				
Slack			0.061***	0.435***		
			(5.764)	(5.249)		
Career_exper_fac× Slack			0.106***	0.506**		
			(3.227)	(2.238)		
EPU_CN					0.045***	0.243**
					(2.658)	(1.994)
Career_exper_fac× EPU_CN					0.159***	1.200***
					(3.006)	(3.462)
Size	−0.016***	−0.444***	−0.016***	−0.443***	−0.013***	−0.410***
	(−5.402)	(−19.239)	(−5.419)	(−19.219)	(−4.627)	(−18.335)
Lev	0.249***	1.563***	0.255***	1.596***	0.239***	1.437***
	(14.506)	(10.770)	(14.862)	(10.946)	(14.287)	(10.190)
ROA	−1.042***	−4.794***	−1.041***	−4.806***	−1.044***	−5.052***
	(−13.725)	(−10.127)	(−13.698)	(−10.170)	(−13.951)	(−10.888)
Cashflow	0.022	−1.221***	0.034	−1.152***	−0.013	−1.392***
	(0.495)	(−3.494)	(0.768)	(−3.297)	(−0.301)	(−4.023)
Growth	0.020***	0.497***	0.020***	0.497***	0.021***	0.491***
	(4.339)	(10.005)	(4.252)	(10.020)	(4.535)	(9.948)
Board	0.003	0.103	0.005	0.108	0.006	0.091
	(0.236)	(1.123)	(0.388)	(1.178)	(0.466)	(1.005)
Indep	0.182***	0.995***	0.182***	0.954***	0.220***	1.241***
	(3.878)	(2.833)	(3.858)	(2.719)	(4.702)	(3.560)
Dual	−0.005	−0.102*	−0.004	−0.096*	−0.002	−0.078
	(−0.593)	(−1.808)	(−0.487)	(−1.709)	(−0.309)	(−1.389)

续表

变量	(1) Strategy_DEV	(2) Strategy_VAR	(3) Strategy_DEV	(4) Strategy_VAR	(5) Strategy_DEV	(6) Strategy_VAR
SOE	−0.036***	−0.395***	−0.035***	−0.392***	−0.043***	−0.462***
	(−5.646)	(−8.018)	(−5.494)	(−7.966)	(−6.693)	(−9.590)
ListAge	0.040***	0.381***	0.041***	0.389***	0.044***	0.446***
	(8.996)	(11.522)	(9.123)	(11.777)	(10.363)	(13.968)
Top1	0.054*	0.091	0.085***	0.099	0.069**	−0.004
	(1.945)	(0.422)	(3.078)	(0.472)	(2.493)	(−0.018)
Balance	0.035***	0.076	0.032***	0.079	0.032***	0.090
	(4.771)	(1.356)	(4.409)	(1.411)	(4.348)	(1.615)
INST	−0.022	−0.190*	−0.018	−0.186*	0.004	−0.025
	(−1.602)	(−1.899)	(−1.283)	(−1.863)	(0.299)	(−0.254)
Big4	0.091***	0.403***	0.094***	0.414***	0.085***	0.332***
	(8.523)	(5.897)	(8.711)	(6.058)	(7.846)	(4.910)
_cons	0.697***	7.292***	0.660***	7.099***	0.584***	6.408***
	(10.902)	(14.602)	(10.280)	(14.231)	(8.764)	(12.645)
Industry	Yes	Yes	Yes	Yes	Yes	Yes
Year	Yes	Yes	Yes	Yes	No	No
N	17948	17948	17948	17948	17948	17948
adj. R^2	0.126	0.133	0.126	0.134	0.119	0.130
F	30.592	26.228	30.758	26.509	36.577	33.597

注：括号内为 t 统计量，*、**、***分别表示在10%、5%、1%的水平下显著。

资料来源：笔者整理。

　　第二，剔除组织机构数、过往任职 CEO 经历以及海外经历的样本，仅保留 CEO 之前任职过的职业背景数、行业数以及公司数，并将上述三个维度数据相加。Crossland 等（2014）认为，CEO 在成为焦点公司 CEO 之前，其就任过的不同职能部门、行业以及公司是其职业经历指数的重要组成部分。此外，相关学者在研究中也强调了个体在不同行业、公司及职能部门的任职经历对于塑造个体特征具有关键影响力（Hambrick & Mason，1984）。综上，本书结合已有学者的做法和建议，选取原先 CEO 任职经历中的职业背景数、行业数以及公司数，对组织机构数、过往任职 CEO 经历以及海外经历的样本予以剔除，进而构建新的 CEO 任职经历指数（Career_exper_G），使用其作为新的解释变量重新检验本书提出的研究假设。表 4-10 汇报了剔除过往任职组织机构数、过往任职 CEO 经历以及海外经历的 CEO 样本的稳健性检验结果。根据模型（1）和模型（2）的回归结果，CEO 任职经历 Career_ exper_ G 与战略背离 Strategy_ DEV、战略变动 Strategy_ VAR 均显著正相关（$\beta = 0.007$，$p<0.01$；$\beta = 0.057$，$p<0.01$），说明具有丰富任职经历的 CEO 能够显著推动公司战略变革活动，该结果与表 4-4 的研究结论保持一致。

表 4-10　剔除部分样本后的 CEO 任职经历指标的测度方式——主回归

变量	（1） Strategy_ DEV	（2） Strategy_ VAR
Career_ exper_ G	0. 007 ***	0. 057 ***
	(7. 391)	(9. 031)
Size	-0. 015 ***	-0. 442 ***
	(-5. 353)	(-19. 154)
Lev	0. 249 ***	1. 546 ***
	(14. 548)	(10. 665)
ROA	-1. 039 ***	-4. 796 ***
	(-13. 697)	(-10. 156)
Cashflow	0. 030	-1. 181 ***
	(0. 671)	(-3. 382)
Growth	0. 020 ***	0. 494 ***
	(4. 198)	(9. 967)
Board	0. 004	0. 108
	(0. 367)	(1. 178)
Indep	0. 190 ***	1. 012 ***
	(4. 033)	(2. 885)
Dual	-0. 003	-0. 092
	(-0. 437)	(-1. 630)
SOE	-0. 037 ***	-0. 402 ***
	(-5. 686)	(-8. 183)
ListAge	0. 039 ***	0. 375 ***
	(8. 766)	(11. 380)
Top1	0. 084 ***	0. 100
	(3. 061)	(0. 475)
Balance	0. 033 ***	0. 084
	(4. 462)	(1. 501)

续表

变量	(1) Strategy_ DEV	(2) Strategy_ VAR
INST	−0.018	−0.188*
	(−1.313)	(−1.880)
Big4	0.091***	0.406***
	(8.481)	(5.969)
_ cons	0.632***	6.843***
	(9.863)	(13.706)
Industry	Yes	Yes
Year	Yes	Yes
N	17948	17948
adj. R^2	0.125	0.134
F	31.651	27.662

注：括号内为 t 统计量，＊、＊＊、＊＊＊分别表示在 10％、5％、1％的水平下显著。
资料来源：笔者整理。

　　为增加结果的可靠性，本书将职业背景数、行业数以及公司数作为构建 CEO 任职经历指数的测度方式带入调节效应检验模型中，表 4-11 汇报了剔除部分样本后的 CEO 任职经历指标构建的测度方式在调节效应中的稳健性检验结果。根据调节效应回归检验结果可知，CEO 任职经历与董事会权力 Board_ Power（$\beta = -0.002$，$p < 0.01$；$\beta = -0.017$，$p < 0.01$）、组织资源冗余 Slack（$\beta = 0.010$，$p < 0.05$；$\beta = 0.055$，$p < 0.05$）以及经济政策不确定性 EPU_ CN（$\beta = 0.018$，$p < 0.01$；$\beta = 0.146$，$p < 0.01$）的交互项系数均显著，该结果与表 4-5 汇报的结果相吻合，说明检验结果具有稳健性。

表 4-11　剔除部分样本后 CEO 任职经历测度方式——调节效应

变量	(1) Strategy_ DEV	(2) Strategy_ VAR	(3) Strategy_ DEV	(4) Strategy_ VAR	(5) Strategy_ DEV	(6) Strategy_ VAR
Career_ exper_ G	0.007***	0.056***	0.007***	0.058***	0.007***	0.061***
	(7.306)	(9.015)	(7.538)	(9.108)	(7.840)	(9.748)
Board_ Power	0.013***	0.004				
	(5.483)	(0.236)				
Career_ exper_ G× Board_ Power	−0.002***	−0.017***				
	(−2.794)	(−3.450)				

续表

变量	(1) Strategy_DEV	(2) Strategy_VAR	(3) Strategy_DEV	(4) Strategy_VAR	(5) Strategy_DEV	(6) Strategy_VAR
Slack			0.061*** (5.788)	0.437*** (5.274)		
Career_exper_G× Slack			0.010** (2.575)	0.055** (2.149)		
EPU_CN					0.043** (2.567)	0.235* (1.914)
Career_exper_G× EPU_CN					0.018*** (2.709)	0.146*** (3.291)
Size	−0.015*** (−5.267)	−0.440*** (−19.105)	−0.015*** (−5.313)	−0.441*** (−19.131)	−0.013*** (−4.580)	−0.408*** (−18.264)
Lev	0.247*** (14.399)	1.546*** (10.671)	0.253*** (14.747)	1.579*** (10.841)	0.237*** (14.194)	1.419*** (10.093)
ROA	−1.041*** (−13.737)	−4.781*** (−10.138)	−1.038*** (−13.699)	−4.791*** (−10.173)	−1.042*** (−13.954)	−5.041*** (−10.900)
Cashflow	0.026 (0.587)	−1.191*** (−3.413)	0.038 (0.857)	−1.121*** (−3.210)	−0.008 (−0.172)	−1.348*** (−3.898)
Growth	0.020*** (4.271)	0.495*** (9.967)	0.020*** (4.211)	0.495*** (9.986)	0.021*** (4.461)	0.488*** (9.904)
Board	0.003 (0.253)	0.105 (1.140)	0.005 (0.440)	0.113 (1.232)	0.006 (0.503)	0.095 (1.047)
Indep	0.187*** (3.972)	1.032*** (2.941)	0.185*** (3.918)	0.974*** (2.780)	0.222*** (4.751)	1.260*** (3.616)
Dual	−0.003 (−0.364)	−0.089 (−1.582)	−0.003 (−0.366)	−0.088 (−1.570)	−0.001 (−0.172)	−0.069 (−1.237)
SOE	−0.037*** (−5.729)	−0.400*** (−8.162)	−0.036*** (−5.652)	−0.400*** (−8.160)	−0.043*** (−6.827)	−0.471*** (−9.810)
ListAge	0.040*** (8.899)	0.374*** (11.358)	0.040*** (9.008)	0.383*** (11.598)	0.043*** (10.131)	0.437*** (13.697)
Top1	0.055** (1.995)	0.107 (0.494)	0.085*** (3.091)	0.105 (0.497)	0.070** (2.560)	0.009 (0.044)
Balance	0.036*** (4.920)	0.084 (1.518)	0.033*** (4.519)	0.086 (1.546)	0.032*** (4.473)	0.098* (1.771)

变量	（1）Strategy_DEV	（2）Strategy_VAR	（3）Strategy_DEV	（4）Strategy_VAR	（5）Strategy_DEV	（6）Strategy_VAR
INST	−0.023*	−0.195*	−0.018	−0.189*	0.003	−0.030
	（−1.667）	（−1.956）	（−1.337）	（−1.894）	（0.216）	（−0.304）
Big4	0.092***	0.413***	0.094***	0.422***	0.086***	0.345***
	（8.543）	（6.059）	（8.715）	（6.204）	（7.950）	（5.122）
_cons	0.639***	6.810***	0.603***	6.636***	0.531***	5.931***
	（9.978）	（13.614）	（9.385）	（13.289）	（7.967）	（11.677）
Industry	Yes	Yes	Yes	Yes	Yes	Yes
Year	Yes	Yes	Yes	Yes	No	No
N	17948	17948	17948	17948	17948	17948
adj. R^2	0.128	0.135	0.128	0.136	0.121	0.132
F	30.967	26.596	31.009	26.835	37.073	34.082

注：括号内为 t 统计量，*、**、***分别表示在 10%、5%、1%的水平下显著。
资料来源：笔者整理。

（三）控制 CEO 过度自信的影响

根据前期理论假设推导认为，任职经历丰富的 CEO 具有风险偏好意识和广泛的社会关系，能够提升公司风险承担水平和社会网络资源积累，因此更具有战略变革意愿和战略变革能力，从而推动公司战略变革活动的顺利开展。然而，根据现有学者的研究，可能存在另一种替代性解释，即具有丰富任职经历的 CEO 倾向于产生过度自信的心理（Faleye & Krishnan，2017），从而在个体行为中表现得更为激进和冒险，偏向于具有高风险的战略变革决策行为。过度自信是影响个体认知和决策行为的重要心理特征因素。因此，本书参照 Yuan 和 Wen（2018）、王铁男等（2017）的做法，将 CEO 过度自信作为控制变量进行稳健性检验。鉴于数据的可得性及数据量的考虑，本书参考魏哲海（2018）等学者的相关研究，利用管理者个人特征来构建 CEO 过度自信（Overconfidence）。主要从管理者性别、年龄、学历以及两职合一等个人特征维度，依据个体固有属性对其进行打分，以便得出全面而客观的综合分数。

具体来说：其一，性别分数。从心理学角度来看，男性相较于女性管理者来说，往往行事方式更为冒进，其过度自信程度也偏高。据此，当 CEO 为男性时得分为 1，反之为 0。其二，年龄分数。相较于年龄较小的 CEO，年长的 CEO 具有更为丰富的社会阅历，能够正视自身的能力大小，较少可能出现因盲目高估自身能力从而导致的决策误判。从这一角度来看，个体的年龄与其过度自信之间存在负相关关系。CEO 年龄分数为[max(Age)−Age]/[max(Age)−min(Age)]，其中 max(Age)为全部样本公司中 CEO 的最大年龄，min(Age)为全部样本公司中 CEO 年龄的最小值。其三，学历背景分数。已有研究指出个体受教育水平越高，其过度自信程度越高，这主要是由于个体倾向于相信自身能力能够帮助他们做出正确决策，因此，具有高学历的 CEO 往往其过度自信程度越高。据此，当 CEO 具有本科及以上学历时得分为 1，反之为 0。其四，两职兼任得分。若 CEO 和董事长为同一人时得分为 1，反之为 0。其五，将上述四个维度得分相加并取其算术平均数作为 CEO 过度自信综合得分，得分越高，意味着 CEO 过度自信程度越高。表 4-12 汇报了引入 CEO 过度自信作为控制变量带入主效应回归模型中进行稳健性检验的回归结果。由模型（1）和模型（2）可知，在控制 CEO 过度自信的影响后，CEO 任职经历 Career_exper 与战略背离 Strategy_DEV、战略变动 Strategy_VAR 仍显著正相关（$\beta = 0.033$，$p < 0.01$；$\beta = 0.290$，$p < 0.01$），说明 CEO 任职经历与公司战略变革之间的关系并不会受到 CEO 过度自信的影响，这一点与 Le 和 Kroll（2017）、Yuan 和 Wen（2018）的研究相一致。再次证实了具有丰富任职经历的 CEO 能够正向促进公司战略变革，研究结果具有稳健性。

表 4-12　引入 CEO 过度自信作为控制变量——主回归

变量	（1） Strategy_DEV	（2） Strategy_VAR
Career_exper	0.033***	0.290***
	(5.368)	(6.976)
Size	−0.015***	−0.442***
	(−5.351)	(−19.138)
Lev	0.250***	1.551***
	(14.599)	(10.654)
ROA	−1.042***	−4.804***
	(−13.669)	(−10.140)
Cashflow	0.029	−1.175***
	(0.643)	(−3.367)
Growth	0.020***	0.495***
	(4.249)	(9.985)
Board	0.004	0.101
	(0.293)	(1.101)

变量	(1) Strategy_DEV	(2) Strategy_VAR
Indep	0. 185 ***	0. 957 ***
	(3. 914)	(2. 726)
Dual	−0. 009	−0. 222 ***
	(−0. 844)	(−2. 902)
SOE	−0. 039 ***	−0. 430 ***
	(−5. 926)	(−8. 592)
ListAge	0. 038 ***	0. 366 ***
	(8. 583)	(11. 093)
Top1	0. 083 ***	0. 081
	(3. 011)	(0. 385)
Balance	0. 032 ***	0. 079
	(4. 410)	(1. 418)
INST	−0. 016	−0. 170 *
	(−1. 177)	(−1. 706)
Big4	0. 093 ***	0. 416 ***
	(8. 649)	(6. 114)
Overconfidence	0. 014 **	0. 204 ***
	(2. 201)	(4. 448)
_cons	0. 647 ***	6. 787 ***
	(9. 844)	(13. 311)
Industry	Yes	Yes
Year	Yes	Yes
N	17948	17948
adj. R^2	0. 123	0. 133
F	30. 771	27. 020

注：括号内为 t 统计量，＊、＊＊、＊＊＊分别表示在10%、5%、1%的水平下显著。

资料来源：笔者整理。

表4-13汇报了在控制 CEO 过度自信影响之后针对调节效应的稳健性检验结果。根据调节效应回归检验结果可知，CEO 任职经历与董事会权力 Board_Power（$\beta = -0.019$，$p < 0.01$；$\beta = -0.113$，$p < 0.01$）、组织资源冗余 Slack（$\beta = 0.099$，

$p<0.01$；$\beta=0.371$，$p<0.05$）以及经济政策不确定性 EPU_ CN（$\beta=0.179$，$p<0.01$；$\beta=1.091$，$p<0.01$）的交互项系数全部通过了显著性检验，该结果与表4-5 汇报的结果相吻合，说明检验结果具有稳健性。

表 4-13 引入 CEO 过度自信作为控制变量——调节效应

变量	(1) Strategy_ DEV	(2) Strategy_ VAR	(3) Strategy_ DEV	(4) Strategy_ VAR	(5) Strategy_ DEV	(6) Strategy_ VAR
Career_ exper	0.033***	0.289***	0.034***	0.294***	0.036***	0.315***
	(5.355)	(6.961)	(5.524)	(7.058)	(5.781)	(7.642)
Board_Power	0.013***	0.008				
	(5.696)	(0.494)				
Career_ exper× Board_Power	−0.019***	−0.113***				
	(−3.617)	(−3.556)				
Slack			0.061***	0.441***		
			(5.829)	(5.302)		
Career_ exper× Slack			0.099***	0.371**		
			(3.820)	(2.161)		
EPU_ CN					0.044***	0.225*
					(2.704)	(1.884)
Career_ exper× EPU_ CN					0.179***	1.091***
					(4.017)	(3.628)
Size	−0.015***	−0.441***	−0.015***	−0.441***	−0.013***	−0.408***
	(−5.307)	(−19.131)	(−5.353)	(−19.126)	(−4.547)	(−18.247)
Lev	0.248***	1.552***	0.255***	1.586***	0.238***	1.424***
	(14.445)	(10.661)	(14.825)	(10.837)	(14.233)	(10.070)
ROA	−1.044***	−4.793***	−1.043***	−4.804***	−1.047***	−5.057***
	(−13.723)	(−10.134)	(−13.694)	(−10.167)	(−13.950)	(−10.896)
Cashflow	0.026	−1.179***	0.038	−1.110***	−0.011	−1.364***
	(0.580)	(−3.380)	(0.846)	(−3.181)	(−0.259)	(−3.948)
Growth	0.020***	0.496***	0.020***	0.496***	0.021***	0.490***
	(4.328)	(9.985)	(4.226)	(9.997)	(4.524)	(9.936)
Board	0.002	0.099	0.004	0.104	0.005	0.085
	(0.184)	(1.075)	(0.343)	(1.131)	(0.399)	(0.937)

续表

变量	(1) Strategy_DEV	(2) Strategy_VAR	(3) Strategy_DEV	(4) Strategy_VAR	(5) Strategy_DEV	(6) Strategy_VAR
Indep	0.181***	0.968***	0.179***	0.920***	0.217***	1.212***
	(3.845)	(2.760)	(3.793)	(2.624)	(4.653)	(3.483)
Dual	−0.009	−0.218***	−0.008	−0.215***	−0.005	−0.183**
	(−0.867)	(−2.854)	(−0.719)	(−2.820)	(−0.477)	(−2.413)
SOE	−0.039***	−0.431***	−0.038***	−0.428***	−0.046***	−0.501***
	(−6.047)	(−8.612)	(−5.873)	(−8.564)	(−7.129)	(−10.227)
ListAge	0.039***	0.366***	0.039***	0.374***	0.043***	0.431***
	(8.715)	(11.087)	(8.830)	(11.311)	(10.093)	(13.500)
Top1	0.054*	0.081	0.084***	0.088	0.069**	−0.014
	(1.947)	(0.374)	(3.067)	(0.417)	(2.491)	(−0.065)
Balance	0.036***	0.080	0.033***	0.082	0.032***	0.094*
	(4.859)	(1.435)	(4.490)	(1.469)	(4.425)	(1.682)
INST	−0.021	−0.174*	−0.017	−0.171*	0.007	0.001
	(−1.492)	(−1.742)	(−1.210)	(−1.717)	(0.504)	(0.007)
Big4	0.093***	0.420***	0.096***	0.432***	0.087***	0.353***
	(8.679)	(6.168)	(8.934)	(6.353)	(8.091)	(5.243)
Overconfidence	0.015**	0.203***	0.014**	0.202***	0.013**	0.196***
	(2.349)	(4.428)	(2.150)	(4.416)	(2.045)	(4.304)
_cons	0.654***	6.773***	0.622***	6.590***	0.550***	5.953***
	(9.964)	(13.273)	(9.432)	(12.916)	(8.137)	(11.607)
Industry	Yes	Yes	Yes	Yes	Yes	Yes
Year	Yes	Yes	Yes	Yes	No	No
N	17948	17948	17948	17948	17948	17948
adj. R^2	0.126	0.133	0.126	0.135	0.119	0.131
F	30.231	25.982	30.326	26.197	35.820	32.979

注：括号内为 t 统计量，*、**、***分别表示在10%、5%、1%的水平下显著。

资料来源：笔者整理。

（四）其他稳健性检验

除了对解释变量和被解释变量的一系列稳健性检验外，本书进一步对调节变量也采取了相应的替代性指标检验，以增加本书结果的可靠性。具体如下：第一，更换董事会权力的测度方法。参照先前学者的研究成果（尹翠芳等，2011；孟祥展等，2018），本书在四维度四指标的基础上，结合中国管理实践，进一步将其细化为四维度六指标。具体来说，结构权力和所有权权力的测度不变，分别由独立董事占比和董事会持股比例来衡量。对于专家权力，通过董事会中拥有高学历和高级职称董事的占比之和测度；对于声誉权力，考虑到中国管理情境，高层管理者除了拥有不同公司既定的管理职位外，还可能曾就任于政府职务，或者曾经担任各级人大代表或政协委员，这些职位往往在社会中享有较高的声誉。据此，本书选用政治关联董事占比（即董事当前或过去就任过政府职务、人大代表以及政协委员的人数占董事会总数的比例）、连锁董事占比（即曾经或者现在为多席位董事的人数占董事会总数的比例）来衡量董事会声誉权力。通过将上述六个指标进行标准化加总后得到新的综合的董事会权力指标（Board_Power_new），该指标值越大，意味着权力越大，董事会对公司各项战略决策的影响力也越大。

表 4-14 汇报了更换董事会权力度量方法后的稳健性检验结果。根据回归结果可知，CEO 任职经历与董事会权力 Board_Power_new（$\beta = -0.015$，$p < 0.01$；$\beta = -0.099$，$p < 0.01$）的交互项系数均显著，该结果与表 4-5 汇报的结果相吻合，说明检验结果具有稳健性。

表 4-14　替换董事会权力 Board_Power 测度方式——调节效应

变量	(1) Strategy_DEV	(2) Strategy_VAR
Career_exper	0.041 *** (6.224)	0.339 *** (7.739)
Board_Power_new	-0.012 *** (-6.013)	-0.068 *** (-5.060)
Career_exper×Board_Power_new	-0.015 *** (-3.567)	-0.099 *** (-3.931)
Size	-0.015 *** (-5.226)	-0.440 *** (-19.122)
Lev	0.250 *** (14.747)	1.558 *** (10.778)
ROA	-1.042 *** (-13.763)	-4.823 *** (-10.220)

续表

变量	(1) Strategy_DEV	(2) Strategy_VAR
Cashflow	0.031	−1.178 ***
	(0.700)	(−3.372)
Growth	0.020 ***	0.498 ***
	(4.299)	(10.037)
Board	0.002	0.092
	(0.187)	(1.004)
Indep	0.176 ***	0.916 ***
	(3.716)	(2.610)
Dual	0.008	0.003
	(1.020)	(0.048)
SOE	−0.039 ***	−0.413 ***
	(−5.976)	(−8.372)
ListAge	0.030 ***	0.328 ***
	(6.546)	(9.696)
Top1	0.080 ***	0.077
	(2.917)	(0.365)
Balance	0.034 ***	0.091
	(4.651)	(1.626)
INST	0.023	0.055
	(1.504)	(0.502)
Big4	0.097 ***	0.443 ***
	(9.010)	(6.520)
_cons	0.676 ***	7.220 ***
	(10.574)	(14.492)
Industry	Yes	Yes
Year	Yes	Yes
N	17948	17948
adj. R^2	0.126	0.134
F	30.703	26.439

注：括号内为 t 统计量，*、**、*** 分别表示在 10%、5%、1% 的水平下显著。

资料来源：笔者整理。

第二，更换组织资源冗余的测度方式。本书参照 Smith 和 Hou（2015）的做法，利用现金流与公司总资产的比值作为冗余资源新的衡量方式，并记为 Slack_new。现金流与总资产之间的比值越大，代表组织内当前资源冗余程度越高。表4-15 汇报了基于更换组织资源冗余度量方法后的稳健性检验结果。根据回归结果可知，CEO 任职经历与组织冗余资源 Slack_new（$\beta = 0.030$，$p<0.05$；$\beta = 0.178$，$p<0.1$）的交互项系数均显著，该结果与表4-5 汇报的结果相吻合，说明检验结果具有稳健性。

表 4-15　替换组织资源冗余 Slack 测度方式——调节效应

变量	(1) Strategy_DEV	(2) Strategy_VAR
Career_exper	0.033 ***	0.319 ***
	(6.531)	(8.096)
Slack_new	0.067 ***	0.444 ***
	(5.552)	(5.696)
Career_exper×Slack_new	0.030 **	0.178 *
	(2.051)	(1.921)
Size	−0.015 ***	−0.451 ***
	(−5.945)	(−24.837)
Lev	0.251 ***	1.619 ***
	(23.091)	(24.048)
ROA	−1.053 ***	−5.609 ***
	(−24.919)	(−18.224)
Cashflow	−0.024	−1.290 ***
	(−0.626)	(−4.563)
Growth	0.020 ***	0.502 ***
	(5.773)	(19.177)
Board	0.003	0.087
	(0.244)	(0.966)
Indep	0.183 ***	1.055 ***
	(3.918)	(2.950)
Dual	0.007	−0.021
	(0.896)	(−0.356)

变量	（1）Strategy_DEV	（2）Strategy_VAR
SOE	-0.037***	-0.372***
	(-5.866)	(-7.676)
ListAge	0.037***	0.406***
	(8.081)	(11.103)
Top1	0.083***	0.022
	(3.076)	(0.105)
Balance	0.033***	0.056
	(4.959)	(1.080)
INST	-0.016	-0.096
	(-1.119)	(-0.873)
Big4	0.092***	0.456***
	(8.740)	(5.694)
_cons	0.668***	7.300***
	(11.195)	(16.128)
Industry	Yes	Yes
Year	Yes	Yes
N	17945	17945
adj. R^2	0.125	0.165
F	53.165	73.536

注：括号内为 t 统计量，*、**、***分别表示在10%、5%、1%的水平下显著。

资料来源：笔者整理。

第三，将经济政策不确定性滞后一期。参考万赫等（2021）的研究，本书对经济政策不确定性滞后一期（EPU_CN1），以缓解可能的内生性影响，并将其加入模型进行回归。表4-16汇报了基于滞后一期经济政策不确定性的稳健性检验结果。根据回归结果可知，CEO 任职经历与滞后一期的经济政策不确定性 EPU_CN1（$\beta=0.147$，$p<0.01$；$\beta=0.917$，$p<0.01$）的交互项系数均显著，该结果与表4-5汇报的结果相吻合，说明检验结果具有稳健性。

表 4-16　将经济政策不确定性 **EPU_CN** 滞后一期——调节效应

变量	(1) Strategy_DEV	(2) Strategy_VAR
Career_exper	0.036***	0.319***
	(7.036)	(8.271)
EPU_CN1	0.121***	0.351***
	(7.953)	(3.088)
Career_exper×EPU_CN1	0.147***	0.917***
	(3.882)	(3.224)
Size	−0.012***	−0.406***
	(−5.251)	(−22.842)
Lev	0.241***	1.434***
	(21.698)	(17.222)
ROA	−1.058***	−5.131***
	(−24.838)	(−16.074)
Cashflow	−0.005	−1.503***
	(−0.128)	(−5.389)
Growth	0.022***	0.487***
	(6.168)	(17.847)
Board	0.001	0.114
	(0.076)	(1.210)
Indep	0.203***	1.148***
	(4.198)	(3.167)
Dual	0.004	−0.003
	(0.538)	(−0.059)
SOE	−0.042***	−0.477***
	(−6.657)	(−10.072)
ListAge	0.044***	0.437***
	(9.817)	(13.168)
Top1	0.062**	−0.056
	(2.241)	(−0.271)
Balance	0.030***	0.079
	(4.401)	(1.557)

续表

变量	(1) Strategy_DEV	(2) Strategy_VAR
INST	−0.007 (−0.515)	−0.037 (−0.346)
Big4	0.090*** (8.394)	0.370*** (4.621)
_cons	0.497*** (8.064)	6.249*** (13.537)
Industry	Yes	Yes
Year	Yes	Yes
N	17286	17286
adj. R^2	0.121	0.129
F	67.193	71.801

注：括号内为 t 统计量，*、**、*** 分别表示在 10%、5%、1% 的水平下显著。

资料来源：笔者整理。

综合以上所有模型回归检验结果可知，在更换董事会权力、组织冗余指标测度以及滞后一期经济政策不确定性指标后，本书的研究结果仍然获得了稳健的支持。

（五）倾向得分匹配样本检验

考虑到 CEO 任职经历与公司战略变革之间存在反向因果等内生性问题，公司在决定是否聘任具有丰富任职经历的 CEO 时，也会充分考虑 CEO 的过往任职背景及任职经历是否与本公司未来发展相符，即公司特征会影响 CEO 的选聘。鉴于此，本书尝试采取倾向得分匹配检验以控制这一内生性问题（Rosenbaum & Rubin，1983）。倾向得分匹配法的基本思想是：首先，将研究样本按照 CEO 任职经历是否大于同年度同行业样本中位数（CEO Experience_M）作为划分依据，将全部样本划分为处理组和控制组。在研究中，将 CEO 任职经历大于中位数的记为任职经历丰富的处理组，取值为 1，反之则为控制组，记为 0。其次，采用 Logit 回归模型计算倾向得分，根据上文选取的 CEO 相关变量以及公司特征变量作为匹配变量，选择最近邻匹配方法进行一对一得分匹配。最终配对成功的样本观测值为 17258。最后，将匹配后的样本数据再次进行回归检验，表 4-17 汇报了匹配后样本数据带入主效应模型的回归检验结果。由模型（1）和模型（2）可知，Career_exper 的回归系数仍然显著为正（$\beta = 0.029$，$p < 0.01$；$\beta = 0.279$，$p < 0.01$），这说明在使用倾向得分匹配方法控制样本选择性偏差后，CEO

任职经历的丰富程度能够促进公司战略变革，说明这一结论是稳健的。

表 4-17 倾向得分匹配 PSM——主效应

变量	(1) Strategy_DEV	(3) Strategy_VAR
Career_exper	0.029 ***	0.279 ***
	(4.556)	(6.512)
Size	-0.017 ***	-0.453 ***
	(-5.598)	(-18.905)
Lev	0.256 ***	1.583 ***
	(14.851)	(10.754)
ROA	-1.004 ***	-4.811 ***
	(-13.138)	(-9.997)
Cashflow	0.005	-1.229 ***
	(0.105)	(-3.460)
Growth	0.021 ***	0.497 ***
	(4.347)	(9.813)
Board	0.002	0.117
	(0.183)	(1.232)
Indep	0.196 ***	0.961 ***
	(4.019)	(2.630)
Dual	0.003	-0.019
	(0.358)	(-0.321)
SOE	-0.039 ***	-0.418 ***
	(-5.883)	(-8.272)
ListAge	0.042 ***	0.394 ***
	(9.007)	(11.223)
Top1	0.087 ***	0.120
	(3.109)	(0.555)
Balance	0.032 ***	0.082
	(4.261)	(1.436)
INST	-0.022	-0.165
	(-1.571)	(-1.602)

续表

变量	(1) Strategy_DEV	(3) Strategy_VAR
Big4	0.099***	0.465***
	(7.830)	(5.599)
_cons	0.687***	7.351***
	(10.529)	(14.273)
Industry	Yes	Yes
Year	Yes	Yes
N	17258	17258
adj. R^2	0.124	0.132
F	30.594	26.071

注：括号内为 t 统计量，*、**、*** 分别表示在 10%、5%、1%的水平下显著。

资料来源：笔者整理。

本书将利用 PSM 配对成功的样本带入调节效应检验模型中，表 4-18 汇报了配对成功的样本在调节效应中的稳健性检验结果。根据调节效应回归检验结果可知，CEO 任职经历与董事会权力 Board_Power（$\beta = -0.021$, $p < 0.01$；$\beta = -0.116$, $p < 0.01$）、组织资源冗余 Slack（$\beta = 0.095$, $p < 0.01$；$\beta = 0.333$, $p < 0.1$）以及经济政策不确定性 EPU_CN（$\beta = 0.150$, $p < 0.01$；$\beta = 0.995$, $p < 0.01$）的交互项系数均显著，该结果与表 4-5 汇报的结果相吻合，说明检验结果具有稳健性。

表 4-18　倾向得分匹配 PSM——调节效应

变量	(1) Strategy_DEV	(2) Strategy_VAR	(3) Strategy_DEV	(4) Strategy_VAR	(5) Strategy_DEV	(6) Strategy_VAR
Career_exper	0.029***	0.276***	0.029***	0.280***	0.032***	0.305***
	(4.505)	(6.476)	(4.639)	(6.548)	(5.002)	(7.195)
Board_Power	0.013***	0.006				
	(5.539)	(0.337)				
Career_exper× Board_Power	-0.021***	-0.116***				
	(-3.841)	(-3.474)				
Slack			0.063***	0.428***		
			(5.818)	(5.032)		

续表

变量	(1) Strategy_DEV	(2) Strategy_VAR	(3) Strategy_DEV	(4) Strategy_VAR	(5) Strategy_DEV	(6) Strategy_VAR
Career_exper× Slack			0.095 *** (3.666)	0.333 * (1.920)		
EPU_CN					0.039 ** (2.323)	0.222 * (1.786)
Career_exper× EPU_CN					0.150 *** (3.290)	0.995 *** (3.192)
Size	−0.016 *** (−5.551)	−0.452 *** (−18.896)	−0.017 *** (−5.602)	−0.452 *** (−18.886)	−0.013 *** (−4.582)	−0.418 *** (−18.014)
Lev	0.255 *** (14.707)	1.584 *** (10.767)	0.261 *** (15.062)	1.616 *** (10.917)	0.242 *** (14.359)	1.451 *** (10.163)
ROA	−1.005 *** (−13.188)	−4.799 *** (−9.993)	−1.005 *** (−13.174)	−4.815 *** (−10.030)	−1.014 *** (−13.477)	−5.076 *** (−10.763)
Cashflow	0.001 (0.026)	−1.232 *** (−3.467)	0.014 (0.302)	−1.169 *** (−3.289)	−0.036 (−0.798)	−1.419 *** (−4.035)
Growth	0.021 *** (4.441)	0.497 *** (9.811)	0.021 *** (4.350)	0.497 *** (9.835)	0.021 *** (4.561)	0.490 *** (9.753)
Board	0.001 (0.064)	0.114 (1.198)	0.003 (0.213)	0.118 (1.244)	0.003 (0.234)	0.100 (1.066)
Indep	0.190 *** (3.931)	0.958 *** (2.625)	0.190 *** (3.908)	0.928 ** (2.542)	0.232 *** (4.833)	1.237 *** (3.416)
Dual	0.003 (0.439)	−0.016 (−0.273)	0.004 (0.463)	−0.015 (−0.252)	0.006 (0.773)	0.013 (0.218)
SOE	−0.039 *** (−5.977)	−0.418 *** (−8.281)	−0.038 *** (−5.812)	−0.415 *** (−8.233)	−0.047 *** (−7.233)	−0.489 *** (−9.901)
ListAge	0.042 *** (9.112)	0.393 *** (11.208)	0.043 *** (9.213)	0.401 *** (11.404)	0.047 *** (10.696)	0.460 *** (13.491)
Top1	0.057 ** (2.020)	0.122 (0.552)	0.088 *** (3.150)	0.124 (0.575)	0.072 ** (2.575)	0.023 (0.108)
Balance	0.035 *** (4.729)	0.083 (1.456)	0.032 *** (4.336)	0.085 (1.482)	0.032 *** (4.343)	0.098 * (1.716)
INST	−0.027 * (−1.897)	−0.171 * (−1.653)	−0.023 (−1.635)	−0.169 (−1.637)	0.002 (0.163)	0.009 (0.090)

续表

变量	(1) Strategy_DEV	(2) Strategy_VAR	(3) Strategy_DEV	(4) Strategy_VAR	(5) Strategy_DEV	(6) Strategy_VAR
Big4	0.098 ***	0.463 ***	0.101 ***	0.475 ***	0.093 ***	0.409 ***
	(7.748)	(5.565)	(7.976)	(5.718)	(7.303)	(4.945)
_cons	0.697 ***	7.341 ***	0.661 ***	7.157 ***	0.581 ***	6.465 ***
	(10.700)	(14.231)	(10.104)	(13.890)	(8.610)	(12.471)
Industry	Yes	Yes	Yes	Yes	Yes	Yes
Year	Yes	Yes	Yes	Yes	No	No
N	17258	17258	17258	17258	17258	17258
adj. R^2	0.127	0.133	0.127	0.134	0.119	0.130
F	30.035	25.039	30.112	25.220	35.701	31.877

注：括号内为 t 统计量，*、**、*** 分别表示在 10%、5%、1% 的水平下显著。

资料来源：笔者整理。

第五节　本章小结

高阶梯队理论和资源依赖理论均认为，高管的个体特征会对公司的经营决策行为产生影响，而 CEO 作为公司关键决策主体，其个体过往丰富任职经历不仅能够塑造管理者自我认知模式，同时也能够为公司战略决策的制定与实施带来必要的丰富的社会网络资源（Custódio et al.，2019；Hambrick，2007）。本书以 2007~2020 年在中国沪深两市上市的所有 A 股非金融上市公司为研究对象，采用手工搜集和计算机 Python 程序等方式获取 CEO 任职经历综合数据集，同时借助资源分配的六个关键维度，分别从横向和纵向视角划分公司战略变革，即战略背离（行业层面）和战略变动（公司层面），实证检验了中国独特制度情境下的 CEO 任职经历对公司战略变革的影响，以及在不同情境下上述作用关系的差异化效应。主要研究结论如下：①CEO 任职经历丰富性越强，公司战略背离和战略变动越大，支持了 CEO 任职经历与公司战略变革正相关的假设，这是由于在动机方面，具有丰富任职经历的 CEO 倾向于实验和改变的个人倾向，而任职经历丰富性较低的 CEO 往往更加稳健，表现为渐进主义。②基于公司内外部治理要素的研究进一步发现，在董事会权力较小、组织资源冗余水平较高和经济环境不确定性较大的情境下，任职经历丰富程度更高的 CEO 所在公司的战略变革程度更高。在采用替代指标测度、引入可能遗漏变量作为控制变量、将变量滞后一期以及利用倾向得分匹配法等一系列稳健性检验方法后，CEO 任职经历对公司战略变革的促进作用仍然存在，公司内外部情境要素的调节作用依然显著。

基于 CEO 任职经历丰富性综合性指标的构建，本章进一步考察和检验了 CEO 任职经历丰富程度与公司战略变革之间的关系，不仅扩展了公司高管个人特征对公司战略决策行为的影响，而且对上市公司如何选择 CEO，将 CEO 过往任职经历与公司未来战略变革进行匹配具有一定的启示，为中国在公司战略转型过程中选聘 CEO 提供了经验参考。具体而言：

首先，组织理论中反复出现的一个主题是，组织受到路径依赖、官僚惰性和制度力量的严重约束。虽然高层管理者可能对组织的行动和方向有一些影响，但他们在实施变革时经常遇到很大的困难。然而，有相当多的证据表明，在某些情况下，一些高管可以成为其组织中重大变革的催化剂。本章研究发现，具有丰富任职经历的 CEO 与公司经营战略变革之间存在着紧密的相关关系，提供了对"哪种类型的 CEO 更有可能实现公司的经营战略变革"这一问题的新见解。现有研究主要考察了 CEO 任职经历对具体层面的决策行为和风险承担的影响，如公司创新、多元化经营战略、投资决策等。本书着眼于战略管理领域的战略变革问题，探究了 CEO 任职经历丰富性对整体层面的公司战略变革的影响。

其次，已有研究多聚焦于公司内部因素对战略变革之间的逻辑关系，或聚焦于外部因素对战略变革的直接影响，综合公司内外部治理因素诠释 CEO 任职经历丰富性对战略变革的影响的调节作用的研究还不多见。本书将直接影响公司战略变革的前因与 CEO 任职经历相结合，有助于更加深入地洞察内部治理因素（董事会权力、组织资源冗余）和外部治理因素（经济政策不确定性）分别如何与 CEO 以往任职经历相结合共同塑造公司的战略变革行为。这不仅在更深层次上揭示了 CEO 任职经历丰富性与公司战略变革行为之间的内在联系，而且也丰富了影响任职经历丰富性效果的边界条件，为 CEO 任职经历丰富性和公司战略变革二者之间的关系提供了更加完整的经验证据。

再次，本书结果也充分凸显了董事会权力、组织资源冗余以及经济政策不确定性在公司战略变革决策中的关键作用。一方面，董事会在公司中承担着各项重大决策审议及监督控制的责任。对于关乎公司未来发展前景的重大战略变革，董事会充分利用群体智慧对 CEO 提议的战略变革决策进行审议及战略监督，可以显著降低公司承担不必要风险性损失的可能性，而且对于理解董事会如何影响公司战略变革决策具有重要指导意义。另一方面，目前关于"CEO 任职经历丰富性——战略变革行为"的研究模型，对影响公司战略决策行为的最为基础的资源要素关注不够。基于此，本书在研究框架中将组织资源冗余纳入其中，在一定程度上弥补并完善了该领域的研究。与此同时，经济政策不确定性是管理者在制定战略变革决策时必须要考虑的外部情境因素，当任职经历丰富的 CEO 对经济政策不确定性时刻保持敏感并认真审视公司当下具体战略时，能够帮助公司及时调整并进行战略变革以有效减轻外部政策的不确定性对公司经营决策的影响。

最后，本书对于高管的遴选与聘任具有一定的参考价值。本书表明，CEO 丰富的任职经历能够促进公司战略变革。基于这一结论，在遴选 CEO 或高管团队的过程中，董事会除了关注"能力信号"外，还应关注公司选择"胜任而合适"的高管人才，为公司实现价值最大化。具体而言，对于亟须实施战略变革来改变原有现状的公司而言，董事会在选拔职业经理人时应该将候选人的以往任职经历丰富性纳入评估范畴，充分评估以往任职经历丰富性对其价值观和认知理念的影响程度。当董事会认为公司的战略已经变得可预测、传统或惯性时，那么雇佣一位任职经历丰富的 CEO 可能会有所帮助并推动快速、大规模的变革，增强战略独特性。相比之下，如果董事会认为公司的战略过于不稳定，那么雇佣任职经历丰富性较低的 CEO 可能有助于更一致和稳定的方法向前发展。

第五章　CEO 任职经历与公司战略变革：中介作用机制

第四章分析了 CEO 任职经历对公司战略变革的影响，并从董事会层面、公司层面和外部环境层面分析了董事会权力、组织冗余资源以及经济政策不确定性对 CEO 任职经历和战略变革关系的调节作用。然而，现有研究主要聚焦于 CEO 背景特征对企业创新、风险承担等的直接影响，作为一种重要的公司战略决策行为，CEO 任职经历影响战略变革的内在机制尚未引起重视。弄清 CEO 任职经历作用效果的内在机制，不仅有助于从理论上剖析其可能存在的"黑箱"机制，而且能帮助企业高层管理者更好地运用自身以往积累的人力资本和社会资本更好地促进战略变革。在第五章中，本书进一步从战略变革意愿和战略变革能力两个渠道挖掘 CEO 任职经历对公司战略变革的作用路径。具体地，本章主要包括以下几方面：首先，根据理论与实践背景，引出本章研究问题。其次，针对 CEO 任职经历与公司战略变革之间的作用路径，分别从战略变革意愿和战略变革能力，即公司风险承担与社会网络资源两种途径，对上述关系展开理论分析并提出对应假设。再次，根据上述理论推导，进行研究设计，包括变量定义及测度、研究模型构建等。最后，对上述实证研究结果进行分析阐述，并通过一系列稳健性检验对研究结论的可靠性进行验证，并在本章的结尾部分根据研究结果系统归纳出本章小结。

第一节　问题提出

随着拥有多元化职业背景和经历的 CEO 在经理人市场中被公司聘用的比例大幅提升（Merluzzi & Phillips，2016；何瑛等，2019），公司也更倾向于聘用任职经历丰富的高层管理者（Murphy & Zabojnik，2007），并给予相应的高额薪酬（Mueller et al.，2020）。相关数据统计显示，自 2007 年以来，有将近 38% 的公司在聘任新 CEO 的时候更看重其是否担任过其他公司 CEO，而这一比例在 20 世纪 90 年代中后期仅为 5%（Favaro et al.，2010）。出现这种急剧增长的趋势在很大程度上是因为公司更愿意雇佣具有诸如 CEO 工作经历的具体工作经验的管理者担任公司高管职位，以便优化公司战略决策，为公司带来价值的提升（Slimane & Angulo，2019）。正如美国 Amgen 公司指出的，"寻求公司董事会成员必须具备的最低资格为该个体曾有过管理或领导公司的经验，最好是在大型或公认的组织中担任过高级领导职务"（Lungeanu & Zajac，2019）。由此可见，具有丰富任职经历的 CEO 对于公司管理实践来说至关重要，尤其是公司面临重大决策制定时。

现有关于 CEO 任职经历的研究主要聚焦 CEO 任职经历对 CEO 薪酬、企业创新、投融资决策以及企业并购等变量的直接影响。例如，Custodio 等（2013）选取标准普尔 1500 家公司 CEO 的简历构建出通用技能指数，研究表明相较于专才 CEO，具有通才任职经历的 CEO 薪酬水平更高，这一点 Mueller 等（2020）也给予了相应证实。何瑛等（2019）研究发现，CEO 职业经历越丰富，企业创新水平越高，其中跨企业经历对企业创新水平的影响最为明显。曾春影等（2020）基于烙印理论得出，具有知青经历的 CEO，其所在的企业并购溢价会更高。Hambrick 和 Mason（1984）指出，高管的过往经验会影响管理者的内在特质，包括风险偏好、过度自信、心理账户等均会影响企业的战略、经营以及财务决策。

一方面，公司战略变革是一项冒风险的资源配置活动，存在诸多不确定性，若公司贸然发动战略变革，打破组织固有的惯性，将会严重损害公司经营绩效（谢康等，2016）。因此，对于战略变革来说，提高公司风险承担水平显得至关重要。而任职经历丰富的 CEO 意味着其过往历经了风格迥异的管理实践，这在一定程度上会加深 CEO 对风险的系统认知图式，从而塑造出其积极主动承担风险的经营管理理念，为公司更好地创造价值（Schoar & Zuo，2017；何瑛等，2019）。与此同时，具有丰富任职经历的 CEO 也更容易表现出过度自信的性格倾向，这增强了高管的风险偏好心理，提高了公司风险承担水平，从而可能会强化公司推进战略变革的意愿。

另一方面，根据嵌入性理论，高管在其所处的社会结构中所采取的各种经济行为，最终都将嵌入其社会网络关系中，形成某种"社会资本"（Han et al，2015；Wang，2021）。而社会资本具有的资源配置效应能够为公司寻求稀缺资源提供便利，从而利于公司战略变革的开展。事实上，在中国独具特色的"关系型"文化情境中，通过"关系"形成的商业利益往来具有深厚的文化基础（Tsang，1998），CEO 过往丰富任职经历形成的社会网络资源已成为中国企业获取资源的关键渠道之一，诸如银行关系、各类行业协会关系、丰富校友资源、政府关联等，这些类别多样的社会网络资源可以为公司提供寻求战略变革的必要资源（张敏等，2015）。因此，CEO 任职经历越丰富，越容易形成丰富的社会网络并充分发挥其资源配置效应，从而有助于提高战略变革的能力。但是，以上分析仅仅是出于理论推导，目前鲜有学者关注到中国独特制度环境下的 CEO 任职经历如何通过战略变革意愿和战略变革能力推动公司战略变革实施。所以，CEO 任职经历影响战略变革的中介机制还有待实证数据的检验。

为了弥补以上缺口，本章基于手工搜集的 CEO 任职经历数据，选取 2007~2020 年中国沪深 A 股非金融上市公司作为研究对象，采用中介效应模型分析 CEO 任职经历通过风险承担和社会网络资源两个中介路径影响公司的战略决策，厘清 CEO 任职经历对战略变革的内在影响机制，从而揭示了其"黑箱"过程。

第二节　理论分析与研究假设

一、公司风险承担的中介作用

高阶梯队理论指出，管理者过往经历会影响个体认知、价值观念以及管理技能等隐性特征，从而塑造管理者独特的决策风格及风险偏好（Hambrick & Mason，1984），并最终体现在管理者外在具体决策行为的制定及执行上（Chen et al.，2021；Helfat & Peteraf，2015）。市场信息不对称的存在，使得管理者无法有效获取与决策制定相关的全部信息，因此只能凭借其过往任职经历中习得的管理决策知识及心理认知等管理者属性特征进行有限理性决策。CEO 先前丰富任职经历能够不断提升自我综合技能、塑造有效社会关系网络，从而更好地支撑其管理风险性投资项目，提高风险管理能力，并影响公司后续战略决策制定。具体来看，主要表现为以下几方面：

首先，具有丰富任职经历的 CEO 在过往经历的各种复杂决策情境，能使其风险管理能力得到提升，显著提高公司风险承担水平。任职经历丰富的 CEO 在多任务多目标情境下的关键决策制定，使得 CEO 各项综合管理技能得到很好的锻炼和提升。作为公司关键决策制定者，CEO 过往多元化任职经历是一种宝贵的稀缺财富，提高了管理者在复杂且不确定的环境中采取有效行动并处理复杂动态信息的能力，诸如资源整合能力、市场机会辨识能力。正如 Barney 和 Zajac

（1994）指出，管理者独特的稀缺知识和能力可以提供隐性知识并成为市场竞争优势的来源。丰富的任职经历使得CEO拥有更为健全的系统知识和更加宽广的决策眼界，同时，其处理风险的能力也更强，所以会倾向于关注那些能够为公司带来价值提升的风险性投资决策（Meyer-Doyle & Schumacher，2019）。管理者的一般能力并不是与生俱来的，只有当CEO拥有多元化的工作经历后，才能通过其所培养的各种相关能力实现更有效的管理决策，进而提高公司风险承担水平。

其次，先前不同领域的任职经历让CEO对各种环境下的风险考虑具有更广泛的自我认知，导致CEO在面临同类决策问题时能够更加聚焦影响风险承担的关键要素，有效提高公司风险承担水平。例如，Hoskisson等（2017）指出，作为公司关键决策制定者，CEO对公司当前风险的认知以及个人偏好会直接影响到公司各项规则制定、文化氛围塑造、项目投资决策以及内外部资源配置等。过往丰富的任职经历让CEO对各种复杂决策情境中可能遇到的问题均有所考虑，使之对公司经营中的风险认知更为全面。同时，只有具备良好的风险管理水平才能实现公司价值最大化地发展。例如，Le和Kroll（2017）在对CEO国际经验的研究中就发现，由于海外国家在文化、制度、经济发展以及商业实践中具有很大的差异性（Hofstede，1980），这为CEO提供了独特的学习经验，而巨大的差异性冲击会促使高管通过同化和适应过程习得特定领域知识并获得更强的认知能力。在CEO拥有这些丰富海外就职经验后，能够有效地帮助其养成积极面对未知风险的乐观心态，从而也会提高公司风险承担水平。所以，多元化的工作经验往往说明管理者曾亲历各种管理情境，这可以显著培养并提升管理者的风险意识，实现公司整体风险承担水平的提高。

最后，具有丰富任职经历的CEO可以作为一种信号和约束机制，缓解"委托—代理"问题，提高其风险承担意愿。丰富的任职经历大大丰富了CEO的人力资本和社会资本，在一定程度上增加了CEO的自主决策权，进而有利于CEO根据市场行情的自我判断制定高收益兼具高风险的战略决策。同时，这类CEO如果被公司聘用，往往会受到高度重视并被期待能主动承担风险，使得这些CEO为了寻求和维持自身良好声誉具有主动承担风险的动机。此外，经理人市场也会给予任职经历丰富的CEO较高的薪酬，这也会提升个体主动承担风险性项目投资决策的意愿（Faleye & Krishnan，2017），最终带动公司整体风险承担水平的提升。

风险承担水平是公司管理者决策思维及风险认知的集中体现，如果一家公司的风险承担水平越高，就说明该公司在融资项目筛选中更偏向于高风险兼具高回报的风险性投资项目。风险偏好精神的核心思想是在不考虑公司当前有限资源约束的前提下，不断寻求新的发展机会，并愿意承担在追求新发展机会的过程当中的所有风险，同时及时提升公司风险管理能力以更好地抓住新发展机遇。所以说，当公司的风险承担能力越强时，对公司的变革就越有利。

从动态能力来看，公司风险承担能力越强，越容易应对经济环境中的各类不确定性风险，因此公司在投融资项目筛选中更偏向于高风险兼具高回报的风险性项目，进而实现公司现有资源配置模式的重构。当公司整体风险承担水平处于相对较高的境况时，资源重新配置的效率也会明显有所提升，也会实现公司价值的上升（余明桂等，2013）。此外，也有学者从 CEO 性别层面来考察其风险倾向，并发现相较于女性 CEO，男性 CEO 的风向倾向普遍较高，由此导致公司整体投资效率的提升，有利于公司实现资源的重新合理配置（Triana et al.，2019）。

从投资机会识别的角度出发，当公司风险承担能力越高时，CEO 对市场投资机会的识别与把握也就越加准确，有利于 CEO 系统全面地了解风险性投资项目，进而促进公司战略变革的实施。此外，公司风险承担还会改变公司当前的资本结构设置，主要表现在债务融资水平的提升、现金持有量的增加等方面，这些也会影响到公司在不同战略维度上的资源重新配置。

综上可知，风险承担水平越高的公司，CEO 就越有机会充分地利用并把控投融资时机，从而提高公司资源重新配置的效率，而这正是公司战略变革得以实现的重要保障。而且，具备较高风险承担能力的公司更能有效应对战略变革中出现的各种预期以外的突发状况，大大地缓解了战略变革带来的冲击，确保公司能够继续寻求新颖化的战略。据此，本书提出如下假设：

H5a：公司风险承担在 CEO 任职经历与公司战略背离的关系中发挥着中介作用，即具有丰富任职经历的 CEO 通过提升公司风险承担水平，进而提高公司战略背离的程度。

H5b：公司风险承担在 CEO 任职经历与公司战略变动的关系中发挥着中介作用，即具有丰富任职经历的 CEO 通过提升公司风险承担水平，进而提高公司战略变动的程度。

二、社会网络资源的中介作用

作为关键资源的管理者，CEO 在公司各类资源获取、整合、利用，以及公司独特能力构建方面也发挥着重要作用。从资源角度看，公司风险承担行为与管理者息息相关，丰富的任职经历给公司及 CEO 提供的资源能力主要表现在两方面：其一，丰富任职经历有助于塑造和培养 CEO 的综合管理能力及管理实践经验，有效地提升 CEO 自身人力资本和社会资本，从而增加其作为关键稀缺资源的价值。其二，CEO通过过往丰富任职经历，将自身的各项经济活动嵌入其所在的社会网络关系中，并在其中同其他组织或个体发生资源互换行为，从而构建起丰富的社会网络资源。这帮助公司扩大了资源获取的非正式途径，从而更加便捷地获得丰裕的资源。

一方面，CEO自身的人力资本和社会资本在公司中属于稀缺资源，会形成公司竞争优势，从而影响公司绩效。特别是在中国的特殊制度环境下，"关系"在商业管理实践中扮演着关键角色，而过往丰富任职经历也是管理者构建社会关系网络，提升个体人力资本及社会资本的主要途径（Zhou et al.，2021；张双鹏等，2019）。拥有丰富任职经历的CEO社会关系网络显得更为有效而丰富，可以借此通过非正式途径获取更多特定领域的关键信息，进而提高公司获取并运用资源的能力。Hu和Liu（2015）的研究证实了这一点，当CEO在不同行业或政府、金融机构等领域拥有社会关系网络时，会显著降低公司依赖内部资源的可能性。另一方面，CEO通过丰富任职经历获取的社会关系网络也在一定程度上帮助公司缓解了信息不对称，为公司实施战略变革创造了更多的信息资源支撑，确保公司战略变革得以实施。因此，CEO过往历经的不同职业背景、公司、行业等多元化任职经历，有助于CEO积聚丰富的社会网络资源。例如，Ferris等（2019）研究发现，CEO社会资本能够显著提升公司价值，而丰富的任职经历正是提升CEO资源配置能力的有效途径，从而提高公司价值获取能力。

战略变革作为一项风险性决策行为，本质上具有较强的资源依赖性（张敏等，2015），一旦公司无法获得可持续性的充分的资源保障，那么公司在战略变革活动中将会面临着严重的资源制约并充满不确定性，进而造成公司战略变革以失败告终。具有丰富任职经历的CEO，其过往任职背景为其构建的丰富的社会网络资源，使得CEO有能力利用其"资源效应"实现公司资源的重新配置。

首先，资源基础理论指出，社会网络作为一项非正式制度安排，具有资源配置效应，帮助公司拓宽资源获取渠道，并提高了关键信息的价值和时效性（Adler & Kwon，2002）。具有丰富任职经历的CEO利用其社会关系网络，显著增加了公司的资源获取。而社会关系网络中的个人关系交换及分享，能够更加方便地以较少成本获取公司所需资源（Dahl & Pedersen，2005），这将进一步促使任职经历丰富的CEO充分利用外部融资制定公司战略决策。

其次，CEO过往多元化的丰富任职经历，能够为公司提供大量潜在的资源及信息优势。这种资源在公司经营当期可能并不必然产生显性的效果，然而一旦公司经营面临危机，这种因CEO过往丰富任职经历而产生的资源效应将有更强大的缓冲作用，形成公司隐性的冗余资源，并作为公司战略变革活动的关键储备力量，支撑公司寻求各种独具新颖且充满发展前景的战略变革决策。连军（2013）研究指出，冗余资源的存在能够有效地提高公司寻求风险性项目的可能性，从而提升公司应对市场环境骤变的决策能力。

最后，在缺乏完善的市场及法律机制的环境中，公司将更偏向于利用非正式制度安排（社会网络）收集市场信息、外部组织资源以及履行合同约定（Peng & Luo，2000）。而 CEO 具有丰富的任职经历意味着其拥有广泛的社会网络资源，充分保障了 CEO 在公司战略决策制定中的信息优势，从而缓解了 CEO 在战略变革活动中因关键信息缺失导致的风险厌恶心理。此外，CEO 丰富的任职经历也能提高其对战略变革活动的失败容忍度。丰富的任职经历能够让 CEO 在职业经理人市场中拥有较高的薪酬议价能力，社会关系网络在一定程度上确保了 CEO 在劳动力市场中再就业的机会，因而具有较高的战略变革风险容忍度。

综上可知，CEO 过往丰富的任职经历有助于其积累广泛的社会关系。这些社会联系有助于减少信息不对称，更好地帮助公司获取外部资金，从而降低对公司内部资金的依赖程度。因此，本书认为，与任职经历较少的 CEO 相比，具有丰富任职经历的 CEO 将拥有更加丰富的社会资源网络，不太可能受到内部资金不足的约束，更加倾向于发起和实施战略变革。基于上述分析，本书假设，社会网络资源会传导 CEO 的任职经历对公司战略变革的影响，并提出以下假设：

H6a：社会网络资源在 CEO 任职经历与公司战略背离的关系中发挥着中介作用，即具有丰富任职经历的 CEO 通过社会网络资源的积累，加大公司战略背离的程度。

H6b：社会网络资源在 CEO 任职经历与公司战略变动的关系中发挥着中介作用。即具有丰富任职经历的 CEO 通过社会网络资源的积累，加大公司战略变动的程度。

基于上述分析，本书的具体理论模型如图 5-1 所示。

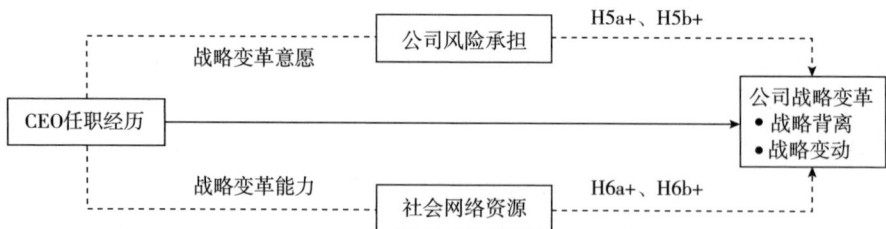

图 5-1 理论模型

资料来源：笔者设计。

第三节　研究设计

一、数据来源及样本选择

本书对论文关键变量 CEO 任职经历数据的收集，主要是通过手工及计算机 Python 程序等方式来科学合理地获取，主要收集过程为：第一步，基于国泰安（CSMAR）、万得（Wind）等数据库获取中国上市公司高管个人简历等文档，对于存在高管简历信息缺失的样本，下载相应的上市公司年度报告，并结合上市公司年报、公司公告、百度百科、新浪财经、凤凰财经、和讯人物、金融界等途径手工收集并补全中国上市公司高管简历信息确切的数据。第二步，邀请五位商学院博士研究生人工阅读并整理 CEO 任职经历六维度数据，同时利用计算机 Python 程序对所需研究数据进行编码匹配处理，进而得到每个样本年度 CEO 任职经历的六维度数据。第三步，书中所需的其他变量，如公司战略变革、管理者过度自信以及董事会、公司及环境等层面的控制变量数据均取自国泰安（CSMAR）数据库、万得（Wind）数据库。研究中采用 Excel2019 和 Stata17.0，并结合计算机 Python 程序对数据进行分析。

本书选取的初始样本为 2007~2020 年在中国沪深两市上市交易所有非金融业上市公司。样本研究起始于 2007 年，主要是考虑到中国证监会在 2004 年对所有上市公司要求增加 "现任董事、监事、高级管理人员的主要工作经历和在除股东单位外的其他单位的任职或兼职情况"。考虑到政策制定后会估计存在三年的调整适应期，中国上市公司年报中对于公司管理人员的信息披露到 2007 年日渐完善。在此之前，有关公司高管简历、个人信息等通常存在信息披露不全、缺失信息较多等现象，这可能涉及公司高层管理者个人背景特征及相关公司信息的数据完整性及可靠性难以得到保证，因此本书将研究起点设置为 2007 年。2020 年是本书能够获取核心变量数据的最新年份。本书在初试样本的基础上，进行了如下数据处理：①相较于一般上市公司财务报表结构，金融保险业类上市公司财务报表结构和主要会计项目具有其特殊性，故剔除样本中隶属金融保险行业的上市公司样本；②剔除上市公司年度报告信息缺失极为严重的样本；③剔除相关研究变量信息披露不全且存在缺失的样本；④剔除 ST、PT 等财务状况异常或面临退市风险的样本。为了避免极端异常值对研究结论可能产生的影响，本书将所有连续变量进行了 1% 和 99% 水平上的 Winsorize 缩尾处理，最终得到了 1415 家上市公司 17948 个公司—年度非平衡面板数据样本。

二、变量定义与模型设计

（一）变量定义

1. 被解释变量

公司战略变革。参考已有研究（Zhang & Rajagopalan，2010），本书将战略变革界定为公司在多个关键战略维度上资源配置情况的总体变化和调整，主要包括如下六个维度：①广告投入强度（销售费用与营业总收入之比）；②研发投入强度（管理费用与营业总收入之比）；③固定资产更新程度（固定资产净值与固定资产原值之比）；④非生产性费用投入程度（期间费用与营业总收入之比）；⑤存货周转水平（存货净额与营业总收入之比）；⑥财务杠杆（负债与所有者权益之比）。区别已有研究多聚焦于从某一方面考察公司战略变革，本书从横向和纵向两个维度全面而系统地探究 CEO 任职经历对公司战略变革的影响（Finkelstein & Hambrick，1990；Geletkanycz & Hambrick，1997；朱丽等，2018），充分体现了公司对现有资源配置的合理调整情况。具体来说，在横向维度表现为战略背离（Strategic deviation），是指公司采用的战略偏离行业内主流战略风格和类型的程度，即公司相比于行业内公认的经营惯例和竞争对手所普遍采用的竞争策略的偏离（Finkelstein & Hambrick，1990）。换言之，该维度主要考察在任何给定的时间点，一家公司的经营概况与其他公司的概况或其行业的核心趋势存在多大程度的不同。在纵向维度表现为战略变动（Strategic variation），是指公司的战略随着时间的推移而偏离自身既有战略的程度，即一家公司的资源分配和优先事项随时间变化的幅度（Geletkanycz & Hambrick，1997）。该维度主要考察一家公司从上一年到下一年改变其资源分配和优先事项的程度。

（1）战略背离（Strategy _ DEV）。参照 Tang 等（2011）、张双鹏等（2019）的研究，同时考虑到中国上市公司战略资源配置的实际情况及样本数据的可获取性，本书从上述六个维度构建战略背离的综合衡量指标。在获取上述六个维度相关数据后，分别计算同行业中该指标的平均值和标准差，将每个公司这六个战略维度指标分别使用该指标的年度均值进行平减，然后再除以行业标准差进行标准化，将所得到的数据进行取绝对值处理。这样，得到了各公司在每一个战略维度上偏离行业平均水平的程度。最后，对六个维度上得到的指标值来求平均值，得到战略背离指标（Strategy_ DEV）。该指标为正向指标，值越大代表公司与同年度同行的战略背离程度越大。

（2）战略变动（Strategy_VAR）。遵循已有学者（Tang et al.，2011；Zhang & Rajagopalan，2010；孟祥展等，2018；周建等，2015）的惯用做法，同时考虑到

中国上市公司战略资源配置的实际情况及样本数据的可获取性，基于前述六个维度的指标构建综合性指标。在获取上述六维度相关数据后，计算每个指标当年与上一年的差额，同时计算各指标行业中位数的年度差额，得到经行业中位数调整的各指标的年度差额，最后，将经过调整后的六个指标年度差额进行标准化后取绝对值进行加总，则获得衡量战略变动的综合指标。若该指标数值越大，说明该公司本年度战略资源配置情况相对于上年变化幅度越大，战略变动的程度越高。

2. 解释变量

CEO 任职经历（Career_exper）。在国内外已有学者（Custodio et al.，2013；何瑛等，2019；赵子夜等，2018）研究的基础上，将中国制度环境及管理实践考虑在内，结合手工及 Python 等方式获取 CEO 任职生涯多维度数据，具体包括 CEO 过往任职的职业背景数、公司数、行业数、组织机构数、过往任职 CEO 经历、海外经历六个方面。①职能部门类型数（CEO_posi）：CEO 曾经就任的职业背景数。②公司数（CEO_corp）：CEO 曾经任职的公司数量。③行业数（CEO_indu）：CEO 曾经任职所经历的不同行业类型，包括 CEO 曾任职的（非）上市公司所在的行业数量。④组织机构数（CEO_orga）：CEO 曾任职的不同组织机构数，包括军队组织、科研机构、金融机构、地方或国家政府机构、企事业单位、非营利组织等其他组织机构。⑤过往任职 CEO 经历（CEO_care）：CEO 之前是否担任过 CEO。⑥海外经历（CEO_fore）：CEO 是否拥有海外工作经历或者海外留学经历。对上述六个方面采用主成分分析法构建了更为符合中国情境的反映上市公司高层次人才特质的 CEO 任职经历指数（Career_exper）。对于变量的相关数据收集及测度见第三章变量构建的详细内容。

3. 中介变量

公司风险承担（Risk）是指公司在进行投资决策时主动选择风险性项目并期望获取可观收益，从而愿意为此付出相应成本的倾向（Lumpkin & Dess，1996；王菁华、茅宁，2015），若公司风险承担水平越高，说明公司越倾向于主动选择高风险兼具高收益的项目（Boubakri et al.，2013）。梳理现有学者对公司风险承担的测度，主要包括盈余波动性（Boubakri et al.，2013；Faccio et al.，2016）、股票收益回报率的波动性（张敏等，2015）以及研发投入（Li et al.，2013）等指标。然而，从股票波动性来看，相较于西方国家股票市场，中国的股市更容易出现股价异常波动且不够稳定的现象；从研发投入规模来看，国泰安及万得等常用数据库中对于研发提供的数据，在研发创新类公司中的信息披露较为完整，而其余非研发创新类公司在这方面信息缺失量较多，对比来看，公司盈余回报率在一定程度上能够更为真实准确地反映公司风险承担水平。

鉴于此，本书与之前的文献一致，选取公司盈余回报率用以测度公司风险承担（Boubakri et al. , 2013; Faccio et al. , 2016; John et al. , 2008），当公司盈余回报率越高，说明公司投资的风险性项目越多，这充分反映了公司具有较高的风险承担水平（John et al. , 2008）。具体而言，分别基于总资产收益率和营业利润率计算公司盈余波动率用以测度公司风险承担，并记为 Risk1、Risk2。计算如公式（5-1）所示。

$$Risk1 = \sqrt{\frac{1}{N}\sum_{n=1}^{N}\left(Adjusted\_ROA - \frac{1}{N}\sum_{n=1}^{N}Adjusted\_ROA\right)^2} \qquad (N=3) \qquad (5-1)$$

$$其中, Adjusted\_ROA = \frac{EBIT}{ASSET} - \frac{1}{N}\sum_{n=1}^{N}\frac{EBIT}{ASSET}$$

其中，总资产收益率利用公司息税前利润 EBIT 与公司总资产的比值来测度，在此基础上采取年份滚动的方式，以三年为一个周期（即当年之前及之后，共计三年）观测时段，计算公司盈余回报率的标准差。利用公司盈余回报率进行行业均值化处理，从而消除行业差异带来的影响。最后，同现有学者（Faccio et al. , 2016）的处理方式保持一致，将盈余波动性变量乘以100，得出本书需要的变量，即基于总资产收益率的盈余波动性 Risk1。Risk2 为基于公司营业利润率的盈余波动性，营业利润率为公司营业利润与公司总资产的比值。其余计算方式同 Risk1 类似，故不再赘述。

社会网络资源（Network）是指个体或组织在所处的社会网络结构中开展各项经济活动，并在社会网络结构中同其他主体发生的资源交换行为，从而形成的隶属个体的社会资本（Granovetter, 1985; 游家兴、刘淳, 2011）。本书延续已有学者的变量测度方式，结合中国上市公司高管个人简历、公司年报以及网络渠道等获取 CEO 与银行的关系（若 CEO 曾在银行等金融部门任职，则为1，反之为0）、与市场的关系（若 CEO 曾任职的企业数大于样本均值，取值为1，否则为0）、与行业协会的关系（若 CEO 曾加入某个行业协会，则为1，反之为0）、与校友的关系（若 CEO 曾攻读过 MBA 或 EMBA，则为1，反之为0）、政治关联（若 CEO 曾任人大代表、政协委员或是在政府部门任职，则为1，反之为0）、网络声誉（若 CEO 曾获得五一劳动奖章、中华慈善嘉奖、优秀企业家和劳动模范等荣誉数量大于样本均值，则为1，反之为0）以及网络积累（若 CEO 的年龄超过样本均值，则为1，反之为0）七个方面的信息。最后，将七个维度的数据统计加总，从而构建出 CEO 的社会网络资源指数。该指标越大，说明 CEO 拥有的社会网络资源越丰富。

4. 控制变量

延续既有研究（Faccio et al. , 2016; Richard et al. , 2019; 何瑛等, 2019;

连燕玲等，2019；张敏等，2015），本书在回归模型中分别加入了公司特征及治理层面等可能影响公司战略变革的其他相关因素。

公司特征层面选取的控制变量主要包括：Size为公司规模，用期末总资产的自然对数表示，公司规模越大，说明公司越具备实施重大战略决策的资源实力（Atinc et al.，2011）；Lev表示资产负债率，通过负债总额占资产总额的比值测度。当公司具有较高的资产负债率，说明此时正面临着巨大的财务风险，其会与战略变革活动对资源需求形成冲突，进而影响公司战略变革活动的开展；ROA表示公司盈利能力，以期末净利润除以期末总资产平均余额来衡量。一般来说，公司盈利能力越好，反映了该公司越具备充足的资源开展战略变革活动；Cash-flow表示公司现金流量比率，以经营活动产生的现金流量净额除以公司总资产来衡量。现金流量比率越高的公司，说明公司越具有较强的资金实力，能够支撑公司更好地开展各项活动。Growth表示公司成长性，以当年公司营业收入与上年营业收入的比值减去1来衡量。成长性越好的公司，说明其各项资源越富裕，更有可能在公司当前情境下进一步开拓并挖掘新领域或新市场，因此成长性好的公司更倾向于采取战略变革决策行为。

治理特征层面选取的控制变量主要包括：Board表示董事会规模，通过董事会成员的总数量取自然对数测量。董事会规模越大，其战略决策协调成本越高，因此对于具有高风险性的战略变革决策的战略监督和控制力度也相应地增加；独立董事比例（Indep）通过董事会中独立董事所占的比例测度。出于个人职业生涯声誉考虑，独立董事在董事会各项战略决策中会尽可能地发挥自身的监督职能，从而加强对公司重大决策事宜的审议；当CEO兼任董事长时，将Dual赋值为1，否则为0。如果CEO和董事长为同一人，此时更容易形成较高的管理自主权，因此对于CEO来说将会有更大的自由裁量权以推动公司战略变革活动。SOE表示产权性质，当公司由国有控股时取1，否则取0。对于国有企业来说，除了营利性目标外，往往还有行政任务，其公司各项决策很大程度上取决于行政任务安排，一项决策从制定到实施中间会经过层级审批，因此这类公司战略变革活动一般很难顺利执行。ListAge为公司上市年限，以观测年份减去公司上市年份的差值加1，然后进行取自然对数处理。公司发展不同阶段，对于战略的选择具有明显差异性。在公司上市早期，会主动采取相应的战略变革以响应外部环境的动态变化，随着公司上市年限增长，其各类商业模式发展较为健全，相伴而来的还有组织惯性的形成，因此对于充满不确定性的战略变革行为往往并不是特别重视（Hoskisson et al.，2017）。TOP1表示股权集中度，通过第一大股东持股占公司总股本的比例衡量；Balance表示股权制衡度，通过第二到第五大股东持股比例之和与第一大股东持股之比来衡量，该指标在一定程度上能够反映公司内部治理水平，当内部治理水平越高，对于 CEO 提议的各项重大决策的审议力度越大，因此在一定程度上会对 CEO 形成制约效应。INST 表示机构投资者持股比例，以机构投资者持股总数与公司流通股本之比来衡量。Big4 表示公司是否由四大（普华永道、德勤、毕马威、安永）审计，在一定程度上说明公司面临的外部治理水平越高，越能够有效地规制管理者的自利行为，缓解代理问题。

除此之外，本书还设置了年份和行业虚拟变量，以控制年份和行业固定效应，其中行业变量参考证监会 2012 年行业分类标准。具体变量定义如表 5-1 所示。

表 5-1 变量定义

变量类型	变量名称	变量符号	变量说明
被解释变量	战略背离	*Strategy_DEV*	首先，将企业每个战略维度均分行业和年度进行标准化处理，使均值为 0，方差为 1；其次，计算企业每个战略维度与所在行业平均得分的绝对差值；最后，将六个维度相加得到每家企业每个年度战略背离指标
	战略变动	*Strategy_VAR*	首先，计算企业年度 t，每个战略维度从 t-1 到 t+2 四个年度的方差；其次，按照行业对战略维度进行标准化处理，使均值为 0，方差为 1，反映了企业在每个战略维度上的变异程度；最后，对每个战略维度的变异程度取绝对值并相加，得到企业在年度 t 的战略变动测量指标
解释变量	CEO 任职经历	*Career_exper*	根据 CEO 过往任职的职业背景数、公司数、行业数、组织机构数、过往任职 CEO 经历以及海外经历六个方面，利用主成分分析对上述六个方面进行测度，进而构建中国情境下反映上市公司高层次人才特质的 CEO 任职经历指数，详见论文第三章指标构建部分
中介变量	公司风险承担	*Risk*1	基于总资产收益率的盈余波动性，详见上文
		*Risk*2	基于营业利润率的盈余波动性，详见上文
	社会网络资源	*Network*	由 CEO 与银行、市场、行业协会、校友、政治关联、网络声誉以及网络积累七个维度数据进行加总获得，详见上文
控制变量	公司规模	*Size*	公司期末总资产的自然对数
	资产负债率	*Lev*	负债总额/资产总额

变量类型	变量名称	变量符号	变量说明
控制变量	公司盈利能力	ROA	期末净利润除以期末总资产平均余额
	现金流量比率	Cashflow	经营活动产生的现金流量净额/总资产
	公司成长性	Growth	当年营业收入/上年营业收入−1
	董事会规模	Board	董事总人数的自然对数
	独立董事比例	Indep	独立董事人数占董事会总人数之比
	两职兼任	Dual	CEO和董事长兼任时取值为1，否则取0
	产权性质	SOE	若公司为国有控股取值为1，其他为0
	上市年限	ListAge	Ln（公司上市至今的年限+1）
	股权集中度	Top1	第一大股东持股比例
	股权制衡度	Balance	第二至第五大股东持股的和与第一大股东持股之比
	机构投资者持股比例	INST	机构投资者持股总数/流通股本
	是否四大	Big4	若公司经由四大（普华永道、德勤、毕马威、安永）审计为1，否则为0
虚拟变量	行业	Industry	根据中国证监会行业分类标准（2012）生成行业虚拟变量
	年份	Year	根据年份生成年度虚拟变量

资料来源：笔者整理。

（二）模型设计

为了检验公司风险承担是否在CEO任职经历与公司战略变革的关系中具有中介效应，本章将公司风险承担/社会网络资源作为中介变量。同时参考Judd和Kenny（1981）、Baron和Kenny（1986）、温忠麟等（2004）等的中介效应检验方法，进而构建以下公式所示的回归模型：

$$Strategy_{i,\,t} = \alpha_0 + \alpha_1 Career\_exper_{i,\,t} + \alpha_2 Size_{i,\,t} + \alpha_3 Lev_{i,\,t} + \alpha_4 ROA_{i,\,t} +$$
$$\alpha_5 Cashflow_{i,\,t} + \alpha_6 Growth_{i,\,t} + \alpha_7 Board_{i,\,t} + \alpha_8 Indep_{i,\,t} +$$
$$\alpha_9 Dual_{i,\,t} + \alpha_{10} SOE_{i,\,t} + \alpha_{11} ListAge_{i,\,t} + \alpha_{12} Top1_{i,\,t} +$$
$$\alpha_{13} Balance_{i,\,t} + \alpha_{14} INST_{i,\,t} + \alpha_{15} Big4_{i,\,t} + \sum Industry +$$
$$\sum Year + \varepsilon \qquad\qquad (5\text{-}2)$$

公式（5-2）与第四章的主回归模型一致，该模型的被解释变量为公司战略变革，具体包括战略背离（Strategy_DEV）和战略变动（Strategy_VAR）两个细分变量，解释变量为CEO任职经历（Career_exper）。

$$Risk_{i,t}(Network_{i,t}) = \beta_0 + \beta_1 Career\_exper_{i,t} + \beta_2 Size_{i,t} + \beta_3 Lev_{i,t} + \beta_4 ROA_{i,t} +$$
$$\beta_5 Cashflow_{i,t} + \beta_6 Growth_{i,t} + \beta_7 Board_{i,t} + \beta_8 Indep_{i,t} +$$
$$\beta_9 Dual_{i,t} + \beta_{10} SOE_{i,t} + \beta_{11} ListAge_{i,t} + \beta_{12} Top1_{i,t} +$$
$$\beta_{13} Balance_{i,t} + \beta_{14} INST_{i,t} + \beta_{15} Big4_{i,t} + \sum Industry +$$
$$\sum Year + \varepsilon \tag{5-3}$$

公式（5-3）的被解释变量分别为公司风险承担 Risk（社会网络资源 Network），解释变量为 CEO 任职经历（Career_exper），本章利用该模型分别检验 CEO 任职经历对公司风险承担 Risk（社会网络资源 Network）的影响。其余控制变量均与公式（4-1）一致，详见第四章。

$$Strategy_{i,t} = \gamma_0 + \gamma_1 Career\_exper_{i,t} + \gamma_2 Risk_{i,t}(Network_{i,t}) + \gamma_3 Size_{i,t} +$$
$$\gamma_4 Lev_{i,t} + \gamma_5 ROA_{i,t} + \gamma_6 Cashflow_{i,t} + \gamma_7 Growth_{i,t} + \gamma_8 Board_{i,t} +$$
$$\gamma_9 Indep_{i,t} + \gamma_{10} Dual_{i,t} + \gamma_{11} SOE_{i,t} + \gamma_{12} ListAge_{i,t} + \gamma_{13} Top1_{i,t} +$$
$$\gamma_{14} Balance_{i,t} + \gamma_{15} INST_{i,t} + \gamma_{16} Big4_{i,t} + \sum Industry + \sum Year + \varepsilon$$
$$\tag{5-4}$$

公式（5-4）在公式（4-1）的基础上，分别引入公司风险承担 Risk（社会网络资源 Network）。该模型的被解释变量为公司战略变革，同样包括战略背离（Strategy_DEV）和战略变动（Strategy_VAR）两个细分变量。解释变量为 CEO 任职经历（Career_exper），中介变量分别为公司风险承担（Risk）和社会网络资源（Network）。此外，上述模型中还加入了其他可能影响被解释变量的因素作为控制变量。具体地，本章的中介效应的检验步骤如下所示：

（1）利用尚未添加中介变量的基本模型，检验 CEO 任职经历（Career_exper）对公司战略变革的影响。如果该基本模型中 CEO 任职经历（Career_exper）的回归系数 α_1 显著，则进行后续第二步，否则停止中介效应的分析。

（2）参考 Baron 和 Kenny（1986）的部分中介效应检验，即依次检验本章公式（5-3）的回归系数 β_1 和公式（5-4）的回归系数 γ_2，如果上述系数均显著，这意味着 CEO 任职经历（Career_exper）对公司战略变革的影响至少有一部分是通过中介变量公司风险承担 Risk（社会网络资源 Network）来实现的，则继续后面的第三步。如果上述系数中至少存在一个系数不显著，那么暂时还不能下结论，转到后续第四步。

（3）进行 Judd 和 Kenny（1981）的完全中介效应检验，即检验公式（5-4）中的回归系数 γ_1，如果回归系数 γ_1 不显著，说明是完全中介效应，即 CEO 任职经历（Career_exper）对公司战略变革的影响完全是通过中介变量公司风险承担 Risk（社会网络资源 Network）来实现；如果回归系数 γ_1 显著，说明只是部分中介效应，即 CEO 任职经历（Career_exper）对公司战略变革的影响只有一部分是通过中介变量公司风险承担 Risk（社会网络资源 Network）来实现，该检验结束。

（4）进行 Sobel（1982）检验，检验统计量 Z 值的显著性（Z 值的计算公式为 $z = \hat{\alpha}_1 \hat{\gamma}_2 \div \sqrt{\hat{\alpha}_1^2 s_{\gamma_2}^2 + \hat{\gamma}_2^2 s_{\alpha_1}^2}$）如果 Z 值显著，意味着公司风险承担 Risk（社会网络资源 Network）的中介效应成立，否则中介效应不成立，检验结束。具体检验过程如图 5-2 所示。

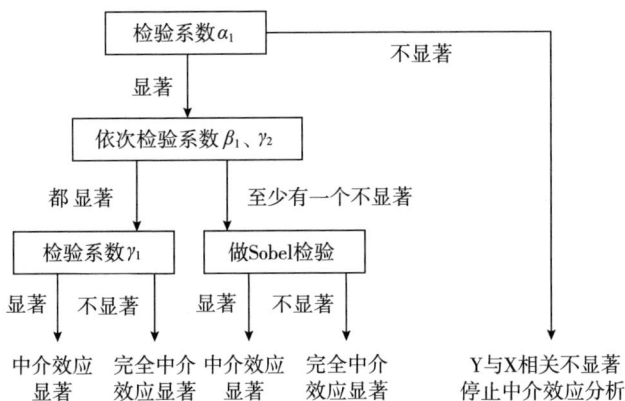

图 5-2　公司风险承担 Risk（社会网络资源 Network）的中介效应检验过程

资料来源：笔者整理绘制。

第四节　实证结果分析

一、描述性统计

表 5-2 报告了主要变量的均值、标准差、最大值以及最小值等结果。根据表 5-2 可知，公司战略变革的两个维度变量，即战略背离 Strategy_DEV 和战略变动 Strategy_VAR，其均值分别为 0.647 和 -0.067，标准差分别为 0.365 和 2.748，说明样本中不同公司的战略变革程度存在较大差异，侧面验证了本书具有一定的价值。CEO 任职经历 Career_exper 均值为 -0.008，最小值和最大值分别为

-1.091 和 1.882，说明样本期内 CEO 任职经历丰富性程度较低，具有丰富任职经历的 CEO 仍属于少数，而且上市公司 CEO 任职经历丰富性之间具有较大的差异。此外，公司风险承担（Risk1、Risk2）均值分别为 0.034 和 0.060，标准差分别为 0.044 和 0.079，说明上市公司样本风险承担水平具有差异性；社会网络资源 Network 均值为 2.602，最大值和最小值分别为 5.000 和 1.000，说明样本期内中国上市公司 CEO 社会网络资源水平有高有低，充分反映了不同个体之间的社会网络资源积累存在较大差异。最后，从控制变量来看，基本与现有研究保持一致，故不再赘述。

表 5-2　变量描述性统计

变量	样本量	均值	标准差	最小值	中位数	最大值
Strategy_DEV	17948	0.647	0.365	0.175	0.546	2.556
Strategy_VAR	17948	-0.067	2.748	-2.788	-1.039	15.159
Career_exper	17948	-0.008	0.521	-1.091	-0.099	1.882
Risk1	17948	0.034	0.044	0.000	0.020	0.735
Risk2	17948	0.060	0.079	0.000	0.035	1.029
Network	17948	2.602	0.892	1.000	2.000	5.000
Size	17948	22.260	1.439	17.901	22.112	27.048
Lev	17948	0.494	0.268	0.042	0.488	3.502
ROA	17948	0.033	0.069	-0.534	0.032	0.306
Cashflow	17948	0.044	0.077	-0.236	0.043	0.351
Growth	17948	0.207	0.747	-0.729	0.083	8.094
Board	17948	2.162	0.232	0.000	2.197	2.708
Indep	17948	0.369	0.057	0.000	0.333	0.600
Dual	17948	0.149	0.357	0.000	0.000	1.000
SOE	17948	0.593	0.491	0.000	1.000	1.000
ListAge	17948	2.382	0.721	0.000	2.565	3.367
Top1	17948	0.365	0.158	0.064	0.350	0.804
Balance	17948	0.612	0.579	0.014	0.417	2.883
INST	17948	0.416	0.237	0.000	0.430	0.921
Big4	17948	0.076	0.265	0.000	0.000	1.000

资料来源：笔者整理。

二、Pearson 相关性分析

表 5-3 报告了核心变量的 Pearson 相关性分析结果。CEO 任职经历 Career_exper 与公司战略背离 Strategy_DEV 呈显著正相关（$r=0.056$，$p<0.01$），与战略变动 Strategy_VAR 的相关系数（$r=0.044$，$p<0.01$）显著为正，这说明 CEO 任职经历 Career_exper 与公司战略变革的两个维度之间存在着不同程度的相关性，CEO 任职经历越丰富，公司战略变革的水平越高，符合本书预期。CEO 任职经历 Career_exper 与公司风险承担（Risk1、Risk2）的相关性系数为负，且不显著，与预期有差异，有待后续检验。相反，CEO 任职经历 Career_exper 与社会网络资源 Network 显著正相关（$r=0.465$，$p<0.01$），说明 CEO 任职经历越丰富，越能为公司积累更多的社会网络资源。公司风险承担（Risk1、Risk2）与战略背离 Strategy_DEV（$r=0.174$，$p<0.01$；$r=0.191$，$p<0.01$）、战略变动 Strategy_VAR（$r=0.195$，$p<0.01$；$r=0.209$，$p<0.01$）的相关系数为正，说明公司风险承担水平越高，公司战略变革程度越高。社会网络资源 Network 与公司战略背离 Strategy_DEV、战略变动 Strategy_VAR 均呈显著负相关（$r=-0.033$，$p<0.01$；$r=-0.048$，$p<0.01$），与预期不一致，故有待后文进一步检验。

此外，从部分控制变量来看，资产负债率 Lev、公司成长性 Growth、独立董事占比 Indep、公司上市年限 ListAge 和股权制衡度 Balance 与公司战略变革显著正相关，说明资产负债率越高、公司成长性越大、独董占比越高、公司上市年限越长以及股权制衡度越高，公司战略变革的程度越高。公司盈利能力 ROA、现金流量比率 Cashflow、产权性质 SOE、股权集中度 Top1 与公司战略变革显著负相关，说明公司盈利能力越高、现金流量比率越高、国有控股产权以及股权集中度越高的公司，其战略变革程度越低。这些结果为后文的进一步分析提供前提。最后，为防止多重共线性问题带来的研究误差，本书利用方差膨胀因子（VIF）检验自变量和控制变量，发现各变量 VIF 最大值为 2.54，小于 3.3，表明不存在显著多重共线性的情况，保证了后续回归结果的可靠性。

三、回归结果分析

（一）公司风险承担的中介效应检验

为了检验 II5a、II5b，即公司风险承担是否在 CEO 任职经历 Career_exper 与公司战略变革的关系之间具有中介效应，本书依据 Baron 和 Kenny 提出的方法和步骤，使用层次回归方法检验公司风险承担分别在 CEO 任职经历和公司战略变革的战略背离 Strategy_DEV、战略变动 Strategy_VAR 之间的中介作用，结果如表 5-4 所示。

表 5-3　Pearson 变量相关性分析

变量	Strategy_DEV	Strategy_VAR	Career_exper	Risk1	Risk2	Network	Size	Lev	ROA	Cashflow
Strategy_DEV	1.000									
Strategy_VAR	0.390***	1.000								
Career_exper	0.056***	0.044***	1.000							
Risk1	0.174***	0.195***	-0.002	1.000						
Risk2	0.191***	0.209***	-0.006	0.952***	1.000					
Network	-0.033***	-0.048***	0.465***	-0.061***	-0.069***	1.000				
Size	0.009	-0.168***	0.107***	-0.280***	-0.268***	0.115***	1.000			
Lev	0.224***	0.168***	-0.006	0.203***	0.237***	-0.061***	0.171***	1.000		
ROA	-0.245***	-0.181***	-0.008	-0.201***	-0.224***	0.062***	0.046***	-0.291***	1.000	
Cashflow	-0.073***	-0.114***	0.004	-0.066***	-0.063***	0.040***	0.080***	-0.164***	0.317***	1.000
Growth	0.025***	0.125***	0.012	0.083***	0.091***	0.006	0.014*	0.041***	0.158***	0.012
Board	-0.007	-0.060***	0.056***	-0.111***	-0.112***	0.055***	0.241***	0.041***	0.035***	0.064***
Indep	0.041***	0.019**	-0.005	-0.004	-0.002	0.005	0.084***	0.000	-0.031***	-0.029***
Dual	-0.002	0.020***	-0.210***	0.057***	0.051***	-0.167***	-0.134***	-0.038***	-0.009	-0.038***
SOE	-0.015**	-0.101***	0.003	-0.147***	-0.116***	-0.009	0.300***	0.107***	-0.037***	0.049***
ListAge	0.111***	0.094***	-0.007	0.006	0.109***	-0.079***	0.216***	0.208***	-0.146***	0.001
Top1	-0.041***	-0.114***	0.014*	-0.122***	-0.130***	0.044***	0.315***	0.006	0.124***	0.108***
Balance	0.031***	0.046***	0.033***	0.086***	0.068***	0.039***	-0.113***	-0.073***	0.007	-0.021***
INST	-0.009	-0.106***	0.078***	-0.227***	-0.187***	0.050***	0.456***	0.016**	0.116***	0.139***
Big4	0.049***	-0.047***	0.083***	-0.068***	-0.062***	0.075***	0.361***	0.030***	0.057***	0.094***

续表

变量	Growth	Board	Indep	Dual	SOE	ListAge	Top1	Balance	INST	Big4
Growth	1.000									
Board	-0.035***	1.000								
Indep	0.006	-0.197***	1.000							
Dual	-0.006	-0.137***	0.084***	1.000						
SOE	-0.043***	0.206***	-0.035***	-0.232***	1.000					
ListAge	0.021***	0.020***	0.003	-0.097***	0.267***	1.000				
Top1	0.023***	0.070***	0.037***	-0.102***	0.276***	-0.087***	1.000			
Balance	0.040***	0.008	-0.014*	0.069***	-0.291***	-0.148***	-0.661***	1.000		
INST	-0.032***	0.153***	0.028***	-0.138***	0.339***	0.251***	0.391***	-0.151***	1.000	
Big4	-0.014*	0.075***	0.059***	-0.048***	0.110***	0.020	0.186***	-0.023***	0.223***	1.000

注：*、**、***分别表示在10%、5%、1%的水平下显著；所有连续变量在1%和99%的水平上均进行了缩尾处理。

资料来源：笔者整理。

表 5-4　公司风险承担的中介效应检验结果

变量	(1) Risk1	(2) Risk2	(3) Strategy_DEV	(4) Strategy_VAR	(5) Strategy_DEV	(6) Strategy_VAR
Career_exper	0.002***	0.003***	0.032***	0.283***	0.032***	0.283***
	(3.057)	(3.004)	(5.105)	(6.788)	(5.105)	(6.785)
Risk1			0.825***	4.521***		
			(8.755)	(6.325)		
Risk2					0.476***	2.618***
					(8.895)	(6.278)
Size	−0.009***	−0.018***	−0.008***	−0.401***	−0.007**	−0.396***
	(−23.648)	(−24.931)	(−2.715)	(−17.045)	(−2.416)	(−16.728)
Lev	0.040***	0.076***	0.218***	1.382***	0.214***	1.363***
	(12.046)	(12.055)	(12.734)	(9.409)	(12.526)	(9.271)
ROA	−0.085***	−0.165***	−0.975***	−4.458***	−0.967***	−4.411***
	(−6.108)	(−6.480)	(−12.546)	(−9.119)	(−12.407)	(−9.002)
Cashflow	0.010	0.022**	0.019	−1.250***	0.016	−1.265***
	(1.580)	(2.018)	(0.421)	(−3.585)	(0.358)	(−3.630)
Growth	0.005***	0.010***	0.016***	0.475***	0.015***	0.471***
	(7.420)	(7.606)	(3.464)	(9.720)	(3.332)	(9.664)
Board	−0.005**	−0.009***	0.007	0.120	0.008	0.123
	(−2.459)	(−2.658)	(0.618)	(1.306)	(0.663)	(1.339)
Indep	0.004	0.011	0.183***	0.965***	0.181***	0.954***
	(0.559)	(0.855)	(3.942)	(2.756)	(3.895)	(2.724)
Dual	0.001	0.003*	0.005	−0.016	0.004	−0.019
	(1.151)	(1.781)	(0.633)	(−0.278)	(0.562)	(−0.331)
SOE	−0.005***	−0.009***	−0.033***	−0.380***	−0.032***	−0.378***
	(−7.108)	(−7.183)	(−5.068)	(−7.720)	(−5.035)	(−7.695)
ListAge	0.004***	0.018***	0.036***	0.361***	0.031***	0.331***
	(5.931)	(17.435)	(8.108)	(10.960)	(6.796)	(9.848)
Top1	0.032***	0.053***	0.058**	−0.040	0.059**	−0.036
	(9.151)	(8.606)	(2.120)	(−0.191)	(2.155)	(−0.170)
Balance	0.008***	0.014***	0.026***	0.046	0.026***	0.046
	(8.798)	(8.472)	(3.527)	(0.826)	(3.528)	(0.824)

续表

变量	(1) Risk1	(2) Risk2	(3) Strategy_DEV	(4) Strategy_VAR	(5) Strategy_DEV	(6) Strategy_VAR
INST	-0.020***	-0.026***	-0.000	-0.089	-0.005	-0.112
	(-11.517)	(-8.702)	(-0.029)	(-0.896)	(-0.331)	(-1.124)
Big4	0.008***	0.016***	0.087***	0.385***	0.086***	0.378***
	(8.298)	(8.440)	(8.080)	(5.646)	(7.966)	(5.544)
_cons	0.222***	0.398***	0.496***	6.234***	0.490***	6.194***
	(25.458)	(24.942)	(7.728)	(12.217)	(7.624)	(12.100)
Industry	Yes	Yes	Yes	Yes	Yes	Yes
Year	Yes	Yes	Yes	Yes	Yes	Yes
N	17948	17948	17948	17948	17948	17948
adj. R^2	0.226	0.252	0.130	0.136	0.131	0.136
F	43.160	45.422	31.509	26.231	31.566	26.227
Sobel 统计量			3.261	3.167	3.198	3.114
p 值			0.001	0.001	0.001	0.002

注：括号内为 t 统计量，*、**、*** 分别表示在 10%、5%、1% 的水平下显著。

资料来源：笔者整理。

其中，模型（1）和模型（2）基于公式（5-2）检验了在 CEO 任职经历 Career_exper 对公司风险承担（Risk1、Risk2）的影响，结果显示，CEO 任职经历的回归系数显著为正（$\beta = 0.002$，$p < 0.01$；$\beta = 0.003$，$p < 0.01$），说明 CEO 任职经历揭高了公司风险承担水平。模型（3）和模型（5）基于公式（5-3）检验了同时将公司风险承担（Risk1、Risk2）和 CEO 任职经历纳入回归模型，考察其对公司战略背离 Strategy_DEV 的影响。结果显示，公司风险承担（Risk1、Risk2）的系数显著为正（$\beta = 0.825$，$p < 0.01$；$\beta = 0.476$，$p < 0.01$），说明 CEO 任职经历（Career_exper）对公司战略背离 Strategy_DEV 的影响至少有一部分是通过公司风险承担（Risk1、Risk2）来实现的。同时，CEO 任职经历 Career_exper 的回归系数仍然显著为正（$\beta = 0.032$，$p < 0.01$；$\beta = 0.032$，$p < 0.01$），而且相较于第四章中 CEO 任职经历对公司战略背离 Strategy_DEV 的总体效应（$\beta = 0.034$，$p < 0.01$）来说，其系数显著有所降低。该检验结果表明，公司风险承担（Risk1、Risk2）在 CEO 任职经历与公司战略背离 Strategy_DEV 之间存在部分中介效应。由 Sobel 检验可知，Sobel Z 值系数均显著为正（大于 1.96），故部分中介效应成立，且中介效应比例为 4.86% 和 4.20%，说明中介效应显著，H5a 得到

证实。因此，验证了 CEO 任职经历能通过提升公司风险承担（Risk1、Risk2）水平，从而提高公司的战略背离水平。

模型（4）和模型（6）也是基于公式（5-3）检验了同时将公司风险承担（Risk1、Risk2）和 CEO 任职经历纳入回归模型，考察其对公司战略变动 Strategy_VAR 的影响。结果显示，公司风险承担（Risk1、Risk2）的系数显著为正（$\beta = 4.521$，$p < 0.01$；$\beta = 2.618$，$p < 0.01$），说明 CEO 任职经历（Career_exper）对公司战略变动 Strategy_VAR 的影响至少有一部分是通过公司风险承担（Risk1、Risk2）来实现的。同时，CEO 任职经历的回归系数仍然显著为正（$\beta = 0.283$，$p < 0.01$；$\beta = 0.283$，$p < 0.01$），而且相较于第四章中 CEO 任职经历对公司战略变动 Strategy_VAR 的总体效应（$\beta = 0.292$，$p < 0.01$）来说，其系数显著有所降低。该检验结果证实，公司风险承担（Risk1、Risk2）在 CEO 任职经历与公司战略变动 Strategy_VAR 之间存在部分中介效应。由 Sobel 检验可知，Sobel Z 值系数均显著为正（大于 1.96），故部分中介效应成立，且中介效应比例分别为 3.10% 和 2.69%，说明中介效应显著，H5b 得到证实。因此，验证了 CEO 任职经历能通过提升公司风险承担（Risk1、Risk2）水平，从而提升公司的战略变动水平。

（二）社会网络资源的中介效应检验

为了检验 H6a、H6b，即社会网络资源是否在 CEO 任职经历 Career_exper 与公司战略变革的关系之间具有中介效应，本书基于温忠麟和叶宝娟（2014）提出的修改版中介效应检验方法和步骤，使用层次回归方法检验社会网络资源 Network 分别在 CEO 任职经历和公司战略变革的战略背离 Strategy_DEV、战略变动 Strategy_VAR 之间的中介作用。结果如表 5-5 所示。

表 5-5　社会网络资源的中介效应检验结果

变量	(1) Network	(2) Strategy_DEV	(3) Strategy_VAR
Career_exper	0.762*** (60.349)	0.049*** (7.153)	0.397*** (8.548)
Network		-0.021*** (-6.167)	-0.138*** (-5.595)
Size	0.063*** (11.871)	-0.014*** (-4.907)	-0.434*** (-18.793)
Lev	-0.211*** (-9.852)	0.246*** (14.420)	1.534*** (10.567)

续表

变量	（1） Network	（2） Strategy_DEV	（3） Strategy_VAR
ROA	0.263***	−1.040***	−4.808***
	（2.850）	（−13.668）	（−10.167）
Cashflow	0.099	0.029	−1.193***
	（1.218）	（0.641）	（−3.415）
Growth	−0.007	0.020***	0.496***
	（−0.921）	（4.262）	（10.018）
Board	0.019	0.004	0.101
	（0.745）	（0.308）	（1.096）
Indep	0.119	0.189***	0.999***
	（1.143）	（4.008）	（2.846）
Dual	−0.177***	0.002	−0.035
	（−9.878）	（0.283）	（−0.608）
SOE	−0.080***	−0.038***	−0.414***
	（−5.639）	（−5.975）	（−8.394）
ListAge	−0.089***	0.037***	0.366***
	（−8.786）	（8.372）	（11.112）
Top1	0.068	0.086***	0.112
	（1.144）	（3.119）	（0.532）
Balance	0.048***	0.033***	0.090
	（3.151）	（4.583）	（1.608）
INST	−0.053*	−0.018	−0.186*
	（−1.695）	（−1.302）	（−1.868）
Big4	0.012	0.094***	0.423***
	（0.499）	（8.691）	（6.210）
_cons	1.717***	0.715***	7.474***
	（13.260）	（11.178）	（14.927）
Industry	Yes	Yes	Yes
Year	Yes	Yes	Yes
N	17948	17948	17948
adj. R²	0.263	0.125	0.133
F	126.490	31.631	27.061

变量	(1) Network	(2) Strategy_ DEV	(3) Strategy_ VAR
Sobel 统计量		-6. 179	-5. 514
p 值		0. 000	0. 000

注：括号内为 t 统计量，＊、＊＊、＊＊＊分别表示在10％、5％、1％的水平下显著。

资料来源：笔者整理。

　　其中，模型（1）基于公式（5-2）检验了在 CEO 任职经历 Career_ exper 对社会网络资源 Network 的影响，结果显示，CEO 任职经历的回归系数显著为正（$\beta = 0.762$，$p < 0.01$），说明 CEO 任职经历提高了社会网络资源 Network 的积累。模型（2）和模型（3）基于公式（5-3）检验了同时将社会网络资源 Network 和 CEO 任职经历纳入回归模型，考察其对公司战略背离 Strategy_ DEV、战略变动 Strategy_ VAR 的影响。结果显示，社会网络资源 Network 的系数显著为负（$\beta = -0.021$，$p < 0.01$；$\beta = -0.138$，$p < 0.01$），说明随着社会网络资源的不断提升，会显著降低公司战略变革水平。同时，结合模型（1）CEO 任职经历的回归系数显著为正（$\beta = 0.762$，$p < 0.01$）可知，社会网络资源存在着明显的间接效应。

　　在社会网络资源存在着显著间接效应的情况下，考察模型（2）和模型（3）中 CEO 任职经历对公司战略变革的直接效应显著性、社会网络资源的间接效应与 CEO 任职经历直接效应的符号方向。根据表 5-5 回归结果可知，社会网络资源对 CEO 任职经历和公司战略变革（战略背离 Strategy_ DEV、战略变动 Strategy_ VAR）之间关系的间接效应并不属于"中介效应"范畴，而是表现为"遮掩效应"。具体来说，社会网络资源的间接效应分别为 $0.762 \times -0.021 = -0.016002$；$0.762 \times -0.138 = -0.105156$，CEO 任职经历对公司战略变革的直接效应分别为 0.049 和 0.397，可知，二者符号相异。此外，结合第四章中 CEO 任职经历对公司战略背离 Strategy_ DEV、战略变动 Strategy_ VAR 的影响（$\beta = 0.034$，$p < 0.01$；$\beta = 0.292$，$p < 0.01$）可知，CEO 任职经历对公司战略变革的总效应分别为 0.034 和 0.292，均小于直接效应（0.049 和 0.397），故遮掩效应量分别为｜（-0.016002)/0.049｜= 32.66％和｜（-0.105156)/0.397｜= 26.49％。

　　综上可知，上述研究结果拒绝了 H6a、H6b，即社会网络资源在 CEO 任职经历与公司战略变革（战略背离 Strategy_ DEV、战略变动 Strategy_ VAR）之间的关系表现机制是通过"CEO 任职经历—提高社会网络资源—降低战略变革"路径实现的，社会网络资源没有表现出对上述二者关系的"部分中介效应"，而是表现为"遮掩效应"。当社会网络资源受到控制后，CEO 任职经历对公司战略变革的总效应将会明显变大。因此，社会网络资源是 CEO 任职经历与公司战略变革之间关系的一个"抑制变量"，对社会网络资源的控制将会增强 CEO 任职经历对公司战略变革的作用力。

四、稳健性检验

（一）替换公司风险承担的指标测度

为了增加研究结果的可靠性，本书遵循 Bernile 等（2018）对公司风险承担的测度方式，利用日个股回报率的年度标准差乘以 250，再对其取对数，使之得以年度化处理，用以衡量公司总体风险承担（Risk_Total）。表 5-6 列示了已经年度化处理的日个股回报率衡量公司风险承担的相应回归结果。

表 5-6　替换公司风险承担的指标测度

变量	（1） Risk_Total	（2） Strategy_DEV	（3） Strategy_VAR
Career_exper	0.002***	0.032***	0.283***
	(2.618)	(5.143)	(6.787)
Risk_Total		0.654***	4.161***
		(9.031)	(7.320)
Size	-0.012***	-0.008***	-0.392***
	(-27.592)	(-2.608)	(-16.612)
Lev	0.046***	0.221***	1.371***
	(13.358)	(12.930)	(9.342)
ROA	-0.145***	-0.950***	-4.240***
	(-8.442)	(-12.114)	(-8.619)
Cashflow	0.021***	0.013	-1.292***
	(2.708)	(0.294)	(-3.718)
Growth	0.008***	0.015***	0.466***
	(8.651)	(3.268)	(9.591)
Board	-0.006**	0.007	0.123
	(-2.500)	(0.607)	(1.341)
Indep	0.003	0.184***	0.969***
	(0.365)	(3.950)	(2.772)
Dual	0.002	0.005	-0.019
	(1.523)	(0.593)	(-0.327)

变量	(1) Risk_Total	(2) Strategy_DEV	(3) Strategy_VAR
SOE	-0.007***	-0.032***	-0.375***
	(-7.194)	(-5.039)	(-7.624)
ListAge	0.011***	0.032***	0.333***
	(14.649)	(7.191)	(10.020)
Top1	0.039***	0.059**	-0.059
	(9.003)	(2.147)	(-0.279)
Balance	0.010***	0.026***	0.040
	(8.685)	(3.529)	(0.723)
INST	-0.021***	-0.003	-0.091
	(-9.853)	(-0.218)	(-0.920)
Big4	0.011***	0.086***	0.377***
	(8.119)	(8.038)	(5.525)
_cons	0.286***	0.492***	6.045***
	(27.306)	(7.645)	(11.828)
Industry	Yes	Yes	Yes
Year	Yes	Yes	Yes
N	17948	17948	17948
adj. R^2	0.244	0.130	0.137
F	51.206	31.725	26.324
Sobel 统计量		2.769	2.743
p 值		0.005	0.006

注：括号内为 t 统计量，*、**、***分别表示在10%、5%、1%的水平下显著。

资料来源：笔者整理。

模型（1）为 CEO 任职经历对公司风险承担 Risk_Total 的影响，可知 CEO 任职经历的回归系数显著为正（$\beta=0.002$，$p<0.01$）。模型（2）和模型（3）为公司总体风险承担 Risk_Total 对公司战略变革（战略背离 Strategy_DEV、战略变动 Strategy_VAR）的影响，结果显示公司风险承担 Risk_Total 的回归系数均显著为正（$\beta=0.654$，$p<0.01$；$\beta=4.161$，$p<0.01$）。与此同时，在控制公司总体风险承担 Risk_Total 的影响后，CEO 任职经历对公司战略变革的回归系数分别由原先的 0.034（$p<0.01$）和 0.292（$p<0.01$）减弱为 0.032（$p<0.01$）和 0.283

（$p<0.01$）。结果表明，在利用公司总体风险承担 Risk_Total 作为公司风险承担的替代指标后，公司风险承担在 CEO 任职经历与战略变革之间仍然起到部分中介效应，H5a、H5b 再次得到验证。

（二）替换 CEO 任职经历的指标测度

本书采用因子分析法，对 CEO 任职经历六个指标维度重新进行综合指标构建，再将其带入回归模型进行检验。通过因子分析对 CEO 任职经历多指标维度采取降维处理，在此基础上，参考特征根大于 1 且累计方差贡献率高于 70% 的因子为选取标准，提取其中具有较强解释力的成分因子，进而构建新的 CEO 任职经历指数（Career_exper_fac），并将其作为解释变量引入回归模型重新检验本书的研究假设，详见表 5-7 以公司风险承担为中介的稳健性检验结果。

表 5-7 替换 CEO 任职经历的指标测度——以公司风险承担为中介

变量	(1) Risk1	(2) Risk2	(3) Strategy_DEV	(4) Strategy_VAR	(5) Strategy_DEV	(6) Strategy_VAR
Career_exper_fac	0.002 *** (2.933)	0.005 *** (3.407)	0.042 *** (5.556)	0.377 *** (7.506)	0.042 *** (5.526)	0.376 *** (7.478)
Risk1			0.825 *** (8.735)	4.515 *** (6.314)		
Risk2					0.475 *** (8.868)	2.608 *** (6.257)
Size	−0.009 *** (−23.660)	−0.018 *** (−24.941)	−0.008 *** (−2.760)	−0.402 *** (−17.090)	−0.007 ** (−2.465)	−0.397 *** (−16.777)
Lev	0.040 *** (12.042)	0.076 *** (12.032)	0.218 *** (12.734)	1.382 *** (9.409)	0.215 *** (12.531)	1.364 *** (9.275)
ROA	−0.085 *** (−6.088)	−0.165 *** (−6.458)	−0.971 *** (−12.513)	−4.423 *** (−9.053)	−0.963 *** (−12.375)	−4.377 *** (−8.938)
Cashflow	0.010 (1.567)	0.022 ** (2.009)	0.017 (0.397)	−1.259 *** (−3.611)	0.015 (0.334)	−1.274 *** (−3.655)
Growth	0.005 *** (7.422)	0.010 *** (7.603)	0.016 *** (3.461)	0.474 *** (9.716)	0.015 *** (3.332)	0.471 *** (9.662)
Board	−0.005 ** (−2.431)	−0.009 *** (−2.634)	0.008 (0.688)	0.127 (1.386)	0.009 (0.733)	0.130 (1.418)
Indep	0.004 (0.565)	0.011 (0.861)	0.184 *** (3.964)	0.972 *** (2.777)	0.182 *** (3.917)	0.961 *** (2.745)

续表

变量	(1) Risk1	(2) Risk2	(3) Strategy_DEV	(4) Strategy_VAR	(5) Strategy_DEV	(6) Strategy_VAR
Dual	0.001	0.002	−0.005	−0.103*	−0.005	−0.106*
	(0.570)	(1.242)	(−0.647)	(−1.828)	(−0.721)	(−1.883)
SOE	−0.005***	−0.009***	−0.032***	−0.371***	−0.031***	−0.370***
	(−7.035)	(−7.088)	(−4.912)	(−7.538)	(−4.882)	(−7.516)
ListAge	0.004***	0.018***	0.036***	0.364***	0.031***	0.334***
	(5.955)	(17.483)	(8.187)	(11.053)	(6.873)	(9.941)
Top1	0.032***	0.053***	0.057**	−0.052	0.058**	−0.047
	(9.119)	(8.578)	(2.073)	(−0.247)	(2.109)	(−0.224)
Balance	0.008***	0.014***	0.025***	0.040	0.025***	0.040
	(8.739)	(8.415)	(3.432)	(0.710)	(3.435)	(0.711)
INST	−0.020***	−0.026***	−0.001	−0.096	−0.005	−0.119
	(−11.517)	(−8.728)	(−0.084)	(−0.967)	(−0.386)	(−1.195)
Big4	0.008***	0.016***	0.084***	0.360***	0.083***	0.354***
	(8.100)	(8.246)	(7.819)	(5.261)	(7.710)	(5.165)
_cons	0.222***	0.399***	0.502***	6.290***	0.496***	6.252***
	(25.474)	(24.962)	(7.807)	(12.321)	(7.706)	(12.208)
Industry	Yes	Yes	Yes	Yes	Yes	Yes
Year	Yes	Yes	Yes	Yes	Yes	Yes
N	17948	17948	17948	17948	17948	17948
adj. R^2	0.226	0.252	0.131	0.136	0.131	0.137
F	43.207	45.524	31.615	26.328	31.671	26.322
Sobel 统计量			3.210	3.120	3.494	3.385
p 值			0.001	0.002	0.000	0.001

注：括号内为 t 统计量，*、**、*** 分别表示在 10%、5%、1%的水平下显著。

资料来源：笔者整理。

模型（1）和模型（2）检验了 CEO 任职经历对公司风险承担的影响，由结果可知，CEO 任职经历的回归系数显著为正（$\beta = 0.002$，$p < 0.01$；$\beta = 0.005$，$p < 0.01$）。模型（3）和模型（5）同时考察了 CEO 任职经历和公司风险承担（Risk1、Risk2）对战略背离 Strategy_DEV 的影响，结果表明，公司风险承担（Risk1、Risk2）的回归系数显著为正（$\beta = 0.825$，$p < 0.01$；$\beta = 0.475$，$p < 0.01$），CEO 任职经历的回归系数也显著为正（$\beta = 0.042$，$p < 0.01$；$\beta = 0.042$，

$p<0.01$），因此，在替换 CEO 任职经历指标测度后，CEO 任职经历对战略背离具有显著正向作用，公司风险承担（Risk1、Risk2）在上述二者之间仍然起到部分中介效应，故稳健性检验结果同样支持 H5a。

模型（4）和模型（6）同时考察了 CEO 任职经历和公司风险承担（Risk1、Risk2）对战略变动 Strategy_VAR 的影响，结果表明，公司风险承担（Risk1、Risk2）的回归系数显著为正（$\beta=4.515$，$p<0.01$；$\beta=2.608$，$p<0.01$），CEO 任职经历的回归系数也显著为正（$\beta=0.377$，$p<0.01$；$\beta=0.376$，$p<0.01$），因此，在替换 CEO 任职经历指标测度后，CEO 任职经历对战略变革具有显著正向作用，公司风险承担（Risk1、Risk2）在上述二者之间仍然起到部分中介效应，故稳健性检验结果同样支持 H5b。

（三）剔除组织机构数、过往任职 CEO 经历以及海外经历的样本

Crossland 等（2014）认为，CEO 在成为焦点公司 CEO 之前，其就任过的不同职能部门、行业以及公司是其职业经历指数的重要组成部分。此外，相关学者在研究中也强调了个体在不同行业、公司及职能部门的任职经历对于塑造个体特征具有关键影响力（Hambrick & Mason，1984）。综上，本书结合已有学者的做法和建议，选取原先 CEO 任职经历中的职业背景数、行业数以及公司数，而对组织机构数、过往任职 CEO 经历以及海外经历的样本予以剔除，通过加总前述三个保留维度的数据，进而构建新的 CEO 任职经历指数（Career_exper_G），将其作为新的解释变量重新检验本书提出的研究假设。表5-8 汇报了剔除过往任职组织机构数、过往任职 CEO 经历以及海外经历的 CEO 样本的稳健性检验结果，其中以公司风险承担为中介变量。

表 5-8　以职业背景数、行业数以及公司数测度

变量	(1) Risk1	(2) Risk2	(3) Strategy_DEV	(4) Strategy_VAR	(5) Strategy_DEV	(6) Strategy_VAR
Career_exper_G	0.000*** (3.503)	0.001*** (3.693)	0.007*** (7.055)	0.055*** (8.773)	0.007*** (7.068)	0.055*** (8.781)
Risk1			0.817*** (8.633)	4.457*** (6.224)		
Risk2					0.471*** (8.807)	2.584*** (6.199)
Size	-0.009*** (-23.650)	-0.018*** (-24.934)	-0.008*** (-2.716)	-0.400*** (-17.031)	-0.007** (-2.418)	-0.396*** (-16.718)

续表

变量	(1) Risk1	(2) Risk2	(3) Strategy_DEV	(4) Strategy_VAR	(5) Strategy_DEV	(6) Strategy_VAR
Lev	0.040 ***	0.076 ***	0.216 ***	1.368 ***	0.213 ***	1.349 ***
	(12.014)	(12.028)	(12.645)	(9.326)	(12.442)	(9.189)
ROA	−0.085 ***	−0.165 ***	−0.969 ***	−4.416 ***	−0.961 ***	−4.370 ***
	(−6.086)	(−6.461)	(−12.530)	(−9.066)	(−12.392)	(−8.948)
Cashflow	0.010	0.023 **	0.022	−1.224 ***	0.019	−1.240 ***
	(1.605)	(2.041)	(0.498)	(−3.514)	(0.436)	(−3.559)
Growth	0.005 ***	0.010 ***	0.015 ***	0.472 ***	0.015 ***	0.469 ***
	(7.393)	(7.581)	(3.395)	(9.675)	(3.264)	(9.619)
Board	−0.005 **	−0.009 ***	0.008	0.129	0.009	0.132
	(−2.424)	(−2.624)	(0.706)	(1.412)	(0.751)	(1.445)
Indep	0.004	0.011	0.187 ***	0.994 ***	0.185 ***	0.983 ***
	(0.586)	(0.879)	(4.028)	(2.843)	(3.981)	(2.811)
Dual	0.001	0.002	−0.004	−0.095 *	−0.004	−0.098 *
	(0.628)	(1.292)	(−0.503)	(−1.678)	(−0.576)	(−1.731)
SOE	−0.005 ***	−0.009 ***	−0.032 ***	−0.379 ***	−0.032 ***	−0.378 ***
	(−7.109)	(−7.185)	(−5.048)	(−7.723)	(−5.015)	(−7.698)
ListAge	0.004 ***	0.018 ***	0.036 ***	0.358 ***	0.030 ***	0.328 ***
	(5.896)	(17.406)	(8.079)	(10.878)	(6.778)	(9.778)
Top1	0.032 ***	0.053 ***	0.058 **	−0.041	0.059 **	−0.036
	(9.142)	(8.597)	(2.126)	(−0.194)	(2.160)	(−0.174)
Balance	0.008 ***	0.014 ***	0.026 ***	0.047	0.026 ***	0.047
	(8.811)	(8.484)	(3.548)	(0.847)	(3.548)	(0.845)
INST	−0.020 ***	−0.026 ***	−0.002	−0.099	−0.006	−0.121
	(−11.526)	(−8.724)	(−0.129)	(−0.994)	(−0.428)	(−1.218)
Big4	0.008 ***	0.016 ***	0.085 ***	0.371 ***	0.084 ***	0.364 ***
	(8.211)	(8.396)	(7.888)	(5.442)	(7.775)	(5.340)
_cons	0.219 ***	0.394 ***	0.453 ***	5.866 ***	0.446 ***	5.825 ***
	(25.224)	(24.746)	(7.049)	(11.472)	(6.946)	(11.359)
Industry	Yes	Yes	Yes	Yes	Yes	Yes
Year	Yes	Yes	Yes	Yes	Yes	Yes
N	17948	17948	17948	17948	17948	17948

变量	(1) Risk1	(2) Risk2	(3) Strategy_DEV	(4) Strategy_VAR	(5) Strategy_DEV	(6) Strategy_VAR
adj. R^2	0.227	0.252	0.132	0.138	0.133	0.138
F	43.220	45.573	31.906	26.648	31.964	26.644
Sobel 统计量			4.020	3.842	3.877	3.727
p值			0.000	0.000	0.000	0.000

注：括号内为t统计量，*、**、***分别表示在10%、5%、1%的水平下显著。

资料来源：笔者整理。

根据模型（1）和模型（2）的回归结果，CEO任职经历Career_exper_G与公司风险承担（Risk1、Risk2）显著正相关（$\beta = 0.000$，$p < 0.01$；$\beta = 0.001$，$p < 0.01$）。模型（3）和模型（5）同时考察了CEO任职经历和公司风险承担（Risk1、Risk2）对战略背离Strategy_DEV的影响，结果表明，公司风险承担（Risk1、Risk2）的回归系数显著为正（$\beta = 0.817$，$p < 0.01$；$\beta = 0.471$，$p < 0.01$），CEO任职经历的回归系数也显著为正（$\beta = 0.007$，$p < 0.01$；$\beta = 0.007$，$p < 0.01$），因此，在引入新的CEO任职经历指标测度后，CEO任职经历对战略背离具有显著正向作用，公司风险承担（Risk1、Risk2）在上述二者之间仍然起到部分中介效应，故稳健性检验结果同样支持H5a。

模型（4）和模型（6）同时考察了CEO任职经历和公司风险承担（Risk1、Risk2）对战略变动Strategy_VAR的影响，结果表明，公司风险承担（Risk1、Risk2）的回归系数显著为正（$\beta = 4.457$，$p < 0.01$；$\beta = 2.584$，$p < 0.01$），CEO任职经历的回归系数也显著为正（$\beta = 0.055$，$p < 0.01$；$\beta = 0.055$，$p < 0.01$），因此，在引入新的CEO任职经历指标测度后，CEO任职经历对战略变动具有显著正向作用，公司风险承担（Risk1、Risk2）在上述二者之间仍然起到部分中介效应，故稳健性检验结果同样支持H5b。该结果与表5-2的研究结论保持一致。

五、内生性检验

为了缓解潜在的由因果倒置引起的内生性问题，采用倾向评分匹配法进行稳健性检验。检验的思路大致为：首先，将研究样本按照CEO任职经历是否大于同年度同行业样本中位数作为划分依据，将全部样本划分为处理组和控制组两个子样本。在研究中，将CEO任职经历大于中位数的记为任职经历丰富的处理组，使之取值为1，反之，则为控制组，记为0。其次，采用Logit回归模型计算倾向得分，根据上文选取的CEO相关变量以及公司特征变量作为匹配变量，选择最近邻匹配方法进行一对一得分匹配。最终配对成功的样本观测值为17258。最后，将匹配后的样本数据再次进行回归检验，表5-9汇报了匹配后样本数据引入以风险承担为中介的回归模型检验结果。

表 5-9　倾向得分匹配 PSM——公司风险承担为中介

变量	(1) Risk1	(2) Risk2	(3) Strategy_DEV	(4) Strategy_VAR	(5) Strategy_DEV	(6) Strategy_VAR
Career_exper	0.002 ***	0.003 ***	0.027 ***	0.271 ***	0.027 ***	0.271 ***
	(2.869)	(2.789)	(4.291)	(6.317)	(4.294)	(6.316)
Risk1	.		0.837.***	4.340 ***		
			(8.726)	(5.972)		
Risk2					0.485 ***	2.510 ***
					(8.921)	(5.931)
Size	−0.010 ***	−0.018 ***	−0.009 ***	−0.412 ***	−0.008 **	−0.407 ***
	(−23.714)	(−24.947)	(−2.879)	(−16.800)	(−2.558)	(−16.488)
Lev	0.041 ***	0.078 ***	0.222 ***	1.407 ***	0.218 ***	1.389 ***
	(12.138)	(12.164)	(12.819)	(9.422)	(12.593)	(9.288)
ROA	−0.088 ***	−0.169 ***	−0.930 ***	−4.429 ***	−0.922 ***	−4.388 ***
	(−6.176)	(−6.479)	(−11.932)	(−8.933)	(−11.799)	(−8.831)
Cashflow	0.009	0.021 *	−0.002	−1.267 ***	−0.005	−1.282 ***
	(1.401)	(1.861)	(−0.056)	(−3.571)	(−0.122)	(−3.615)
Growth	0.005 ***	0.010 ***	0.016 ***	0.474 ***	0.016 ***	0.471 ***
	(7.443)	(7.588)	(3.515)	(9.523)	(3.383)	(9.473)
Board	−0.004 **	−0.008 **	0.006	0.136	0.006	0.138
	(−2.131)	(−2.263)	(0.485)	(1.433)	(0.520)	(1.455)
Indep	0.006	0.013	0.191 ***	0.937 **	0.189 ***	0.928 **
	(0.785)	(1.028)	(3.988)	(2.572)	(3.945)	(2.545)
Dual	0.001	0.003 *	0.002	−0.024	0.001	−0.026
	(1.203)	(1.745)	(0.229)	(−0.411)	(0.165)	(−0.455)
SOE	−0.005 ***	−0.010 ***	−0.034 ***	−0.395 ***	−0.034 ***	−0.394 ***
	(−7.111)	(−7.215)	(−5.231)	(−7.823)	(−5.192)	(−7.797)
ListAge	0.004 ***	0.019 ***	0.038 ***	0.375 ***	0.033 ***	0.347 ***
	(6.166)	(17.154)	(8.258)	(10.711)	(6.991)	(9.716)

续表

变量	(1) Risk1	(2) Risk2	(3) Strategy_DEV	(4) Strategy_VAR	(5) Strategy_DEV	(6) Strategy_VAR
Top1	0.032***	0.054***	0.060**	-0.021	0.061**	-0.015
	(9.184)	(8.545)	(2.140)	(-0.096)	(2.180)	(-0.070)
Balance	0.008***	0.014***	0.025***	0.047	0.025***	0.047
	(8.611)	(8.334)	(3.347)	(0.820)	(3.339)	(0.816)
INST	-0.020***	-0.025***	-0.005	-0.079	-0.010	-0.102
	(-11.290)	(-8.366)	(-0.387)	(-0.770)	(-0.700)	(-0.992)
Big4	0.008***	0.015***	0.092***	0.431***	0.091***	0.427***
	(7.076)	(6.671)	(7.328)	(5.167)	(7.258)	(5.112)
_cons	0.224***	0.404***	0.500***	6.381***	0.491***	6.337***
	(24.927)	(24.567)	(7.625)	(12.083)	(7.488)	(11.955)
Industry	Yes	Yes	Yes	Yes	Yes	Yes
Year	Yes	Yes	Yes	Yes	Yes	Yes
N	17258	17258	17258	17258	17258	17258
adj. R^2	0.232	0.256	0.132	0.136	0.132	0.136
F	42.205	43.742	30.868	25.118	30.924	25.116
Sobel 统计量			3.064	2.963	2.959	2.872
p 值			0.002	0.003	0.003	0.004

注：括号内为 t 统计量，* 、* * 、* * * 分别表示在10%、5%、1%的水平下显著。

资料来源：笔者整理。

由模型（1）和模型（2）可知，Career_exper 的回归系数仍然显著为正（$\beta=0.002$，$p<0.01$；$\beta=0.003$，$p<0.01$），模型（3）和模型（5）列示了 CEO 任职经历与公司风险承担（Risk1、Risk2）对公司战略背离 Strategy_DEV 的影响，结果显示，公司风险承担（Risk1、Risk2）的回归系数显著为正（$\beta=0.837$，$p<0.01$；$\beta=0.485$，$p<0.01$），同时，在控制公司风险承担的影响后，CEO 任职经历的回归系数仍显著为正（$\beta=0.027$，$p<0.01$；$\beta=0.027$，$p<0.01$）。结合公式（4-1）的结果可知，其回归系数有所减弱。此外，经 Sobel 检验可知，Sobel Z 值显著为正，表明公司风险承担在 CEO 任职经历与公司战略背离之间具有部分中介效应，验证了 H5a。

模型（4）和模型（6）分别列示了 CEO 任职经历与公司风险承担（Risk1、Risk2）对公司战略背离 Strategy_VAR 的影响，结果表明，公司风险承担

(Risk1、Risk2) 的回归系数显著为正 ($\beta = 4.340$, $p < 0.01$; $\beta = 2.510$, $p < 0.01$),同时,在控制公司风险承担的影响后,CEO 任职经历的回归系数仍显著为正 ($\beta = 0.271$, $p < 0.01$; $\beta = 0.271$, $p < 0.01$)。结合公式(4-1)的结果可知,其回归系数有所减弱。此外,经 Sobel 检验可知,Sobel Z 值显著为正,表明公司风险承担在 CEO 任职经历与公司战略变动之间具有部分中介效应,验证了 H5b。

第五节　本章小结

　　本章选取 2007~2020 年中国沪深两市 A 股非金融业上市公司的面板数据,基于战略变革意愿和战略变革能力视角,以风险承担和社会网络资源为切入点,深入剖析了 CEO 任职经历对公司战略变革的作用路径。研究结论表明,具有丰富任职经历的 CEO 能够促进风险承担和社会网络资源,CEO 的任职经历越丰富,越有利于促进企业的风险承担和社会网络资源获取。中介效应检验结果表明,风险承担在 CEO 任职经历对战略变革的影响中具有部分中介作用,支持了"CEO 任职经历丰富性—提高风险承担—促进战略变革"的传导路径;社会网络资源在 CEO 任职经历对战略变革的影响中具有遮掩效应,表现为"CEO 任职经历丰富性—提高社会网络资源—降低公司战略变革"的传导路径。此外,采取了一系列稳健性检验,进一步支持了上述研究结论。

　　本章的理论贡献主要表现为以下三个方面:第一,本章的研究从风险承担的视角拓展了 CEO 任职经历对公司战略变革的影响路径和作用机理的文献。已有研究尽管认为 CEO 任职经历会对公司的风险承担决策产生影响,但是,战略变革是个更为全面和丰富的概念,对其影响路径的挖掘较少,CEO 任职经历如何影响战略变革仍然有待深入探讨。本章发现,承担风险是 CEO 任职经历提升公司在战略变革的重要路径,揭示了 CEO 任职经历与公司战略变革之间的"黑箱"机制。

　　第二,本章的研究从社会网络资源的视角拓展了 CEO 任职经历对公司战略变革的影响路径和作用机理的研究。在公司经营运作过程中,特别是在重要战略决策的制定过程中,需要从其外部环境中寻求各种稀缺资源。CEO 所具有的丰富经验是公司重要且独特的战略资源,可帮助公司与外界构建联系,以获取丰富外部资源对公司的战略决策提供支持。本章发现,社会网络资源在 CEO 任职经历与公司战略变革之间起到遮掩效应。通过 CEO 任职经历的积累丰富了公司的社会网络,为公司提供了信息优势,有效降低了信息不对称的问题,但是也有可能会出现信息或相关资源的同质化现象，这会在一定程度上降低公司的市场机会识别能力，从而降低公司实施独特战略变革的可能性，这进一步丰富了 CEO 任职经历的理论文献。

第三，本书从高管个体层面拓展了战略变革的影响因素领域的研究。从高管个体特征的层面分析公司战略变革是近年来公司金融和战略管理领域的热点议题，本章基于 CEO 任职经历这一独特的视角探究了其对公司战略变革活动的影响，揭示了 CEO 任职经历所带来的认知能力与社会资本烙印对公司价值的影响。

第六章　CEO 任职经历、公司战略变革与公司价值

如前文所述，本书在分析 CEO 任职经历对战略变革影响的直接效应的基础上，进一步分析了影响 CEO 任职经历效果的边界条件和中间作用机制。公司价值是公司财务和产业界十分关注的重点议题。那么，CEO 任职经历如何影响公司价值呢？是否意味着 CEO 的任职经历越丰富，为焦点公司创造的核心价值就越高呢？为了回答这一问题，本书基于"高管背景特征—战略行为—公司绩效"的研究范式来继续探讨 CEO 任职经历影响战略变革后的经济效果。

第一节　问题提出

CEO 是公司经营战略和财务决策的制定者和执行者，CEO 的履职态度和履职能力能够影响代理成本的大小，并最终作用于公司价值。代理理论认为，所有权和经营权分离导致了委托人和代理人之间的利益冲突，而合理的激励机制能够促进 CEO 利益和股东利益趋于一致，进而减少道德风险问题，实现公司价值最大化的目标。已有较多学者从高管薪酬激励视角探究了公司治理机制对公司价值的影响，但是，鲜有研究聚焦于 CEO 背景特征对公司价值的影响及其作用机理，尤其是关于 CEO 过往有丰富的任职经历的研究。

中国独特的制度背景和"差序格局"的社会交往特征使得"因人成事"的现象尤其普遍。在转型时期背景下，中国的法律制度建设不够成熟，相对于正式契约关系，公司对关系型非正式契约更为依赖，通过缔约者之间的博弈与合作促进契约的执行。Custódio 等（2019）的研究表明，CEO 的任职经历是高管的重要隐性特征之一，也是人力资本的具体表现，CEO 任职经历差异会影响到公司的战略变革和公司价值。前文检验了具有丰富任职经历的 CEO 对公司战略变革的正向影响。但是，针对战略变革如何影响公司价值创造还存在激烈争论。一部分研

究认为，公司发起战略变革是为了获取未来收益和投资回报，以实现公司价值的最大化。而另一部分学者对此却持怀疑态度。例如，Li 和 Patel（2019）认为，CEO 的过往经验具有情境依赖性，并不适用于当前企业所面临的独特情况。那么，CEO 任职经历能否通过促进公司战略变革进而提升公司价值还值得进一步研究。此外，现有研究大多并未严格遵循结构/特征通过行为影响绩效的研究范式，因此，有必要打开董事会治理的"黑箱"，探究 CEO 任职经历丰富性与公司价值之间的作用机制。

如前文所述，本书除了分析 CEO 任职经历对战略变革的影响及其情境因素之外，还进一步从风险承担和社会网络资源两个渠道挖掘了 CEO 任职经历对公司战略变革的作用路径。在本章中，我们从战略变革的视角出发，重点分析 CEO 任职经历是否有助于提升公司的长期和短期价值。具体而言，本书选取 2007 ~ 2020 年沪深两市 A 股非金融上市公司作为研究对象，检验 CEO 任职经历对公司价值的影响，并通过中介效应模型分析 CEO 任职经历对公司价值的影响是否通过战略变革路径实现。本书通过诸如替换变量测度方式等一系列稳健性检验，从而丰富和强化了本书结果的稳健性。

第二节　理论分析与研究假设

根据高阶梯队理论，管理者的人口统计学特征能够影响其制定公司战略决策，进而会对公司价值创造发挥重要作用（Frydman，2019）。事实上，现实中也不乏经验丰富的 CEO 带领公司取得辉煌业绩的成功案例，侧面印证了 CEO 任职经历的价值创造功能。例如，蒂姆·库克在出任苹果公司 CEO 之前，曾任职于当时著名的信息技术公司 IBM 长达 12 年，就任期间主要负责北美地区及拉美地区 PC 部门的制造及分销运营工作。在受邀进入 Apple 之后，蒂姆·库克从事营业（销售）及后端技术支持服务、iPhone 销售及运营，担任法律、财务、设计、营销等关键部门掌舵者，最终带领苹果公司实现 PC 业务的供应链流程颠覆性的创新，并继续占领新的市场份额，为公司创造出巨大价值。CEO 丰富的任职经历作为其中重要的异质性特征，其所带来的异质性的人力资本和社会资本，能够为公司带来独特的价值。本书认为，相较于经验单一的高管而言，拥有丰富任职经历的管理者在资源配置、管理技能及迁移能力等方面均具有优势，为公司价值创造提供相应的支持。

首先，管理者跨公司、跨行业等多元的任职经历帮助其积累更多社会资源。

社会网络作为一种非正式的制度安排,具有资源配置效应,能够协助公司以较低的成本便捷地获取较多资源,增强公司战略的持续性和稳定性,从而有利于公司价值的提升。而且,强大的社会网络关系也能够支撑公司推进各项战略变革决策活动的顺利开展及执行,帮助公司及时补充必要的发展资源,进而实现公司的快速成长。Ferris 等(2019)曾检验 CEO 社会资本能够提升公司价值,而战略变革是重要的作用渠道,因而丰富的任职经历有可能提升管理者的资源配置能力与效率,最终提高公司价值创造能力。

其次,丰富的任职经历为 CEO 提供了充足的管理实践机会,帮助其理解先进的管理理念,提升自身的管理技能,明确如何制定有利于公司发展的管理决策,高效提升公司价值。过往经营管理实践中需要 CEO 能够在充满不确定的环境中做出符合公司发展的各项决策,信息不对称的存在导致 CEO 无法获取决策各方面的有效信息,只能凭借过往任职经历中塑造的认知、价值观念以及决策模式做出相应的决策。而不同公司和行业获得的经验有助于 CEO 成为快速和适应能力强的学习者(Jeganathan et al., 2021),能够在各种情境下快速调动各类知识和技能,帮助公司制定符合自身发展需要的战略决策。

最后,丰富的任职经历塑造了管理者的跨界领导力,强化其知识迁移能力(Falato et al., 2015),当公司面临不确定性环境时,管理者能够依靠其知识迁移及跨界能力应对变化多端的管理情境,提升公司价值。通过不同职业生涯阅历帮助 CEO 掌握了在多种情境下的关键决策制定的能力,使得其决策视野更加宽广,具有更高的风险容忍度,因此面对内外部动荡的环境,CEO 能够及时利用自身的宝贵决策经验帮助公司在激烈的市场环境中敏锐地识别出可能具备发展潜力的高风险高收益项目。战略变革作为一项高风险兼具高收益的决策行为,符合 CEO 对于风险偏好的需求,因而能够充分发挥自身管理智慧及能力,从而帮助公司实现经济效益最优化,提升公司价值创造。

然而,任职经历丰富的 CEO 在主导公司战略变革的过程中,由于战略变革需要投入大量资源以进行新的战略活动,造成了资源的损耗和内外部协调成本的提高,进而会抑制公司短期价值的实现。一方面,具备丰富任职经历的 CEO 也可能会出现过度自信的心理,在主观上容易低估战略变革带来的风险而导致高估其收益。Custodio 等(2013)研究指出,当 CEO 意识到自身的一般能力、更广阔的认知地图以及充裕的人力资本时,具有丰富任职经历的 CEO 不太可能规避风险,并低估采取战略变革行为可能带来的负面结果(Sitkin & Pablo, 1992)。另一方面,经验的适用性有限,CEO 过往任职经历中习得的经验转移到焦点公司的特定情境下可能导致经验的不适用(Zhou et al., 2021; Zhu & Westphal, 2014),从而增加初期战略变革成本,损害公司短期价值。尽管任职经历丰富的

CEO 可能会开发出多样化的创新战略变革方案，但是不同公司面临的内外部环境往往有所差异，这会造成 CEO 过往任职经历的有效性降低。此外，CEO 任职经历的丰富性是以领域专业化为代价（Mishra，2014），导致 CEO 呈现出对各领域的肤浅认知，而缺乏对其中某个领域的精通学识（Zuckerman et al.，2003）。因此，具有丰富任职经历的 CEO 更有可能面临"广度悖论"的问题（Kacperczyk & Younkin，2017），从而带来较低的价值回报（Acemoglu & Pischke，1999；Simmons & Berri，2009），叶康涛等（2021）从多面手高管与企业创新的关系中也印证了该观点。

战略变革作为一项重要的战略决策，可以帮助公司重新配置关键资源，调整不适合环境的战略，提高公司的环境适应性，增强竞争力（Finkelstein & Hambrick，1990）。同时，战略变革也存在着巨大的失败风险，决策失败会导致资源错配和浪费，因此战略变革是一种高风险的战略行为（贺小刚等，2017）。但是对于战略变革如何影响公司成长发展，学术界尚未达成一致共识。目前备受诸多学者认可的主要有适应观和组织生态观两种视角，具体来说，主要表现在以下两方面：

从适应观来看，战略变革能够形成环境效应，提高公司的环境适应性，从而帮助公司获得长期增长的动力。公司经营环境复杂多变，没有一种战略决策或业务领域可以让公司一劳永逸地长远发展（邱国栋、郭蓉娜，2019）。倘若公司总是模仿其过去的发展经历或相似行业的竞争对手，而不积极开展公司战略变革，这将导致公司的发展中出现组织惰性，失去其固有的竞争优势，从长远来看不利于公司的持续稳健发展（连燕玲等，2019）。鉴于此，公司要适应急剧变化的市场竞争环境，就必须具备灵活性和创造性（Child，1972；Smith & Grimm，1987），这要求管理者能够根据内外部环境的变化及时并动态地调整战略，重新配置公司当前各项关键活动的资源（连燕玲等，2019）。通过主动去探索那些具有市场发展前景的新领域、新业务，实现新旧业务的无障碍迭代创新（邱国栋、郭蓉娜，2019），提升核心竞争力，帮助公司获得持续快速发展，有效地实现公司长期价值创造（MacKay & Chia，2013；李卫宁、李莉，2015）。

从组织生态观来看，战略变革会产生破坏效应，增加公司额外的风险承担及成本，进而可能会对公司短期价值造成意想不到的损害。当公司选取战略变革决策时，在某种程度上意味着公司需要对当前关键资源进行重新配置，从而使得公司内、外部协调成本大大增加，降低了公司短期价值（朱丽等，2018）。具体地说，从组织内部来看，战略变革的波及范围小至公司现有员工的基本工作范式调整，大至公司内部组织架构以及组织文化的重大调整（余浩、陈劲，2012），这会显著增加公司推行战略变革的内部沟通协调成本；从组织外部来看，公司现有的组织资源往往难以支撑并维系战略变革的顺利开展，需要通过外部社会网络关系等途径为公司争取其所需资源，而社会网络关系的构建及维护也需要投入大量的人财物等资源，这又会增加公司对外部有效资源获取的相应成本（付晓蓉等，2019）。当战略变革程度较低时，在初期其战略变革收益可能并未体现出来，相反，内外部阻力及协调成本却会在初期逐步累积，并随着变革幅度的增大不断增强，所以从短期来看，战略变革更多的是放弃公司短期价值来确保顺利执行（朱丽等，2018）。管理者自身的知识吸收能力有限，导致其并不能完全吸收消化新领域知识以及新管理实践，这会造成短时间内关键战略维度资源配置模式的重大调整，给公司管理体系带来的异常风险，从而降低公司短期价值。

综上所述，具有丰富任职经历的 CEO 倾向于实施战略变革，并通过战略变革作用于公司长期和短期价值。而战略变革很难一步到位，常常要求对现有资源配置方案进行大幅度调整，并且很多时候需要对重新配置后的资源具有一定程度的投入积累之后才有可能取得对应的成果，所以，从长短期来看，这可能会对公司价值造成截然不同的影响。基于此，本书提出如下假设：

H7a：在其他条件相同的情况下，具有丰富任职经历的 CEO 通过促进公司战略背离，抑制公司的短期价值。

H7b：在其他条件相同的情况下，具有丰富任职经历的 CEO 通过促进公司的战略变动，抑制公司的短期价值。

H8a：在其他条件相同的情况下，具有丰富任职经历的 CEO 通过促进公司战略背离，提升公司的长期价值。

H8b：在其他条件相同的情况下，具有丰富任职经历的 CEO 通过促进公司战略变动，提升公司的长期价值。

第三节　研究设计

一、数据来源及样本选择

本书对论文关键变量 CEO 任职经历数据的收集，主要是借助手工及计算机 Python 程序等方式科学合理地获取，主要收集过程为：第一步，基于国泰安（CSMAR）、万得（Wind）等数据库获取中国上市公司高管个人简历等文档，对于存在高管简历信息缺失的样本，下载相应的上市公司年度报告，并结合上市公司年报、公司公告、百度百科、新浪财经、凤凰财经、和讯人物、金融界等途径手工收集并补全中国上市公司高管简历信息切实的数据。第二步，邀请五位商学院博士研究生人工阅读并整理 CEO 任职经历六维度数据，同时利用计算机 Python 程序对所需研究数据进行编码匹配处理，进而得到每个样本年度 CEO 任职经历的六维度数据。第三步，书中所需的其他变量，如公司战略变革、管理者过度自信以及董事会、公司及环境等层面的控制变量数据均取自国泰安（CSMAR）数据库、万得（Wind）数据库。研究中采用 Excel2019 和 Stata17.0，并结合计算机 Python 程序对数据进行分析。

本书选取的初始样本为 2007~2020 年在中国沪深两市上市交易的所有非金融业上市公司。样本研究起始于 2007 年，主要考虑到中国证监会在 2004 年对所有上市公司要求增加"现任董事、监事、高级管理人员的主要工作经历和在除股东单位外的其他单位的任职或兼职情况"。同时，考虑到政策制定后会存在约三年的调整适应期，中国上市公司年报中对于公司管理人员的信息披露到 2007 年日渐完善。在此之前，有关公司高管简历、个人信息等通常存在信息披露不全、缺失信息较多等现象，这可能涉及公司高层管理者个人背景特征及相关公司信息的数据完整性及可靠性难以得到保证，因此本书将研究起点设置为 2007 年。2020 年是本书能够获取核心变量数据的最新年份。进一步地，本书在初试样本的基础上，进行了如下数据处理：①相较于一般上市公司财务报表结构，金融保险业类上市公司财务报表结构和主要会计项目具有其特殊性，故剔除样本中隶属于金融保险行业的上市公司样本；②剔除上市公司年度报告信息缺失极为严重的样本；③剔除相关研究变量信息披露不全且存在缺失的样本；④剔除 ST、PT 等财务状况异常或面临退市风险的样本。为了避免极端异常值对研究结论可能产生的影响，本书将所有连续变量进行了 1% 和 99% 水平上的 Winsorize 缩尾处理，最终得到了 1415 家上市公司 17948 个公司—年度非平衡面板数据样本。

二、变量定义及模型设计

（一）变量定义

1. 被解释变量

公司价值。梳理现有学者对公司价值的研究，主要用市场价值、自由现金流、经济增加值以及公司财务绩效等指标来衡量。本书从时间周期的视角来考察公司价值创造情况，并将其分为短期价值和长期价值两种。参考乔朋华等（2021）、丁明发等（2020）等学者的研究，对于公司短期价值的衡量采用公司直观的财务绩效加以测度，即资产回报率 ROA；而公司长期价值则用外界机构投资者评估公司长期发展所依据的市场价值来测度，即 TobinQ。其中，ROA 为公司税后净利润与总资产的比值，TobinQ 为（流通股市值+非流通股股份数×每股净资产+负债账面值）与总资产的比值。

2. 解释变量

CEO 任职经历（Career_exper）。在国内外已有学者（Custodio et al., 2013；何瑛等，2019；赵子夜等，2018）研究的基础上，将中国制度环境及管理实践考虑在内，结合手工及 Python 等方式获取 CEO 任职生涯多维度数据，具体包括 CEO 过往任职的职业背景数、公司数、行业数、组织机构数、过往任职 CEO 经历、海外经历六个方面。①职能部门类型数（CEO_posi）：CEO 曾经就任的职业背景数。②公司数（CEO_corp）：CEO 曾经任职的公司数量。③行业数（CEO_indu）：CEO 曾经任职所经历的不同行业类型，包括 CEO 曾任职的（非）上市公司所在的行业数量。④组织机构数（CEO_orga）：CEO 曾任职的不同组织机构数，包括军队组织、科研机构、金融机构、地方或国家政府机构、企事业单位、非营利组织等其他组织机构。⑤过往任职 CEO 经历（CEO_care）：CEO 之前是否担任过 CEO。⑥海外经历（CEO_fore）：CEO 是否拥有海外工作经历或者海外留学经历。对上述六个方面采用主成分分析法构建了更为符合中国情境的反映上市公司高层次人才特质的 CEO 任职经历指数（Career_exper）。对于变量的相关数据收集及测度见第三章变量构建的详细内容。

3. 中介变量

公司战略变革。参考已有研究（Zhang & Rajagopalan，2010），本书将战略变革界定为公司在多个关键战略维度上资源配置情况的总体变化和调整，主要包括如下六个维度：①广告投入强度（销售费用与营业总收入之比）；②研发投入强度（管理费用与营业总收入之比）；③固定资产更新程度（固定资产净值与固定资产原值之比）；④非生产性费用投入程度（期间费用与营业总收入之比）；⑤存货周转水平（存货净额与营业总收入之比）；⑥财务杠杆（负债与所有者权益之比）。区别已有研究多聚焦于从某一方面考察公司战略变革，本书从横向和纵向两个维度全面而系统地探究 CEO 任职经历对公司战略变革的影响（Finkelstein & Hambrick，1990；Geletkanycz & Hambrick，1997；朱丽等，2018），充分体现了公司对现有资源配置的合理调整情况。具体来说，在横向维度表现为战略背离（Strategy deviation），是指公司采用的战略偏离行业内主流战略风格和类型的程度，即公司相比于行业内公认的经营惯例和竞争对手所普遍采用的竞争策略的偏离（Finkelstein & Hambrick，1990）。换言之，该维度主要考察在任何给定的时间点，一家公司的经营概况与其他公司的概况或其行业的核心趋势存在多大程度的不同。在纵向维度表现为战略变动（Strategy variation），是指公司的战略随着时间的推移而偏离自身既有战略的程度，即一家公司的资源分配和优先事项随时间变化的幅度（Geletkanycz & Hambrick，1997）。该维度主要考察一家公司从上一年到下一年改变其资源分配和优先事项的程度。

（1）战略背离（Strategy_DEV）。遵循已有学者（Tang et al., 2011；Zhang & Rajagopalan，2010；孟祥展等，2018；张双鹏等，2019）的惯用做法，同时考虑到中国上市公司战略资源配置的实际情况及样本数据的可获取性，本书从上述六个维度构建战略背离的综合衡量指标。在获取上述六个维度相关数据后，分别计算同行业中该指标的平均值和标准差，将每个公司这六个战略维度指标分别使用该指标的年度均值进行平减，然后再除以行业标准差进行标准化，将所得到的数据进行取绝对值处理。这样，得到了各公司在每一个战略维度上偏离行业平均水平的程度。最后，将六个维度上得到的指标值求平均值，得到战略背离指标（Strategy_DEV）。该指标为正向指标，值越大代表公司与同年度同行的战略背离程度越大。

（2）战略变动（Strategy_VAR）。遵循已有学者（Tang et al., 2011；Zhang & Rajagopalan，2010；孟祥展等，2018）的惯用做法，同时考虑到中国上市公司战略资源配置的实际情况及样本数据的可获取性，基于前述六个维度的指标构建综合性指标。在获取上述六个维度相关数据后，计算每个指标当年与上年的差额，同时计算各指标行业中位数的年度差额，得到经行业中位数调整的各指标的年度差额，最后，将经过调整后的 6 个指标年度差额进行标准化后取绝对值进行加总，则获得衡量战略变动的综合指标。若该指标数值越大，说明该公司本年度战略资源配置情况相对于上年变化幅度越大，战略变动的程度越高。

4. 控制变量

延续既有研究（Faccio et al., 2016；Richard et al., 2019；何瑛等，2019；连燕玲等，2019；张敏等，2015），本书在回归模型中分别加入了公司特征及治理层面等考虑了可能影响公司价值的其他相关因素。

公司特征层面选取的控制变量主要包括：Size 为公司规模，用期末总资产的自然对数表示，公司规模越大，说明公司越具备实施重大战略决策的资源实力（Atinc et al., 2011）；Lev 表示资产负债率，通过负债总额占资产总额的比值测度。ROA 表示公司盈利能力，以期末净利润除以期末总资产平均余额来衡量。一般来说，公司盈利能力越好，反映了该公司越具备充足的资源开展各项活动。Cashflow 表示公司现金流量比率，以经营活动产生的现金流量净额除以公司总资产来衡量。现金流量比率越高的公司，说明公司越具有较强的资金实力，能够支撑公司更好地开展各项活动。BM 表示账面市值比，以账面价值除以总市值来衡量。Growth 表示公司成长性，以当年公司营业收入与上年营业收入的比值减去 1 来衡量。成长性越好的公司，说明其各项资源越富裕，更有可能在公司当前情境下进一步开拓并挖掘新领域或新市场，从而提升公司价值。

治理特征层面选取的控制变量主要包括：Board 表示董事会规模，通过董事会成员的总数量取自然对数测量。独立董事比例（Indep）通过董事会中独立董事所占的比例测度；当 CEO 兼任董事长时，将 Dual 赋值为 1，否则为 0；SOE 表示产权性质，当公司由国有控股时取 1，否则取 0。ListAge 为公司上市年限，以观测年份减去公司上市年份的差值加 1，然后进行取自然对数处理。TOP1 表示股权集中度，通过第一大股东持股占公司总股本的比例衡量。Balance 表示股权制衡度，通过第二到第五大股东持股比例之和与第一大股东持股之比来衡量，该指标在一定程度上能够反映公司内部治理水平，当内部治理水平越高，对于 CEO 提议的各项重大决策的审议力度越大。INST 表示机构投资者持股比例，以机构投资者持股总数与公司流通股本之比来衡量。Big4 表示公司是否由四大（普华永道、德勤、毕马威、安永）审计，在一定程度上说明公司面临的外部治理水平越高，越能够有效地规制管理者的自利行为，缓解代理问题。

除此之外，本书还设置了年份和行业虚拟变量，以控制年份和行业固定效应，其中行业变量参考证监会 2012 年行业分类标准。具体变量定义如表 6-1 所示。

表 6-1　变量定义

变量类型	变量名称	变量符号	变量说明
被解释变量	公司短期价值	*ROA*	期末净利润除以期末总资产平均余额
	公司长期价值	*TobinQ*	（流通股市值+非流通股股份数×每股净资产+负债账面值）/总资产
中介变量	战略背离	*Strategy_DEV*	首先，将公司每个战略维度均分行业和年度进行标准化处理，使均值为 0，方差为 1；其次，计算公司每个战略维度与所在行业平均得分的绝对差值；最后，将六个维度相加得到每家公司每个年度战略背离指标
	战略变动	*Strategy_VAR*	首先，计算公司年度 t，每个战略维度从 t−1 到 t+2 四个年度的方差；其次，按照行业对战略维度进行标准化处理，使均值为 0，方差为 1，反映了公司在每个战略维度上的变异程度；最后，对每个战略维度的变异程度取绝对值并相加，得到公司在年度 t 的战略变动测量指标
解释变量	CEO 任职经历	*Career_exper*	根据 CEO 过往任职的职业背景数、公司数、行业数、组织机构数、过往任职 CEO 经历以及海外经历六个方面，利用主成分分析对上述六个方面进行测度，进而构建中国情境下反映上市公司高层次人才特质的 CEO 任职经历指数，详见论文第三章指标构建部分

变量类型	变量名称	变量符号	变量说明
控制变量	公司规模	Size	公司期末总资产的自然对数
	资产负债比率	Lev	负债总额/资产总额
	现金流量比率	Cashflow	经营活动产生的现金流量净额/总资产
	公司成长性	Growth	当年营业收入/上年营业收入-1
	董事会规模	Board	董事总人数的自然对数
	独立董事比例	Indep	独立董事人数占董事会总人数之比
	两职兼任	Dual	CEO和董事长兼任时取值为1，否则取0
	账面市值比	BM	账面价值/总市值
	产权性质	SOE	若公司为国有控股取值为1，其他为0
	上市年限	ListAge	Ln（公司上市至今的年限+1）
	股权集中度	Top1	第一大股东持股比例
	股权制衡度	Balance	第二至第五大股东持股的和与第一大股东持股之比
	机构投资者持股比例	INST	机构投资者持股总数/流通股本
	是否四大	Big4	若公司经由四大（普华永道、德勤、毕马威、安永）审计为1，否则为0
虚拟变量	行业	Industry	根据中国证监会行业分类标准（2012）生成行业虚拟变量
	年份	Year	根据年份生成年度虚拟变量

资料来源：笔者整理。

（二）模型设计

为了探讨CEO任职经历对公司战略变革影响的经济后果，即对公司价值的影响。本书参考Judd和Kenny（1981）、Baron和Kenny（1986）、温忠麟等（2004）等的中介效应检验方法，先检验CEO任职经历是否有助于促进公司价值的提升，再验证CEO任职经历是否通过公司战略变革进而影响公司价值。具体构建如公式（6-1）~公式（6-3）所示的回归模型。

$$
\begin{aligned}
TobinQ_{i,t}(ROA_{i,t}) = {} & \alpha_0 + \alpha_1 Career\_exper_{i,t} + \alpha_2 Size_{i,t} + \alpha_3 Lev_{i,t} + \\
& \alpha_4 Cashflow_{i,t} + \alpha_5 Growth_{i,t} + \alpha_6 Board_{i,t} + \alpha_7 Indep_{i,t} + \\
& \alpha_8 Dual_{i,t} + \alpha_9 BM_{i,t} + \alpha_{10} SOE_{i,t} + \alpha_{11} ListAge_{i,t} + \\
& \alpha_{12} Top1_{i,t} + \alpha_{13} Balance_{i,t} + \alpha_{14} INST_{i,t} + \alpha_{15} Big4_{i,t} + \\
& \sum Industry + \sum Year + \varepsilon
\end{aligned}
\tag{6-1}
$$

公式（6-1）中，该模型的被解释变量为公司价值，具体包括公司短期价值ROA、公司长期价值 TobinQ 两个维度。解释变量为 CEO 任职经历（Career_exper）。公式（6-1）主要用于检验 CEO 任职经历对公司价值的影响，其中，CEO任职经历（Career_exper）的回归系数 α_1 的显著性及正负号是需要密切关注的。此外，控制变量释义具体详见表 6-1 变量定义部分。

$$Strategy_{i,t} = \beta_0 + \beta_1 Career\_exper_{i,t} + \beta_2 Size_{i,t} + \beta_3 Lev_{i,t} + \beta_4 Cashflow_{i,t} +$$
$$\beta_5 Growth_{i,t} + \beta_6 Board_{i,t} + \beta_7 Indep_{i,t} + \beta_8 Dual_{i,t} + \beta_9 BM_{i,t} +$$
$$\beta_{10} SOE_{i,t} + \beta_{11} ListAge_{i,t} + \beta_{12} Top1_{i,t} + \beta_{13} Balance_{i,t} +$$
$$\beta_{14} INST_{i,t} + \beta_{15} Big4_{i,t} + \sum Industry + \sum Year + \varepsilon \qquad (6-2)$$

公式（6-2）中，该模型的被解释变量为公司战略变革，具体包括战略背离（Strategy_DEV）和战略变动（Strategy_VAR）两个细分变量，解释变量为 CEO任职经历（Career_exper），本章利用该模型分别检验 CEO 任职经历对公司战略变革（战略背离 Strategy_DEV、战略变动 Strategy_VAR）的影响，其中，CEO任职经历（Career_exper）的回归系数 β_1 的显著性及正负号是需要密切关注的。其余控制变量释义具体见表 6-1 变量定义部分。

$$TobinQ_{i,t}(ROA_{i,t}) = \gamma_0 + \gamma_1 Career\_exper_{i,t} + \gamma_2 Strategy_{i,t} + \gamma_3 Size_{i,t} +$$
$$\gamma_4 Lev_{i,t} + \gamma_5 Cashflow_{i,t} + \gamma_6 Growth_{i,t} + \gamma_7 Board_{i,t} +$$
$$\gamma_8 Indep_{i,t} + \gamma_9 Dual_{i,t} + \gamma_{10} BM_{i,t} + \gamma_{11} SOE_{i,t} +$$
$$\gamma_{12} ListAge_{i,t} + \gamma_{13} Top1_{i,t} + \gamma_{14} Balance_{i,t} + \gamma_{15} INST_{i,t} +$$
$$\gamma_{16} Big4_{i,t} + \sum Industry + \sum Year + \varepsilon \qquad (6-3)$$

公式（6-3）中，该模型的被解释变量为公司价值，具体包括公司短期价值ROA、公司长期价值 TobinQ 两个维度，解释变量为 CEO 任职经历（Career_exper）。公式（6-3）在公式（6-1）的基础上，引入公司战略变革（战略背离Strategy_DEV、战略变动 Strategy_VAR），用以考察 CEO 任职经历与公司战略变革同时对公司价值的影响。此外，上述模型中还加入了其他可能影响被解释变量的因素作为控制变量。

第四节　实证结果分析

一、描述性统计

表 6-2 报告了公司价值及其相关变量的描述性统计结果，包括变量的均值、

标准差、最大值以及最小值。根据表6-2可知，公司战略变革的两个维度变量，即战略背离Strategy_DEV和战略变动Strategy_VAR，其均值分别为0.647和-0.067，标准差分别为0.365和2.748，说明样本中不同公司的战略变革程度存在较大差异，侧面印证了本书具有一定的价值。CEO任职经历Career_exper均值为-0.008，最小值和最大值分别为-1.091和1.882，说明样本期内CEO任职经历丰富性程度较低，具有丰富任职经历的CEO仍属于少数，而且上市公司CEO任职经历丰富性之间具有较大的差异。此外，公司短期价值ROA均值为0.033，标准差为0.069，说明样本上市公司盈利水平具有差异性；公司长期价值TobinQ均值为2.019，标准差为1.677，该结果明显高于国外学者汇报的数据，说明在中国当前股票市场上，具有股票价格定高的现象。最后，从控制变量来看，基本与现有研究相吻合，故不再赘述。

表6-2　描述性统计

变量	样本量	均值	标准差	最小值	中位数	最大值
Strategy_DEV	17948	0.647	0.365	0.175	0.546	2.556
Strategy_VAR	17948	-0.067	2.748	-2.788	-1.039	15.159
Career_exper	17948	-0.008	0.521	-1.091	-0.099	1.882
ROA	17948	0.033	0.069	-0.534	0.032	0.306
TobinQ	17948	2.019	1.677	0.000	1.549	19.115
Size	17948	22.260	1.439	17.901	22.112	27.048
Lev	17948	0.494	0.268	0.042	0.488	3.502
Cashflow	17948	0.044	0.077	-0.236	0.043	0.351
Growth	17948	0.207	0.747	-0.729	0.083	8.094
Board	17948	2.162	0.232	0.000	2.197	2.708
Indep	17948	0.369	0.057	0.000	0.333	0.600
Dual	17948	0.149	0.357	0.000	0.000	1.000
BM	17948	1.187	1.410	0.000	0.744	26.642
SOE	17948	0.593	0.491	0.000	1.000	1.000
ListAge	17948	2.382	0.721	0.000	2.565	3.367
Top1	17948	0.365	0.158	0.064	0.350	0.804
Balance	17948	0.612	0.579	0.014	0.417	2.883
INST	17948	0.416	0.237	0.000	0.430	0.921
Big4	17948	0.076	0.265	0.000	0.000	1.000

资料来源：笔者整理。

二、相关分析

表 6-3 汇报了公司价值及其相关变量的相关性分析。从表 6-3 中可以看出，CEO 任职经历 Career_exper 与公司战略变革（战略背离 Strategy_DEV、战略变动 Strategy_VAR）显著正相关（$r = 0.056$，$p < 0.01$；$r = 0.044$，$p < 0.01$），与前述研究预期相一致。公司战略变革（战略背离 Strategy_DEV、战略变动 Strategy_VAR）与公司短期价值 ROA 呈显著负相关（$r = -0.245$，$p < 0.01$；$r = -0.181$，$p < 0.01$），说明公司战略变革对公司短期价值具有负向影响，与前述理论预期相一致。公司战略变革（战略背离 Strategy_DEV、战略变动 Strategy_VAR）与公司长期价值 TobinQ 呈显著正相关（$r = 0.099$，$p < 0.01$；$r = 0.128$，$p < 0.01$），说明公司战略变革能够提升公司长期价值，初步证实了前述理论预期。此外，CEO 任职经历 Career_exper 与公司短期价值 ROA、长期价值 TobinQ 的相关系数为负，且不显著，与预期有差异，故有待后续检验。

此外，从部分控制变量来看，资产负债率 Lev、独立董事占比 Indep、账面市值比 BM、公司上市年限 ListAge 与公司短期价值显著负相关，说明资产负债率越高、独立董事占比越高、账面市值比越高以及公司上市年限越久时，越会降低公司短期价值。现金流量比率 Cashflow、独董占比 Indep、两职兼任 Dual 以及上市公司年限 ListAge 与公司长期价值显著正相关，说明当现金流量比率越高、独董占比越高、CEO 兼任董事长、上市公司年限越长时，公司长期价值越高；相反，公司规模越大、资产负债率越高、董事会规模越大、账面市值比越高、国有控股产权以及股权集中度较高的时候容易对公司长期价值产生负向影响，这与现有学者的研究结论基本保持一致，为后续进一步分析奠定基础。

最后，所有变量的相关系数均小于 0.6，说明多重共线性问题在本章中并不严重。为进一步防止多重共线性问题带来的研究误差，本书利用方差膨胀因子（VIF）检验自变量和控制变量，发现各变量 VIF 最大值为 2.53，小于 3，远远低于阈值 10，表明不存在显著多重共线性的情况，保证了后续回归结果的可靠性。

三、多元回归分析

为了检验 H7a、H7b，即公司战略变革（战略背离 Strategy_DEV、战略变动 Strategy_VAR）是否在 CEO 任职经历 Career_exper 与公司短期价值 ROA 的关系之间具有中介效应，本书参照 Baron 和 Kenny 的中介效应检验三步法，分别检验公司战略变革（战略背离 Strategy_DEV、战略变动 Strategy_VAR）在 CEO 任职经历与公司短期价值之间的中介作用。表 6-4 报告了 CEO 任职经历通过公司战略变革对公司短期价值 ROA 的中介效应检验回归结果。其中，模型（1）以公司

表 6-3　Pearson 变量相关性分析

变量	Strategy_DEV	Strategy_VAR	Career_exper	ROA	TobinQ	Size	Lev	Cashflow	Growth	Board
Strategy_DEV	1.000									
Strategy_VAR	0.390***	1.000								
Career_exper	0.056***	0.044***	1.000							
ROA	-0.245***	-0.181***	-0.008	1.000						
TobinQ	0.099***	0.128***	-0.011	0.034***	1.000					
Size	0.009	-0.168***	0.107***	0.046***	-0.415***	1.000				
Lev	0.224***	0.168***	-0.006	-0.291***	-0.030***	0.171***	1.000			
Cashflow	-0.073***	-0.114***	0.004	0.317***	0.017**	0.080***	-0.164***	1.000		
Growth	0.025***	0.125***	0.012	0.158***	0.007	0.014	0.041***	0.012	1.000	
Board	-0.007	-0.060***	0.056***	0.035***	-0.115***	0.241***	0.041***	0.064***	-0.035***	1.000
Indep	0.041***	0.019**	-0.005	-0.031***	0.043***	0.084***	0.000	-0.029***	0.006	-0.197***
Dual	-0.002	0.020	-0.210***	-0.009	0.055***	-0.134***	-0.038***	-0.038***	-0.006	-0.137***
BM	0.088***	-0.047***	0.033***	-0.155***	-0.346***	0.593***	0.341***	-0.065***	-0.017**	0.106***
SOE	-0.015**	-0.101***	0.003	-0.037***	-0.137***	0.300***	0.107***	0.049***	-0.043***	0.206***
ListAge	0.111***	0.094***	-0.007	-0.146***	0.059***	0.216***	0.208***	0.001	0.021***	0.020***

续表

变量	Strategy_DEV	Strategy_VAR	Career_exper	ROA	TobinQ	Size	Lev	Cashflow	Growth	Board
Top1	−0.041***	−0.114***	0.014*	0.124***	−0.162***	0.315***	0.006	0.108***	0.023***	0.070***
Balance	0.031***	0.046***	0.033***	0.007	0.051***	−0.113***	−0.073***	−0.021***	0.040***	0.008
INST	−0.009	−0.106***	0.078***	0.116***	−0.009	0.456***	0.016***	0.139***	−0.032***	0.153***
Big4	0.049***	−0.047***	0.083***	0.057***	−0.089***	0.361***	0.030***	0.094***	−0.014*	0.075***
	Indep	Dual	BM	SOE	ListAge	Top1	Balance	INST	Big4	
Indep	1.000									
Dual	0.084***	1.000								
BM	0.057***	−0.076***	1.000							
SOE	−0.035***	−0.232***	0.207***	1.000						
ListAge	0.003	−0.097***	0.169***	0.267***	1.000					
Top1	0.037***	−0.102***	0.129***	0.276***	−0.087***	1.000				
Balance	−0.014	0.069***	−0.067***	−0.291***	−0.148***	−0.661***	1.000			
INST	0.028***	−0.138***	0.195***	0.339***	0.251***	0.391***	−0.151***	1.000		
Big4	0.059***	−0.048***	0.198***	0.110***	0.020***	0.186***	−0.023***	0.223***	1.000	

注：*、**、***分别表示在10%、5%、1%的水平下显著；所有连续变量在1%和99%的水平上均进行了缩尾处理。

资料来源：笔者整理。

短期价值 ROA 为被解释变量；模型（2）和模型（3）以战略变革（战略背离 Strategy_DEV、战略变动 Strategy_VAR）为被解释变量；模型（4）和模型（5）在模型（1）的基础上分别加入战略变革（战略背离 Strategy_DEV、战略变动 Strategy_VAR）。

由模型（1）基于公式（6-1）检验了 CEO 任职经历 Career_exper 对公司短期价值 ROA 的回归结果可知，CEO 任职经历 Career_exper 的回归系数显著为负（$\beta = -0.002$，$p < 0.05$），说明 CEO 任职经历对公司短期价值具有显著的负向影响。模型（2）和模型（3）基于公式（6-2）检验了 CEO 任职经历 Career_exper 对公司战略变革（战略背离 Strategy_DEV、战略变动 Strategy_VAR）的影响，结果表明，CEO 任职经历 Career_exper 的回归系数显著为正（$\beta = 0.037$，$p < 0.01$；$\beta = 0.302$，$p < 0.01$），说明 CEO 任职经历提高了公司战略变革程度。模型（4）和模型（5）基于公式（6-3）检验了同时将公司战略变革（战略背离 Strategy_DEV、战略变动 Strategy_VAR）和 CEO 任职经历纳入回归模型，考察其对公司短期价值 ROA 的影响。结果显示，公司战略变革（战略背离 Strategy_DEV、战略变动 Strategy_VAR）的系数显著为负（$\beta = -0.031$，$p < 0.01$；$\beta = -0.003$，$p < 0.01$），说明 CEO 任职经历（Career_exper）对公司短期价值 ROA 的影响至少有一部分是通过公司战略变革（战略背离 Strategy_DEV、战略变动 Strategy_VAR）来实现的。同时，CEO 任职经历 Career_exper 的回归系数为负，且不显著，该结果表明，公司战略变革（战略背离 Strategy_DEV、战略变动 Strategy_VAR）在 CEO 任职经历与公司短期价值 ROA 之间存在完全中介效应。进一步地，由 Sobel 检验可知，Sobel Z 值系数均显著为负（小于 -1.96），故部分中介效应成立，且中介效应比例为 57.35% 和 5.55%，说明中介效应显著，H7a、H7b 得到证实。因此，验证了 CEO 任职经历能通过推动公司战略变革（战略背离 Strategy_DEV、战略变动 Strategy_VAR），从而降低公司短期价值。综上可知，具有丰富任职经历的 CEO，往往更看重公司的长远发展，因此在制定公司经营决策时可能会放弃与公司长远发展相悖的短期效应，在一定程度上可能会造成公司短期效益的下滑，这一点与 Meyer 和 Lieb-Doczy（2003）、乔朋华等（2020）的研究相吻合。

表 6-4　中介效应检验——以短期价值 ROA 为被解释变量

变量	（1） ROA	（2） Strategy_DEV	（3） Strategy_VAR	（4） ROA	（5） ROA
Career_exper	−0.002 **	0.037 ***	0.302 ***	−0.001	−0.002
	（−2.230）	（5.668）	（7.102）	（−1.230）	（−1.518）

续表

变量	(1) ROA	(2) Strategy_DEV	(3) Strategy_VAR	(4) ROA	(5) ROA
Strategy_DEV				−0.031*** (−13.498)	
Strategy_VAR					−0.003*** (−10.295)
Size	0.008*** (13.655)	−0.029*** (−9.070)	−0.467*** (−18.638)	0.008*** (12.443)	0.007*** (11.391)
Lev	−0.061*** (−11.136)	0.305*** (18.300)	1.890*** (12.551)	−0.051*** (−9.477)	−0.056*** (−10.176)
Cashflow	0.226*** (25.114)	−0.203*** (−5.098)	−2.330*** (−7.094)	0.220*** (24.536)	0.220*** (24.419)
Growth	0.013*** (15.774)	0.006 (1.363)	0.431*** (8.667)	0.014*** (16.123)	0.015*** (17.091)
Board	0.000 (0.191)	0.005 (0.377)	0.089 (0.956)	0.001 (0.248)	0.001 (0.289)
Indep	−0.030*** (−3.305)	0.217*** (4.565)	1.127*** (3.175)	−0.023*** (−2.585)	−0.027*** (−3.003)
Dual	0.000 (0.145)	0.006 (0.757)	−0.013 (−0.218)	0.000 (0.269)	0.000 (0.122)
BM	−0.008*** (−14.046)	0.016*** (5.167)	0.007 (0.340)	−0.007*** (−13.280)	−0.008*** (−13.839)
SOE	−0.009*** (−8.272)	−0.029*** (−4.377)	−0.356*** (−7.177)	−0.010*** (−9.203)	−0.010*** (−9.118)
ListAge	−0.008*** (−9.487)	0.048*** (10.650)	0.414*** (12.515)	−0.006*** (−7.784)	−0.007*** (−8.111)
Top1	0.019*** (3.761)	0.068** (2.451)	−0.000 (−0.001)	0.021*** (4.245)	0.019*** (3.795)
Balance	0.004*** (2.720)	0.029*** (3.891)	0.064 (1.135)	0.005*** (3.401)	0.004*** (2.855)
INST	0.029*** (11.807)	−0.044*** (−3.201)	−0.330*** (−3.317)	0.028*** (11.381)	0.028*** (11.507)
Big4	−0.001 (−0.609)	0.094*** (8.531)	0.427*** (6.205)	0.002 (1.191)	0.000 (0.089)

变量	(1) ROA	(2) Strategy_DEV	(3) Strategy_VAR	(4) ROA	(5) ROA
_cons	−0.097*** (−7.576)	0.872*** (12.553)	7.368*** (13.680)	−0.070*** (−5.575)	−0.078*** (−5.988)
Industry	Yes	Yes	Yes	Yes	Yes
Year	Yes	Yes	Yes	Yes	Yes
N	17948	17948	17948	17948	17948
adj. R^2	0.252	0.095	0.121	0.276	0.262
F	78.471	26.880	24.804	81.389	80.829
Sobel 统计量				−6.558	−7.618
p 值				0.000	0.000

注：括号内为 t 统计量，*、**、***分别表示在 10%、5%、1%的水平下显著。

资料来源：笔者整理。

为了检验 H8a、H8b，即公司战略变革（战略背离 Strategy_DEV、战略变动 Strategy_VAR）是否在 CEO 任职经历 Career_exper 与公司长期价值 TobinQ 的关系之间具有中介效应，本书参照 Baron 和 Kenny 的中介效应检验三步法，分别检验公司战略变革（战略背离 Strategy_DEV、战略变动 Strategy_VAR）在 CEO 任职经历与公司短期价值之间的中介作用。表 6-5 报告了 CEO 任职经历通过公司战略变革对公司长期价值 TobinQ 的中介效应检验回归结果。其中，模型（1）的解释变量为公司的长期价值 TobinQ；模型（2）和模型（3）以战略变革（战略背离 Strategy_DEV、战略变动 Strategy_VAR）为被解释变量；模型（4）和模型（5）在模型（1）的基础上分别加入战略变革（战略背离 Strategy_DEV、战略变动 Strategy_VAR）。

表 6-5　中介效应检验——以长期价值 TobinQ 为被解释变量

变量	(1) TobinQ	(2) Strategy_DEV	(3) Strategy_VAR	(4) TobinQ	(5) TobinQ
Career_exper	0.063*** (3.044)	0.037*** (5.668)	0.302*** (7.102)	0.050** (2.396)	0.058*** (2.780)
Strategy_DEV				0.370*** (8.668)	
Strategy_VAR					0.019*** (3.005)

续表

变量	(1) TobinQ	(2) Strategy_DEV	(3) Strategy_VAR	(4) TobinQ	(5) TobinQ
Size	-0.599***	-0.029***	-0.467***	-0.588***	-0.590***
	(-30.925)	(-9.070)	(-18.638)	(-31.024)	(-30.518)
Lev	0.517***	0.305***	1.890***	0.404***	0.482***
	(4.378)	(18.300)	(12.551)	(3.383)	(3.990)
Cashflow	0.786***	-0.203***	-2.330***	0.861***	0.830***
	(3.824)	(-5.098)	(-7.094)	(4.223)	(4.008)
Growth	0.034*	0.006	0.431***	0.032	0.026
	(1.743)	(1.363)	(8.667)	(1.632)	(1.314)
Board	0.074	0.005	0.089	0.072	0.072
	(1.498)	(0.377)	(0.956)	(1.466)	(1.464)
Indep	1.969***	0.217***	1.127***	1.889***	1.948***
	(9.807)	(4.565)	(3.175)	(9.461)	(9.706)
Dual	0.008	0.006	-0.013	0.006	0.008
	(0.217)	(0.757)	(-0.218)	(0.158)	(0.224)
BM	-0.084***	0.016***	0.007	-0.090***	-0.084***
	(-6.551)	(5.167)	(0.340)	(-6.971)	(-6.576)
SOE	-0.213***	-0.029***	-0.356***	-0.203***	-0.207***
	(-8.241)	(-4.377)	(-7.177)	(-7.887)	(-8.026)
ListAge	0.253***	0.048***	0.414***	0.235***	0.245***
	(12.997)	(10.650)	(12.515)	(12.389)	(12.735)
Top1	-1.000***	0.068**	-0.000	-1.025***	-1.000***
	(-9.221)	(2.451)	(-0.001)	(-9.477)	(-9.224)
Balance	-0.130***	0.029***	0.064	-0.141***	-0.131***
	(-4.019)	(3.891)	(1.135)	(-4.381)	(-4.060)
INST	1.610***	-0.044***	-0.330***	1.626***	1.616***
	(28.337)	(-3.201)	(-3.317)	(28.536)	(28.354)
Big4	0.441***	0.094***	0.427***	0.406***	0.433***
	(12.182)	(8.531)	(6.205)	(11.354)	(11.940)
_cons	13.576***	0.872***	7.368***	13.253***	13.437***
	(38.066)	(12.553)	(13.680)	(38.172)	(37.770)
Industry	Yes	Yes	Yes	Yes	Yes

续表

变量	(1) TobinQ	(2) Strategy_DEV	(3) Strategy_VAR	(4) TobinQ	(5) TobinQ
Year	Yes	Yes	Yes	Yes	Yes
N	17948	17948	17948	17948	17948
adj. R^2	0.328	0.095	0.121	0.334	0.329
F	87.906	26.880	24.804	87.175	86.829
Sobel 统计量				5.977	4.737
p 值				0.000	0.000

注：括号内为 t 统计量，＊、＊＊、＊＊＊分别表示在 10%、5%、1% 的水平下显著。
资料来源：笔者整理。

　　由模型（1）基于公式（6-1）检验了 CEO 任职经历 Career_exper 对公司长期价值 TobinQ 的回归结果可知，CEO 任职经历 Career_exper 的回归系数显著为正（$\beta = 0.063$，$p < 0.01$），说明 CEO 任职经历对公司长期价值具有显著的促进作用。模型（2）和模型（3）基于公式（6-2）检验了 CEO 任职经历 Career_exper 对公司战略变革（战略背离 Strategy_DEV、战略变动 Strategy_VAR）的影响，发现 CEO 任职经历 Career_exper 的回归系数显著为正（$\beta = 0.037$，$p < 0.01$；$\beta = 0.302$，$p < 0.01$），说明 CEO 任职经历提高了公司战略变革程度。模型（4）和模型（5）基于公式（6-3）检验了同时将公司战略变革（战略背离 Strategy_DEV、战略变动 Strategy_VAR）和 CEO 任职经历纳入回归模型，考察其对公司长期价值 TobinQ 的影响。结果显示，公司战略变革（战略背离 Strategy_DEV、战略变动 Strategy_VAR）的系数显著为正（$\beta = 0.370$，$p < 0.01$；$\beta = 0.019$，$p < 0.01$），说明 CEO 任职经历（Career_exper）对公司长期价值 TobinQ 的影响至少有一部分是通过公司战略变革（战略背离 Strategy_DEV、战略变动 Strategy_VAR）来实现的。

　　同时，CEO 任职经历的 Career_exper 回归系数仍然显著为正（$\beta = 0.050$，$p < 0.01$；$\beta = 0.058$，$p < 0.01$），而且相较于 CEO 任职经历对公司长期价值 TobinQ 的总体效应（$\beta = 0.063$，$p < 0.01$）来说，其系数均显著有所降低。该检验结果证实，公司战略变革（战略背离 Strategy_DEV、战略变动 Strategy_VAR）在 CEO 任职经历与公司长期价值 TobinQ 之间存在部分中介效应。进一步地，由 Sobel 检验可知，Sobel Z 值系数均显著为正（大于 1.96），故完全中介效应成立，且中介效应比例为 21.73% 和 9.11%，说明中介效应显著，H8a、H8b 得到证实。因此，验证了 CEO 任职经历能通过推动公司战略变革（战略背离 Strategy_DEV、战略

变动 Strategy_VAR），从而提升公司长期价值，再次证实了 Meyer 和 Lieb-Doczy（2003）、乔朋华等（2020）等的相关研究结论。

四、稳健性检验

（一）替换战略变革的指标测度

考虑到公司战略变革是本书的关键核心变量之一，为确保变量测度方式的准确性，在稳健性检验部分，本书替换公司战略变革测度方式以重新检验回归模型。现有学者在对公司战略变革测度的时候，主要从公司在六个关键领域的资源分配情况出发，构建六指标综合维度。考虑到中国当前上市公司信息披露的现实情况，即战略变革指标维度中的广告费用及研发费用较少被上市公司披露，因此部分学者选取了销售费用与无形资产的近似值加以替代（叶康涛等，2014；张双鹏等，2018；孟祥展等，2018）。但仍有部分学者对上述指标维度的替代存疑，故本书在稳健性检验部分通过剔除销售费用与无形资产的近似值，将原先的六指标维度计算方式更换为四指标维度。最后，在此基础上重新测度公司战略变革（即战略背离 Strategy_DEV_4、战略变动 Strategy_VAR_4），具体测度方式同前述变量定义部分相同，故不再赘述。表 6-6 报告了基于四指标战略变革测度的稳健性检验结果，其中，以公司短期价值 ROA 为被解释变量。

表 6-6 更换为四指标战略变革测度——以 ROA 为被解释变量

变量	(1) ROA	(2) Strategy_DEV_4	(3) Strategy_VAR_4	(4) ROA	(5) ROA
Career_exper	-0.002** (-2.230)	0.040*** (6.059)	0.278*** (7.057)	-0.001 (-1.394)	-0.002 (-1.483)
Strategy_DEV_4				-0.023*** (-11.491)	
Strategy_VAR_4					-0.003*** (-9.661)
Size	0.008*** (13.655)	-0.033*** (-9.289)	-0.390*** (-18.007)	0.008*** (12.682)	0.007*** (11.504)
Lev	-0.061*** (-11.136)	0.333*** (17.544)	1.621*** (12.509)	-0.053*** (-9.770)	-0.056*** (-10.191)
Cashflow	0.226*** (25.114)	-0.236*** (-5.326)	-1.940*** (-6.936)	0.221*** (24.515)	0.221*** (24.452)

续表

变量	(1) ROA	(2) Strategy_DEV_4	(3) Strategy_VAR_4	(4) ROA	(5) ROA
Growth	0.013 ***	0.011 **	0.370 ***	0.014 ***	0.015 ***
	(15.774)	(2.082)	(8.727)	(16.216)	(17.043)
Board	0.000	0.003	0.049	0.001	0.001
	(0.191)	(0.227)	(0.656)	(0.221)	(0.251)
Indep	−0.030 ***	0.266 ***	1.168 ***	−0.024 ***	−0.026 ***
	(−3.305)	(4.959)	(4.001)	(−2.636)	(−2.928)
Dual	0.000	0.005	−0.008	0.000	0.000
	(0.145)	(0.606)	(−0.159)	(0.225)	(0.129)
BM	−0.008 ***	0.019 ***	0.001	−0.007 ***	−0.008 ***
	(−14.046)	(5.516)	(0.069)	(−13.356)	(−13.871)
SOE	−0.009 ***	−0.033 ***	−0.306 ***	−0.010 ***	−0.010 ***
	(−8.272)	(−4.684)	(−7.054)	(−9.057)	(−9.097)
ListAge	−0.008 ***	0.057 ***	0.348 ***	−0.007 ***	−0.007 ***
	(−9.487)	(11.900)	(12.193)	(−7.906)	(−8.173)
Top1	0.019 ***	0.074 **	−0.104	0.020 ***	0.018 ***
	(3.761)	(2.396)	(−0.567)	(4.146)	(3.732)
Balance	0.004 ***	0.029 ***	0.017	0.004 ***	0.004 ***
	(2.720)	(3.608)	(0.360)	(3.230)	(2.772)
INST	0.029 ***	−0.051 ***	−0.289 ***	0.028 ***	0.028 ***
	(11.807)	(−3.360)	(−3.339)	(11.388)	(11.501)
Big4	−0.001	0.105 ***	0.396 ***	0.001	0.000
	(−0.609)	(8.763)	(6.301)	(0.893)	(0.127)
_cons	−0.097 ***	0.956 ***	6.033 ***	−0.075 ***	−0.079 ***
	(−7.576)	(12.312)	(13.229)	(−5.954)	(−6.085)
Industry	Yes	Yes	Yes	Yes	Yes
Year	Yes	Yes	Yes	Yes	Yes
N	17948	17948	17948	17948	17948
adj. R^2	0.252	0.100	0.120	0.268	0.261
F	78.471	28.092	24.206	78.526	79.943
Sobel 统计量				−6.648	−8.200
p 值				0.000	0.000

注：括号内为 t 统计量，*、**、***分别表示在10%、5%、1%的水平下显著。

资料来源：笔者整理。

模型（1）检验了 CEO 任职经历 Career_exper 对公司短期价值 ROA 的影响，由结果可知，CEO 任职经历 Career_exper 的回归系数显著为负（$\beta=-0.002$，$p<0.05$）。模型（2）和模型（3）考察了 CEO 任职经历对公司战略变革（战略背离 Strategy_DEV_4、战略变动 Strategy_VAR_4）的影响，结果显示，CEO 任职经历 Career_exper 的回归系数显著为正（$\beta=0.040$，$p<0.01$；$\beta=0.278$，$p<0.01$）。

模型（4）和模型（5）同时考察了 CEO 任职经历 Career_exper 和公司战略变革（战略背离 Strategy_DEV_4、战略变动 Strategy_VAR_4）对公司短期价值 ROA 的影响，结果表明，公司战略变革（战略背离 Strategy_DEV_4、战略变动 Strategy_VAR_4）的回归系数显著为负（$\beta=-0.023$，$p<0.01$；$\beta=-0.003$，$p<0.01$），CEO 任职经历 Career_exper 的回归系数为负，且不显著。因此，在更换为"四指标"维度战略变革的测度方式后，CEO 任职经历对公司短期价值具有显著抑制作用，公司战略变革（战略背离 Strategy_DEV_4、战略变动 Strategy_VAR_4）在上述二者之间起到完全中介效应，该研究结论与表6-4汇报的结果基本一致，故稳健性检验结果支持了 H7a、H7b。

同样地，本书以公司长期价值 TobinQ 为被解释变量，采用更换后的四指标维度构建战略变革（即战略背离 Strategy_DEV_4、战略变动 Strategy_VAR_4）新的测度方式，并将其纳入回归模型进行稳健性检验，具体测度方式同前述变量定义部分相同，故不再赘述。表6-7汇报了更换为四指标战略变革测度的稳健性检验结果，其中，以公司长期价值 TobinQ 为被解释变量。

表6-7　更换为四指标战略变革测度——以 TobinQ 为被解释变量

变量	(1) TobinQ	(2) Strategy_DEV_4	(3) Strategy_VAR_4	(4) TobinQ	(5) TobinQ
Career_exper	0.063*** (3.044)	0.040*** (6.059)	0.278*** (7.057)	0.049** (2.354)	0.057*** (2.759)
Strategy_DEV_4				0.357*** (8.903)	
Strategy_VAR_4					0.022*** (2.987)
Size	-0.599*** (-30.925)	-0.033*** (-9.289)	-0.390*** (-18.007)	-0.587*** (-31.046)	-0.590*** (-30.593)

续表

变量	(1) TobinQ	(2) Strategy_DEV_4	(3) Strategy_VAR_4	(4) TobinQ	(5) TobinQ
Lev	0.517***	0.333***	1.621***	0.398***	0.482***
	(4.378)	(17.544)	(12.509)	(3.330)	(4.004)
Cashflow	0.786***	-0.236***	-1.940***	0.870***	0.828***
	(3.824)	(-5.326)	(-6.936)	(4.266)	(4.002)
Growth	0.034*	0.011**	0.370***	0.030	0.026
	(1.743)	(2.082)	(8.727)	(1.534)	(1.321)
Board	0.074	0.003	0.049	0.073	0.073
	(1.498)	(0.227)	(0.656)	(1.476)	(1.477)
Indep	1.969***	0.266***	1.168***	1.874***	1.944***
	(9.807)	(4.959)	(4.001)	(9.388)	(9.684)
Dual	0.008	0.005	-0.008	0.006	0.008
	(0.217)	(0.606)	(-0.159)	(0.168)	(0.222)
BM	-0.084***	0.019***	0.001	-0.091***	-0.084***
	(-6.551)	(5.516)	(0.069)	(-7.027)	(-6.567)
SOE	-0.213***	-0.033***	-0.306***	-0.201***	-0.207***
	(-8.241)	(-4.684)	(-7.054)	(-7.845)	(-8.025)
ListAge	0.253***	0.057***	0.348***	0.233***	0.246***
	(12.997)	(11.900)	(12.193)	(12.284)	(12.742)
Top1	-1.000***	0.074**	-0.104	-1.026***	-0.997***
	(-9.221)	(2.396)	(-0.567)	(-9.494)	(-9.205)
Balance	-0.130***	0.029***	0.017	-0.140***	-0.130***
	(-4.019)	(3.608)	(0.360)	(-4.378)	(-4.036)
INST	1.610***	-0.051***	-0.289***	1.628***	1.616***
	(28.337)	(-3.360)	(-3.339)	(28.570)	(28.346)
Big4	0.441***	0.105***	0.396***	0.403***	0.432***
	(12.182)	(8.763)	(6.301)	(11.296)	(11.931)
_cons	13.576***	0.956***	6.033***	13.235***	13.445***
	(38.066)	(12.312)	(13.229)	(38.198)	(37.849)

变量	(1) TobinQ	(2) Strategy_DEV_4	(3) Strategy_VAR_4	(4) TobinQ	(5) TobinQ
Industry	Yes	Yes	Yes	Yes	Yes
Year	Yes	Yes	Yes	Yes	Yes
N	17948	17948	17948	17948	17948
adj. R^2	0.328	0.100	0.120	0.334	0.329
F	87.906	28.092	24.206	87.192	86.914
Sobel 统计量				6.056	4.822
p 值				0.000	0.000

注：括号内为 t 统计量，＊、＊＊、＊＊＊分别表示在 10%、5%、1%的水平下显著。

资料来源：笔者整理。

模型（1）检验了 CEO 任职经历 Career_exper 对公司长期价值 TobinQ 的影响，由结果可知，CEO 任职经历 Career_exper 的回归系数显著为正（$\beta = 0.063$，$p < 0.01$）。模型（2）和模型（3）考察了 CEO 任职经历对公司战略变革（战略背离 Strategy_DEV_4、战略变动 Strategy_VAR_4）的影响，结果显示，CEO 任职经历 Career_exper 的回归系数显著为正（$\beta = 0.040$，$p < 0.01$；$\beta = 0.278$，$p < 0.01$）。

模型（4）和模型（5）同时考察了 CEO 任职经历 Career_exper 和公司战略变革（战略背离 Strategy_DEV_4、战略变动 Strategy_VAR_4）对公司长期价值 TobinQ 的影响，结果表明，公司战略变革（战略背离 Strategy_DEV_4、战略变动 Strategy_VAR_4）的回归系数显著为正（$\beta = 0.357$，$p < 0.01$；$\beta = 0.022$，$p < 0.01$），CEO 任职经历 Career_exper 的回归系数也显著为正（$\beta = 0.049$，$p < 0.05$；$\beta = 0.057$，$p < 0.01$），而且相较于 CEO 任职经历对公司长期价值 TobinQ 的总体效应（$\beta = 0.063$，$p < 0.01$）来说，其系数显著性均有所降低。因此，在更换为"四指标"维度战略变革的测度方式后，CEO 任职经历对公司长期价值 TobinQ 具有显著促进作用，公司战略变革（战略背离 Strategy_DEV_4、战略变动 Strategy_VAR_4）在上述二者之间仍然起到部分中介效应，该研究结论与表 6-5 汇报的结果相吻合，故稳健性检验结果同样支持了 H8a、H8b。

（二）替换 CEO 任职经历的指标测度

本书采用基于因子分析的方法，对 CEO 任职经历六指标维度重新进行综合指标构建，再将其带入回归模型进行检验。通过因子分析对 CEO 任职经历多指

标维度采取降维处理，在此基础上，以特征根大于 1 且累计方差贡献率高于 70%
的因子为选取标准，提取其中具有较强解释力的成分因子，进而构建新的 CEO
任职经历指数（Career_exper_fac），并将其作为解释变量引入回归模型重新检验
本书的研究假设，详见表 6-8 以公司短期价值 ROA 为被解释变量的稳健性检验
结果。

表 6-8　替换 CEO 任职经历测度——以 ROA 为被解释变量

变量	(1) ROA	(2) Strategy_DEV	(3) Strategy_VAR	(4) ROA	(5) ROA
Career_exper_fac	-0.005*** (-3.843)	0.049*** (6.314)	0.408*** (7.994)	-0.003*** (-2.747)	-0.004*** (-3.049)
Strategy_DEV				-0.031*** (-13.461)	
Strategy_VAR					-0.003*** (-10.229)
Size	0.009*** (13.716)	-0.029*** (-9.116)	-0.469*** (-18.688)	0.008*** (12.503)	0.007*** (11.458)
Lev	-0.061*** (-11.119)	0.305*** (18.280)	1.887*** (12.533)	-0.051*** (-9.468)	-0.056*** (-10.166)
Cashflow	0.226*** (25.095)	-0.203*** (-5.101)	-2.331*** (-7.095)	0.220*** (24.520)	0.220*** (24.404)
Growth	0.013*** (15.779)	0.006 (1.370)	0.431*** (8.672)	0.014*** (16.128)	0.015*** (17.089)
Board	0.000 (0.177)	0.005 (0.452)	0.097 (1.039)	0.001 (0.245)	0.001 (0.282)
Indep	-0.030*** (-3.316)	0.218*** (4.587)	1.133*** (3.194)	-0.023*** (-2.597)	-0.027*** (-3.014)
Dual	0.001 (0.662)	-0.005 (-0.713)	-0.105* (-1.864)	0.001 (0.542)	0.001 (0.463)
BM	-0.008*** (-14.055)	0.016*** (5.170)	0.007 (0.341)	-0.007*** (-13.295)	-0.008*** (-13.853)
SOE	-0.009*** (-8.410)	-0.027*** (-4.196)	-0.346*** (-6.986)	-0.010*** (-9.303)	-0.010*** (-9.225)

变量	(1) ROA	(2) Strategy_DEV	(3) Strategy_VAR	(4) ROA	(5) ROA
ListAge	-0.008*** (-9.604)	0.048*** (10.749)	0.418*** (12.615)	-0.007*** (-7.894)	-0.007*** (-8.224)
Top1	0.019*** (3.774)	0.067** (2.401)	-0.012 (-0.056)	0.021*** (4.246)	0.019*** (3.801)
Balance	0.004*** (2.779)	0.028*** (3.782)	0.057 (1.012)	0.005*** (3.438)	0.004*** (2.900)
INST	0.029*** (11.871)	-0.045*** (-3.259)	-0.337*** (-3.383)	0.028*** (11.436)	0.028*** (11.565)
Big4	-0.001 (-0.331)	0.091*** (8.228)	0.400*** (5.787)	0.002 (1.403)	0.001 (0.319)
_cons	-0.099*** (-7.678)	0.880*** (12.648)	7.429*** (13.791)	-0.072*** (-5.673)	-0.079*** (-6.090)
Industry	Yes	Yes	Yes	Yes	Yes
Year	Yes	Yes	Yes	Yes	Yes
N	17948	17948	17948	17948	17948
adj. R^2	0.253	0.095	0.121	0.276	0.262
F	78.694	27.026	24.968	81.343	80.828
Sobel 统计量				-7.025	8.266
p 值				0.000	0.000

注：括号内为 t 统计量，*、**、***分别表示在10%、5%、1%的水平下显著。
资料来源：笔者整理。

模型（1）检验了 CEO 任职经历 Career_exper_fac 对公司短期价值的影响，由结果可知，CEO 任职经历 Career_exper_fac 的回归系数显著为负（$\beta=-0.005$，$p<0.01$）。模型（2）和模型（3）考察了 CEO 任职经历对公司战略变革（战略背离 Strategy_DEV、战略变动 Strategy_VAR）的影响，结果显示，CEO 任职经历 Career_exper_fac 的回归系数显著为正（$\beta=0.049$，$p<0.01$；$\beta=0.408$，$p<0.01$）。

模型（4）和模型（5）同时考察了 CEO 任职经历 Career_exper_fac 和公司战略变革（战略背离 Strategy_DEV、战略变动 Strategy_VAR）对公司短期价值的影响，结果表明，公司战略变革（战略背离 Strategy_DEV、战略变动 Strategy_

VAR）的回归系数显著为负（$\beta=-0.031$，$p<0.01$；$\beta=-0.003$，$p<0.01$），CEO 任职经历 Career_exper_fac 的回归系数也显著为负（$\beta=-0.003$，$p<0.01$；$\beta=-0.004$，$p<0.01$），因此，在替换 CEO 任职经历指标测度后，CEO 任职经历对公司短期价值具有显著抑制作用，公司战略变革（战略背离 Strategy_DEV、战略变动 Strategy_VAR）在上述二者之间起到部分中介效应，该研究结论与表 6-4 汇报的结果基本一致，故稳健性检验结果部分支持 H7a、H7b。

本书以公司长期价值 TobinQ 为被解释变量，采用基于因子分析重新构建的新的 CEO 任职经历指数（Career_exper_fac），并将其作为解释变量带入回归模型进行稳健性检验，详见表 6-9 以公司长期价值 TobinQ 为被解释变量的稳健性检验结果。

表 6-9 替换 CEO 任职经历测度——以 TobinQ 为被解释变量

变量	(1) TobinQ	(2) Strategy_DEV	(3) Strategy_VAR	(4) TobinQ	(5) TobinQ
Career_exper_fac	0.089***	0.049***	0.408***	0.070***	0.081***
	(3.565)	(6.314)	(7.994)	(2.835)	(3.262)
Strategy_DEV				0.369***	
				(8.644)	
Strategy_VAR					0.019***
					(2.974)
Size	-0.599***	-0.029***	-0.469***	-0.588***	-0.590***
	(-30.920)	(-9.116)	(-18.688)	(-31.015)	(-30.507)
Lev	0.517***	0.305***	1.887***	0.404***	0.481***
	(4.373)	(18.280)	(12.533)	(3.381)	(3.987)
Cashflow	0.786***	-0.203***	-2.331***	0.861***	0.830***
	(3.829)	(-5.101)	(-7.095)	(4.227)	(4.011)
Growth	0.034*	0.006	0.431***	0.032	0.026
	(1.743)	(1.370)	(8.672)	(1.632)	(1.318)
Board	0.075	0.005	0.097	0.073	0.074
	(1.529)	(0.452)	(1.039)	(1.490)	(1.492)
Indep	1.971***	0.218***	1.133***	1.890***	1.950***
	(9.811)	(4.587)	(3.194)	(9.466)	(9.712)
Dual	-0.012	-0.005	-0.105*	-0.010	-0.010
	(-0.322)	(-0.713)	(-1.864)	(-0.268)	(-0.267)

变量	(1) TobinQ	(2) Strategy_DEV	(3) Strategy_VAR	(4) TobinQ	(5) TobinQ
BM	-0.084*** (-6.551)	0.016*** (5.170)	0.007 (0.341)	-0.090*** (-6.968)	-0.084*** (-6.574)
SOE	-0.211*** (-8.163)	-0.027*** (-4.196)	-0.346*** (-6.986)	-0.201*** (-7.823)	-0.205*** (-7.955)
ListAge	0.254*** (12.991)	0.048*** (10.749)	0.418*** (12.615)	0.236*** (12.378)	0.246*** (12.723)
Top1	-1.002*** (-9.243)	0.067** (2.401)	-0.012 (-0.056)	-1.027*** (-9.493)	-1.002*** (-9.244)
Balance	-0.131*** (-4.066)	0.028*** (3.782)	0.057 (1.012)	-0.142*** (-4.418)	-0.132*** (-4.103)
INST	1.608*** (28.299)	-0.045*** (-3.259)	-0.337*** (-3.383)	1.625*** (28.503)	1.614*** (28.315)
Big4	0.434*** (12.006)	0.091*** (8.228)	0.400*** (5.787)	0.401*** (11.207)	0.427*** (11.783)
_cons	13.591*** (38.075)	0.880*** (12.648)	7.429*** (13.791)	13.266*** (38.177)	13.452*** (37.770)
Industry	Yes	Yes	Yes	Yes	Yes
Year	Yes	Yes	Yes	Yes	Yes
N	17948	17948	17948	17948	17948
adj. R^2	0.328	0.095	0.121	0.334	0.329
F	87.859	27.026	24.968	87.106	86.761
Sobel 统计量				6.321	4.855
p 值				0.000	0.000

注：括号内为 t 统计量，*、**、***分别表示在 10%、5%、1%的水平下显著。

资料来源：笔者整理。

模型（1）检验了 CEO 任职经历 Career_exper_fac 对公司长期价值的影响，由结果可知，CEO 任职经历 Career_exper_fac 的回归系数显著为正（β = 0.089，$p<0.01$）。模型（2）和模型（3）考察了 CEO 任职经历对公司战略变革（战略背离 Strategy_DEV、战略变动 Strategy_VAR）的影响，结果显示，CEO 任职经历 Career_exper_fac 的回归系数显著为正（β = 0.049，$p<0.01$；β =

0.408，$p<0.01$）。

模型（4）和模型（5）同时考察了 CEO 任职经历 Career_exper_fac 和公司战略变革（战略背离 Strategy_DEV、战略变动 Strategy_VAR）对公司长期价值的影响，结果表明，公司战略变革（战略背离 Strategy_DEV、战略变动 Strategy_VAR）的回归系数显著为正（$\beta=0.369$，$p<0.01$；$\beta=0.019$，$p<0.01$），CEO 任职经历 Career_exper_fac 的回归系数也显著为正（$\beta=0.070$，$p<0.01$；$\beta=0.081$，$p<0.01$），而且相较于 CEO 任职经历对公司长期价值 TobinQ 的总体效应（$\beta=0.089$，$p<0.01$）来说，其系数显著性均有所降低。因此，在替换 CEO 任职经历指标测度后，CEO 任职经历对公司长期价值具有显著促进作用，公司战略变革（战略背离 Strategy_DEV、战略变动 Strategy_VAR）在上述二者之间仍然起到部分中介效应，该研究结论与表 6-5 汇报的结果相吻合，故稳健性检验结果同样支持了 H8a、H8b。

（三）剔除组织机构数、过往任职 CEO 经历以及海外经历的样本

Crossland 等（2014）认为，CEO 在成为焦点公司 CEO 之前，其就任过的不同职能部门、行业以及公司是其职业经历指数的重要组成部分。此外相关学者在研究中也强调了个体在不同行业、公司及职能部门的任职经历对于塑造个体特征具有关键影响力（Hambrick & Mason，1984）。综上，本书结合已有学者的做法和建议，选取原先 CEO 任职经历中的职业背景数、行业数以及公司数，而对组织机构数、担任 CEO 职位的经历以及海外经历的样本予以剔除，通过加总前述三个保留维度的数据，进而构建新的 CEO 任职经历指数（Career_exper_G），将其作为新的解释变量重新检验本书提出的研究假设。表 6-10 汇报了剔除过往任职组织机构数、过往任职 CEO 经历以及海外经历的 CEO 样本的稳健性检验结果，其中以短期价值 ROA 为被解释变量。

表 6-10　以职业数、行业数以及公司数测度——以 ROA 为因变量

变量	(1) ROA	(2) Strategy_DEV	(3) Strategy_VAR	(4) ROA	(5) ROA
Career_exper_G	-0.001 *** (-3.460)	0.008 *** (7.715)	0.059 *** (9.203)	-0.000 ** (-2.015)	-0.000 ** (-2.501)
Strategy_DEV				-0.031 *** (-13.460)	
Strategy_VAR					-0.003 *** (-10.234)

续表

变量	（1） ROA	（2） Strategy_DEV	（3） Strategy_VAR	（4） ROA	（5） ROA
Size	0.008***	−0.029***	−0.466***	0.008***	0.007***
	(13.673)	(−9.057)	(−18.608)	(12.465)	(11.419)
Lev	−0.061***	0.302***	1.868***	−0.051***	−0.056***
	(−11.100)	(18.150)	(12.424)	(−9.462)	(−10.157)
Cashflow	0.226***	−0.197***	−2.291***	0.220***	0.220***
	(25.065)	(−4.974)	(−6.978)	(24.513)	(24.390)
Growth	0.013***	0.006	0.428***	0.014***	0.015***
	(15.788)	(1.292)	(8.626)	(16.128)	(17.092)
Board	0.000	0.006	0.100	0.001	0.001
	(0.159)	(0.481)	(1.072)	(0.231)	(0.267)
Indep	−0.030***	0.221***	1.156***	−0.023***	−0.027***
	(−3.333)	(4.654)	(3.262)	(−2.604)	(−3.025)
Dual	0.001	−0.004	−0.096*	0.001	0.001
	(0.616)	(−0.552)	(−1.705)	(0.522)	(0.434)
BM	−0.008***	0.016***	0.007	−0.007***	−0.008***
	(−14.106)	(5.200)	(0.356)	(−13.318)	(−13.884)
SOE	−0.009***	−0.028***	−0.355***	−0.010***	−0.010***
	(−8.292)	(−4.360)	(−7.181)	(−9.213)	(−9.130)
ListAge	−0.008***	0.048***	0.411***	−0.006***	−0.007***
	(−9.458)	(10.606)	(12.420)	(−7.772)	(−8.099)
Top1	0.019***	0.068**	−0.002	0.021***	0.019***
	(3.760)	(2.453)	(−0.008)	(4.242)	(3.793)
Balance	0.004***	0.029***	0.065	0.005***	0.004***
	(2.716)	(3.909)	(1.152)	(3.397)	(2.852)
INST	0.029***	−0.045***	−0.338***	0.028***	0.028***
	(11.841)	(−3.284)	(−3.392)	(11.400)	(11.533)
Big4	−0.001	0.092***	0.412***	0.002	0.000
	(−0.505)	(8.317)	(5.981)	(1.247)	(0.163)
_cons	−0.094***	0.821***	6.962***	−0.069***	−0.075***
	(−7.323)	(11.798)	(12.923)	(−5.436)	(−5.823)
Industry	Yes	Yes	Yes	Yes	Yes

续表

变量	(1) ROA	(2) Strategy_DEV	(3) Strategy_VAR	(4) ROA	(5) ROA
Year	Yes	Yes	Yes	Yes	Yes
N	17948	17948	17948	17948	17948
adj. R^2	0.253	0.097	0.123	0.276	0.262
F	78.795	27.481	25.279	81.375	80.874
Sobel 统计量				9.489	−10.240
p 值				0.000	0.000

注：括号内为 t 统计量，*、**、*** 分别表示在 10%、5%、1%的水平下显著。
资料来源：笔者整理。

模型（1）检验了 CEO 任职经历 Career_exper_G 对公司短期价值的影响，由结果可知，CEO 任职经历 Career_exper_G 的回归系数显著为负（$\beta = -0.001$，$p < 0.01$），说明 CEO 任职经历会降低公司短期价值。模型（2）和模型（3）考察了 CEO 任职经历对公司战略变革（战略背离 Strategy_DEV、战略变动 Strategy_VAR）的影响，结果显示，CEO 任职经历 Career_exper_G 的回归系数显著为正（$\beta = 0.008$，$p < 0.01$；$\beta = 0.059$，$p < 0.01$）。

模型（4）和模型（5）同时考察了 CEO 任职经历 Career_exper_G 和公司战略变革（战略背离 Strategy_DEV、战略变动 Strategy_VAR）对公司短期价值的影响，结果表明，公司战略变革（战略背离 Strategy_DEV、战略变动 Strategy_VAR）的回归系数显著为负（$\beta = -0.031$，$p < 0.01$；$\beta = -0.003$，$p < 0.01$），CEO 任职经历 Career_exper_G 的回归系数也显著为负（$\beta = -0.000$，$p < 0.05$；$\beta = -0.000$，$p < 0.05$）。据此可知，在替换 CEO 任职经历指标测度后，CEO 任职经历 Career_exper_G 对公司短期价值具有显著抑制作用，公司战略变革（战略背离 Strategy_DEV、战略变动 Strategy_VAR）在上述二者之间起到部分中介效应，该研究结论与表 6-4 汇报的结果基本一致，故稳健性检验结果部分支持了 H7a、H7b。

同样地，本书基于原先 CEO 任职经历中的职业背景数、行业数以及公司数构建新的 CEO 任职经历指数（Career_exper_C），并将其作为解释变量带入回归模型进行稳健性检验，详见表 6-11 以公司长期价值 TobinQ 为被解释变量的稳健性检验结果。

表 6-11 以职业背景数、行业数以及公司数测度——以 TobinQ 为因变量

变量	(1) TobinQ	(2) Strategy_DEV	(3) Strategy_VAR	(4) TobinQ	(5) TobinQ
Career_exper_G	0.011***	0.008***	0.059***	0.008***	0.009***
	(3.562)	(7.715)	(9.203)	(2.591)	(3.185)
Strategy_DEV				0.368***	
				(8.594)	
Strategy_VAR					0.019***
					(2.943)
Size	-0.598***	-0.029***	-0.466***	-0.588***	-0.590***
	(-30.895)	(-9.057)	(-18.608)	(-30.996)	(-30.487)
Lev	0.514***	0.302***	1.868***	0.402***	0.479***
	(4.350)	(18.150)	(12.424)	(3.369)	(3.971)
Cashflow	0.792***	-0.197***	-2.291***	0.864***	0.834***
	(3.855)	(-4.974)	(-6.978)	(4.243)	(4.032)
Growth	0.034*	0.006	0.428***	0.031	0.026
	(1.725)	(1.292)	(8.626)	(1.622)	(1.307)
Board	0.076	0.006	0.100	0.074	0.074
	(1.544)	(0.481)	(1.072)	(1.503)	(1.506)
Indep	1.974***	0.221***	1.156***	1.893***	1.953***
	(9.824)	(4.654)	(3.262)	(9.474)	(9.722)
Dual	-0.010	-0.004	-0.096*	-0.009	-0.008
	(-0.283)	(-0.552)	(-1.705)	(-0.242)	(-0.234)
BM	-0.084***	0.016***	0.007	-0.090***	-0.084***
	(-6.542)	(5.200)	(0.356)	(-6.965)	(-6.568)
SOE	-0.213***	-0.028***	-0.355***	-0.203***	-0.207***
	(-8.252)	(-4.360)	(-7.181)	(-7.900)	(-8.040)
ListAge	0.252***	0.048***	0.411***	0.234***	0.244***
	(12.947)	(10.606)	(12.420)	(12.342)	(12.687)
Top1	-1.001***	0.068**	-0.002	-1.026***	-1.001***
	(-9.233)	(2.453)	(-0.008)	(-9.488)	(-9.235)
Balance	-0.130***	0.029***	0.065	-0.140***	-0.131***
	(-4.014)	(3.909)	(1.152)	(-4.375)	(-4.055)

续表

变量	（1）TobinQ	（2）Strategy_DEV	（3）Strategy_VAR	（4）TobinQ	（5）TobinQ
INST	1.609***	−0.045***	−0.338***	1.626***	1.615***
	(28.313)	(−3.284)	(−3.392)	(28.519)	(28.329)
Big4	0.439***	0.092***	0.412***	0.405***	0.431***
	(12.185)	(8.317)	(5.981)	(11.376)	(11.955)
_cons	13.498***	0.821***	6.962***	13.195***	13.369***
	(37.904)	(11.798)	(12.923)	(38.034)	(37.631)
Industry	Yes	Yes	Yes	Yes	Yes
Year	Yes	Yes	Yes	Yes	Yes
N	17948	17948	17948	17948	17948
adj. R^2	0.328	0.097	0.123	0.334	0.329
F	87.853	27.481	25.279	87.096	86.768
Sobel 统计量				7.929	5.145
p 值				0.000	0.000

注：括号内为 t 统计量，*、**、***分别表示在 10%、5%、1%的水平下显著。

资料来源：笔者整理。

模型（1）检验了 CEO 任职经历 Career_exper_G 对公司长期价值的影响，由结果可知，CEO 任职经历 Career_exper_G 的回归系数显著为正（$\beta=0.011$，$p<0.01$），说明 CEO 任职经历会促进公司长期价值的提升。模型（2）和模型（3）考察了 CEO 任职经历对公司战略变革（战略背离 Strategy_DEV、战略变动 Strategy_VAR）的影响，结果显示，CEO 任职经历 Career_exper_G 的回归系数显著为正（$\beta=0.008$，$p<0.01$；$\beta=0.059$，$p<0.01$）。

模型（4）和模型（5）同时考察了 CEO 任职经历 Career_exper_G 和公司战略变革（战略背离 Strategy_DEV、战略变动 Strategy_VAR）对公司长期价值的影响，结果表明，公司战略变革（战略背离 Strategy_DEV、战略变动 Strategy_VAR）的回归系数显著为正（$\beta=0.368$，$p<0.01$；$\beta=0.019$，$p<0.01$），CEO 任职经历 Career_exper_G 的回归系数也显著为正（$\beta=0.008$，$p<0.01$；$\beta=0.009$，$p<0.01$），而且相较于 CEO 任职经历对公司长期价值 TobinQ 的总体效应（$\beta=0.011$，$p<0.01$）来说，其系数显著性均有所降低。因此，在利用职业背景数、行业数以及公司数构建 CEO 任职经历来替换 CEO 任职经历指标测度后，CEO 任职经历对公司长期价值具有显著促进作用，公司战略变革（战略背离 Strategy_

DEV、战略变动 Strategy_VAR）在上述二者之间仍然起到部分中介效应，该研究结论与表 6-5 汇报的结果相吻合，故稳健性检验结果同样支持了 H8a、H8b。

（四）替换公司价值测度方式

为了进一步提高研究结果的可靠性，借鉴王雪莉等（2013）的做法，本书利用公司净利润与公司营业总收入的比值测度公司短期价值 ROS。表 6-12 汇报了替换公司短期价值测度方式的稳健性检验结果。模型（1）检验了 CEO 任职经历 Career_exper 对公司短期价值 ROS 的影响，由结果可知，CEO 任职经历 Career_exper 的回归系数显著为负（$\beta=-0.009$，$p<0.01$），说明 CEO 任职经历对公司短期价值具有负向抑制作用。

表 6-12　替换公司短期价值测度方式——以 ROS 测度公司短期价值

变量	(1) ROS	(2) ROS	(3) ROS
Career_exper	-0.009*** (-3.031)	-0.007** (-2.397)	-0.007** (-2.423)
Strategy_DEV		-0.051*** (-8.129)	
Strategy_VAR			-0.006*** (-7.027)
Size	0.023*** (12.249)	0.021*** (11.851)	0.020*** (10.626)
Lev	-0.176*** (-11.287)	-0.160*** (-10.341)	-0.164*** (-10.517)
Cashflow	0.335*** (13.793)	0.324*** (13.583)	0.320*** (13.288)
Growth	0.031*** (13.018)	0.031*** (13.191)	0.033*** (13.655)
Board	0.005 (0.681)	0.005 (0.722)	0.005 (0.773)
Indep	-0.019 (-0.763)	-0.008 (-0.321)	-0.012 (-0.485)
Dual	0.003 (0.733)	0.003 (0.807)	0.003 (0.715)

续表

变量	(1) ROS	(2) ROS	(3) ROS
BM	-0.013***	-0.012***	-0.013***
	(-7.159)	(-6.957)	(-7.081)
SOE	-0.006**	-0.008***	-0.009***
	(-2.097)	(-2.611)	(-2.847)
ListAge	-0.015***	-0.012***	-0.012***
	(-6.443)	(-5.459)	(-5.341)
Top1	0.046***	0.050***	0.046***
	(3.587)	(3.868)	(3.597)
Balance	0.010***	0.011***	0.010***
	(2.588)	(3.001)	(2.713)
INST	0.040***	0.038***	0.038***
	(6.038)	(5.699)	(5.735)
Big4	-0.015***	-0.010**	-0.012***
	(-3.373)	(-2.273)	(-2.749)
_cons	-0.328***	-0.283***	-0.282***
	(-8.729)	(-7.805)	(-7.497)
Industry	Yes	Yes	Yes
Year	Yes	Yes	Yes
N	17948	17948	17948
adj. R^2	0.190	0.199	0.197
F	50.482	49.807	49.914
Sobel 统计量		-0.774	-1.988
p 值		0.439	0.047

注：括号内为 t 统计量，*、**、*** 分别表示在10%、5%、1%的水平下显著。

资料来源：笔者整理。

模型（2）和模型（3）同时考察了 CEO 任职经历 Career_exper 和公司战略变革（战略背离 Strategy_DEV、战略变动 Strategy_VAR）对公司短期价值的影响，结果表明，公司战略变革（战略背离 Strategy_DEV、战略变动 Strategy_VAR）的回归系数显著为负（$\beta = -0.051$, $p < 0.01$；$\beta = -0.006$, $p < 0.01$），CEO 任职经历 Career_exper 的回归系数也显著为负（$\beta = -0.007$, $p < 0.05$；$\beta =$

-0.007，$p<0.05$）。因此，在替换公司短期价值测度指标后，CEO 任职经历对公司短期价值具有显著抑制作用，公司战略变革（战略背离 Strategy_DEV、战略变动 Strategy_VAR）在上述二者之间起到部分中介效应，该研究结论与表 6-4 汇报的结果具有一致性，故稳健性检验结果同样支持了 H7a、H7b。

同样地，本书参考 Fang 等（2009）、邓新明等（2014）、乔朋华等（2020）等学者的研究，对公司长期价值的测度方式进行替换。通过公司权益市场价值与权益账面价值的比值构建新的公司长期价值（MTB），即流通股市值+非流通股股份数×每股净资产+负债账面值）/（资产总计-无形资产净额-商誉净额）。表 6-13 汇报了替换公司长期价值测度方式的稳健性检验结果。模型（1）检验了 CEO 任职经历 Career_exper 对公司长期价值 MTB 的影响，由结果可知，CEO 任职经历 Career_exper 的回归系数显著为正（$\beta=0.093$，$p<0.01$），说明 CEO 任职经历会促进公司长期价值的提升。

表 6-13　替换公司长期价值测度——以 MTB 测度公司长期价值

变量	(1) MTB	(2) MTB	(3) MTB
Career_exper	0.093 *** (3.979)	0.073 *** (3.153)	0.085 *** (3.627)
Strategy_DEV		0.540 *** (11.707)	
Strategy_VAR			0.028 *** (4.346)
Size	-0.629 *** (-33.101)	-0.613 *** (-33.093)	-0.616 *** (-32.346)
Lev	0.595 *** (4.770)	0.430 *** (3.423)	0.542 *** (4.245)
Cashflow	0.783 *** (3.643)	0.893 *** (4.200)	0.849 *** (3.941)
Growth	0.069 *** (3.050)	0.066 *** (2.972)	0.057 ** (2.539)
Board	0.047 (0.904)	0.045 (0.858)	0.045 (0.856)
Indep	1.999 *** (9.195)	1.881 *** (8.719)	1.967 *** (9.063)

续表

变量	(1) MTB	(2) MTB	(3) MTB
Dual	0.011	0.008	0.011
	(0.294)	(0.212)	(0.303)
BM	−0.105 ***	−0.114 ***	−0.105 ***
	(−7.450)	(−7.976)	(−7.484)
SOE	−0.261 ***	−0.246 ***	−0.251 ***
	(−9.543)	(−9.051)	(−9.189)
ListAge	0.283 ***	0.257 ***	0.272 ***
	(14.252)	(13.210)	(13.762)
Top1	−1.139 ***	−1.176 ***	−1.139 ***
	(−9.760)	(−10.116)	(−9.772)
Balance	−0.076 **	−0.092 ***	−0.078 **
	(−2.213)	(−2.696)	(−2.269)
INST	1.740 ***	1.764 ***	1.750 ***
	(28.014)	(28.394)	(28.098)
Big4	0.530 ***	0.480 ***	0.518 ***
	(13.187)	(12.086)	(12.887)
_cons	14.378 ***	13.907 ***	14.169 ***
	(39.865)	(39.732)	(39.283)
Industry	Yes	Yes	Yes
Year	Yes	Yes	Yes
N	17948	17948	17948
adj. R^2	0.329	0.340	0.331
F	91.583	90.606	90.171
Sobel 统计量		1.103	−2.438
p 值		0.270	0.015

注：括号内为 t 统计量，＊、＊＊、＊＊＊分别表示在10%、5%、1%的水平下显著。
资料来源：笔者整理。

　　模型（2）和模型（3）同时考察了 CEO 任职经历 Career_exper 和公司战略变革（战略背离 Strategy_DEV、战略变动 Strategy_VAR）对公司长期价值的影响，结果表明，公司战略变革（战略背离 Strategy_DEV、战略变动 Strategy_VAR）的回归系数显著为正（$\beta = 0.540$，$p < 0.01$；$\beta = 0.028$，$p < 0.01$），CEO 任职经历 Career_exper 的回归系数也显著为正（$\beta = 0.073$，$p < 0.01$；$\beta = 0.085$，$p <$

0.01），而且相较于 CEO 任职经历对公司长期价值 MTB 的总体效应（$\beta = 0.093$，$p<0.01$）来说，其系数显著性均有所降低。因此，在替换公司长期价值测度指标后，CEO 任职经历对公司长期价值具有显著促进作用，公司战略变革（战略背离 Strategy_DEV、战略变动 Strategy_VAR）在上述二者之间仍然起到部分中介效应，该研究结论与表 6-5 汇报的结果具有一致性，故稳健性检验结果同样支持了 H8a、H8b。

第五节　本章小结

本章利用 2007~2020 年中国沪深交易所上市的 A 股非金融类上市公司样本，实证检验 CEO 任职经历对公司价值的影响及战略变革的中介效应。研究结果表明：其一，CEO 任职经历能够通过战略变革提升公司价值。CEO 任职经历对公司未来的长期市场价值（用 Tobin Q 衡量）均有显著的促进作用。其二，CEO 任职经历虽然能对公司长期价值起到促进作用，但对于短期价值（用 ROA 衡量）却存在负向影响，其原因是当公司为了适应内外部环境变化，而进行战略变革（战略背离和战略变动）时，公司面临调整战略资源配置的内部资源重新配置的阻力约束，以及外部资源协调成本上升，从而造成公司短期价值出现下降。其三，中介效应检验结果表明，战略变革（战略背离和战略变动）在 CEO 任职经历和公司短期价值的关系中发挥着完全中介效应，而在 CEO 任职经历和公司长期价值的关系中发挥着部分中介效应，这充分支持了"CEO 任职经历—战略变革—公司价值"的传导路径。

相较于已有研究，本章的研究主要从两个方面对现有研究做出贡献：其一，拓展了 CEO 任职经历的经济后果领域的研究。综观有关高管特征的已有文献，尽管现有学者对管理者特征（特质）对公司价值的关系展开了广泛的考察，但是鲜有分析 CEO 任职经历对公司价值的影响，本书证实了 CEO 任职经历对公司长期价值和短期价值的差异化影响，拓展了 CEO 任职经历的经济后果领域的相关文献研究。其二，丰富了战略变革的经济后果领域的研究。战略变革是否能够带来公司价值的提升仍然存在争议，一些研究认为战略变革对公司价值具有积极作用（孟祥展等，2018），而另一些研究则认为上述二者之间存在倒"U"型关系或者 N 型关系（Zhang & Rajagopalan, 2010）。有别于现有研究，本书从短期和长期的视角看待战略变革对公司价值的影响，实证结果发现，公司既可能通过投资于新的战略项目在未来获得良好的回报、增加公司的长期价值，也有可能面临着公司战略变革失败的风险，降低公司的短期价值，从而丰富了公司战略变革的经济后果的文献研究。此外，本书的研究结论对于鼓励公司发挥战略变革的价值创造功能也具有一定的现实意义。一方面，面对突如其来的危机，管理者应充分发挥以往丰富任职经历的积极作用。积极探寻危机背后的潜在机会，利用自我和组织的快速反应能力，及时调整危机下的组织关键资源配置以对抗外部不确定性，保障公司的健康成长。另一方面，处于求新求变状态的公司可以考虑采取相关举措来提升战略变革水平，如雇佣具有更加丰富任职经历的管理者、采取奖励措施激励管理者积极进行战略变革、提高对战略变革失败的宽容度。

第七章　研究结论与展望

　　CEO 是公司较为稀缺的人力资本，如何甄别、运用该资源进行战略变革决策也是公司面临的重要议题。在前面六章中，本书主要基于高阶梯队理论、烙印理论，深入、系统地分析并实证检验了 CEO 任职经历丰富性对公司战略变革的作用。本章主要包括三个部分：其一，提炼和总结本书的主要研究结论。其二，根据研究结论阐述本书的理论贡献，并从政府、公司、高管三个层面提出管理对策和建议。其三，分析了本书的不足和局限性，同时探讨改进的可能和展望未来研究方向。

第一节　主要研究结论

　　作为公司战略决策和战略变革的关键主体，CEO 多元化任职经历会对公司的战略变革产生重要影响，进而影响到公司的长期和短期价值创造。本书基于 2007~2020 年中国沪深 A 股上市公司的面板数据，结合手工及 Python 等方式收集不同维度数据，从高阶梯队理论和烙印理论的视角，构建了符合中国情境下反映上市公司高层次人才特质的 CEO 任职经历指数，依据"直接效应—边界条件—作用路径—经济后果"的逻辑思路，实证检验了中国上市公司情境下，CEO 任职经历丰富性对公司战略变革的直接效应、情境因素、作用路径和经济后果。实证研究表明，CEO 任职经历会显著影响到公司的战略变革—战略背离和战略变动。具体而言，本书得到以下结论：

　　（一）结合手工及 Python 等方式收集不同维度的数据构建了 CEO 任职经历指数

　　首先，通过手工及 Python 等方式收集的中国 A 股上市公司 CEO 任职经历数据集，从 CEO 过往任职生涯的职业背景、公司、行业、组织机构、任职 CEO 经历以及海外经历六个方面构建了多元化任职经历指数，以衡量 CEO 任职经历的丰富性。其次，中国上市公司 CEO 任职经历丰富性整体水平较低，虽然整体呈现逐年提升的态势，但中位数变化幅度微弱，拥有丰富任职经历的 CEO 属于稀缺资源；不同的公司类型，CEO 职业经历丰富性呈现不同的特点，经非参数检验及参数检验发现，不同产权性质以及高新技术行业属性样本之间，其 CEO 任职经历丰富性存在显著差异，相较于国有公司而言，非国有公司在 CEO 的任职经历丰富性上显著性更高；与非高新技术行业公司相比，高新技术行业公司的 CEO 任职经历丰富性显著更高，可知不同公司对于 CEO 任职经历的需求存在差异。

（二）CEO 任职经历会显著促进公司的战略背离和战略变动

高阶梯队理论认为，高管的性格、认知和经验与公司的战略决策行为存在显著相关关系（Crossland et al., 2014; Hambrick & Mason, 1984）。战略变革反映了公司在面临内外部环境骤变时对公司现有资源采取重新配置的战略决策行为（Fiss & Zajac, 2006; 周建等, 2015）。本书基于广告投入强度、研发投入强度、固定资产更新程度、非生产性费用投入程度、存货周转水平、财务杠杆等资源分配六个关键维度，分别从横向和纵向维度刻画公司战略变革程度。具体来说，包括战略背离和战略变动。其中，战略背离意味着公司战略相较于其他公司的差异程度，主要刻画公司偏离行业主流战略的程度，是横向比较；战略变动代表了公司相较于以往战略的资源重新配置和公司战略变化程度，公司随着时间的推移而偏离自身战略的程度，是纵向比较。具有多样化任职经历的 CEO 一般拥有更强的风险偏好和风险承担能力，先前丰富的任职经历使得 CEO 对风险活动的认知更为深刻。各种情境下的决策制定可以让 CEO 的管理技能大幅提升，当面临相似的外部环境时，CEO 能够敏锐地识别出兼具高风险和高收益的战略变革项目，进而会充分抓住市场机会，整合公司各项资源以推动公司战略变革的顺利实施。此外，CEO 以往任职经历越丰富，不仅能够使其拥有更加多元化的思维，同时也会在多次管理实践中不断增强 CEO 的综合管理能力，丰富 CEO 的社会关系网络，从而能够越有力地支撑公司在现有发展态势中追逐新的业务领域，在一定程度上促进公司战略变革的有序执行。

（三）CEO 任职经历与战略变革关系的调节作用

CEO 任职经历对公司战略变革的影响还受到董事会权力、组织资源冗余、经济政策不确定性等情境因素的影响。其一，董事会权力会对 CEO 任职经历丰富性与战略变革形成约束，进而削弱 CEO 任职经历丰富性对公司战略变革的影响，更加深化对董事会如何影响战略变革的理解。其二，组织的冗余资源正向调节 CEO 任职经历丰富性对公司战略变革的影响。冗余资源会起到"缓冲器"的作用，在进行战略变革时可以为公司提供更多的选择权。当公司具有较多的冗余资源时，任职经历丰富的 CEO 更有能力和意愿去追求新颖而独特的战略变革，其受到的内部阻力也更少，对追求不确定性、探索性的战略具有更大的宽容度；反之，当冗余资源不足时，CEO 则更趋于保守，不得不追求更加高效和安全的战略。其三，经济政策不确定性会显著正向影响 CEO 任职经历与公司战略变革的关系。在经济政策不确定性状况下，公司会积极实施战略变革来增强自身战略与外部环境的匹配性，并积极把握新出现的市场机遇，从而有助于发挥 CEO 任职经历丰富性的作用。

（四）风险承担和社会网络资源在 CEO 任职经历和战略变革关系之间的中介作用

基于战略变革的意愿和能力视角，本书进行了一系列的稳健性和内生性检验，实证数据发现，CEO 任职经历丰富性通过风险承担和社会网络资源两条中介路径影响战略变革。一方面，风险承担在 CEO 任职经历对战略变革的影响中具有部分中介作用，支持了"CEO 任职经历丰富性—提高风险承担—促进战略变革"的传导路径。行为金融学认为，管理者是不完全理性的，其各种内在的特质会影响到公司的战略决策，包括风险偏好等；CEO 的任职经历能够塑造其性格倾向，当 CEO 任职经历越丰富，其对投融资和经营决策的能力使其具有更大的风险偏好，其进行战略变革的倾向也越大。因此，风险承担在 CEO 任职经历和战略变革之间的关系中起到了部分中介作用。另一方面，社会网络资源在 CEO 任职经历对战略变革的影响中具有遮掩效应，表现为"CEO 任职经历丰富性—提高社会网络资源—降低公司战略变革"的传导路径。CEO 任职经历丰富性的提升有利于积累社会网络资源，从而能够更好地发挥其配置资源的能力。然而，战略变革是一项资源配置活动，具有很强的资源依赖性，通过 CEO 任职经历的积累丰富了公司的社会网络，也为公司提供了信息优势，有效缓解了信息不对称的问题，但是也有可能会出现信息或相关资源的同质化现象，在一定程度上会降低公司的市场机会识别能力，从而减少公司实施独特战略变革的可能性。相反，公司可能会遵从行业既有规范，保持自身原有战略（Schepker et al.，2017），从而导致公司战略变革程度的降低。

（五）CEO 任职经历、战略变革和公司价值

本书基于"管理者特质—行为—绩效"的研究范式，将公司价值按照时间维度区分为长期价值和短期价值两类，分别检验了 CEO 任职经历丰富性对战略变革影响的经济后果。一方面，战略变革在 CEO 任职经历与公司长期价值的关系中发挥中介作用，任职经历丰富的管理者更倾向于战略变革，这有助于公司提高环境适应性，及时调整业务结构，进而获得长期成长的能力，能够正向提高公司的长期价值。另一方面，任职经历相对更加丰富的 CEO 也会因为资源重新配置，造成公司资源的损耗和内外部协调成本的提高，从而损害了公司短期价值。因此，战略变革能够在 CEO 的任职经历丰富性对公司价值的差异性影响中发挥部分中介作用。

第二节 理论贡献与管理启示

一、理论贡献

本书主要从以下五个方面为现有理论做出贡献：

（1）构建了 CEO 任职经历丰富性指数，将 CEO 任职经历从单一维度拓展到多维度的多元化任职经历。

当前，CEO 多元化任职经历所体现出来的综合优势已经被学术界越来越多的学者关注到。对于通过量化手段进行衡量和界定管理者多维度任职经历方面的研究还很有限；到目前为止，仅有少量文献研究呼吁并开始探索 CEO 多元化任职经历对公司风险承担、公司创新和 CEO 薪酬等方面的影响（Custódio & Metzger，2014；何瑛等，2019；赵子夜等，2018），尚未有文献系统研究 CEO 多元化任职经历对公司战略变革的影响。本书从职能类型数、公司数、行业数、组织机构数、过往 CEO 任职经历、海外经历六个维度理论上构建了 CEO 任职经历丰富性指数以衡量 CEO 任职经历的多元化程度，对量化 CEO 的经验特征提供了理论支撑。

（2）将战略变革分为战略背离和战略变动两个维度，分析了 CEO 任职经历分别对战略背离和战略变动的直接效应，拓展了战略变革的理论研究。

虽然高管可能对组织的战略行动和方向发挥着重要影响，但他们在实施战略变革时常常遇到很大的困难。有相当多的证据表明，在某些情况下，一些高管可以成为其组织中重大变革的催化剂（叶康涛等，2021）。尽管已有研究已注意到管理者的个性（如大五人格）和特征（早期饥荒经历、军旅经历、学术经历和海外经历）等因素对公司战略决策、风险承担和经营决策等的影响（Harrison et al.，2019；Kish-Gephart & Campbell，2015），而追求战略变革是关系到公司生存的重要决定，学者们试图确定公司战略变革的决定因素，但是鲜有研究探索 CEO 任职经历丰富性对战略变革的影响。本书将 CEO 任职经历与战略变革相联系，细致地分析了具有丰富任职经历的 CEO 是否有助于推动组织的重大战略变革，增强了我们对公司何时以及为何寻求战略变革的理解，从而拓展了战略管理和组织研究的理论文献研究。需要指出的是，本书在强调管理者有丰富任职经历能够促进公司战略变革的同时，并没有否定专业型人才在公司中的独特优势，诸如在推动公司创新、兼并、拆分等战略决策活动中也发挥着重要作用。因此，只有注重在实际中甄别不同的人才特质，因才施策，优化人才队伍结构，考虑到不同特质人才的平衡配置，才能有效提高公司决策效率，改善经营水平。

（3）结合高阶梯队理论和资源基础理论的综合视角，检验了中国特定环境下 CEO 任职经历和战略变革之间的关系还受到三种关键的情境因素——董事会权力、组织资源冗余、经济政策不确定性的调节，深化了 CEO 背景特征影响效果的治理边界。

本书研究结果表明，当任职经历丰富的 CEO 所在的公司董事会权力较大时，强大的董事会可能对 CEO 的战略决策形成制约效应，因此，在一定程度上董事会权力会削弱具有丰富任职经历的 CEO 对公司战略变革活动的推动作用；相反，当任职经历丰富的 CEO 所在的公司中拥有较高水平的冗余资源，并且处于经济政策相对更加不确定的行业时，他们更有可能寻求战略变革。任职经历丰富的CEO 往往是发散性思维者和具有内在动机的个体，他们有能力和动力去追求战略变革（Custódio et al.，2019），但当他们可以利用更多的冗余资源、面临更多不稳定和动态的环境条件时，更有可能追求和实施战略变革。具体来说，第一，凸显了董事会权力在 CEO 任职经历丰富性与公司战略变革关系中的调节作用，会削弱二者之间的正向关系，加深了对公司治理与公司战略变革互动机制的研究与理解。第二，CEO 任职经历丰富性对公司战略变革的影响还受到组织冗余资源的调节，加深了我们对任职经历影响战略变革的理解。目前 "CEO 背景特征—公司战略行为" 研究模型，普遍忽视了影响公司战略行为最基本的资源因素，本书将冗余资源纳入分析框架完善了该方面的研究。第三，既有文献主要考察经济政策不确定性对具体层面的公司战略行为的影响（赵慧，2018），例如，公司创新（赵子夜等，2018）、公司投资（Hu & Liu，2015）等。本书着眼于战略管理理论中的公司战略变革问题，探究了经济政策不确定性对 CEO 任职经历与整体层面的公司战略变革之间关系的影响，在行业层面揭示了经济政策不确定性对 CEO任职经历和公司战略行为之间的调节作用。综上所述，以上三种调节因素是董事会层面、公司层面和环境层面的重要边界条件，可增强我们对 CEO 任职经历对公司战略变革影响的理解。

（4）建构了 "CEO 任职经历—风险承担—战略变革" 和 "CEO 任职经历—社会网络资源—战略变革" 的研究框架，识别并检验了风险承担和社会网络资源两种重要的中间作用机制，打开了 CEO 任职经历对战略变革影响作用机理的"黑箱"。

现有文献主要聚焦于 CEO 单一背景对公司创新（虞义华等，2018）、研发投入（郎香香、尤丹丹，2021）、风险承担（杨英英等，2021）等方面的影响，有关 CEO 任职经历如何作用于战略变革的影响机制的研究较少，虽然一些研究从多元化经营的视角探讨了 CEO 任职经历的传导机制（Hu & Liu，2015；叶蓓，2017），但鲜有从风险承担和社会资本的视角去探讨 CEO 任职经历的影响。本书识别了两种关键的中间作用变量——风险承担和社会网络资源，通过实证检验发现，风险承担和社会网络资源在 CEO 任职经历和战略变革之间发挥着传导作用。一方面，任职经历有助于培养 CEO 机会识别能力、风险控制能力等综合素质，因而，任职经历丰富的 CEO 往往具有更强的风险偏好，更倾向于承担风险，具有更加多元化的思维和进取精神，更倾向于进行战略变革。另一方面，多元任职经历意味着高管在多个不同的职能部门、公司、行业、组织机构工作过，海外经历、过往任职 CEO 经历为其建立了广泛工作关系，给其带来了可观的社会网络资源，通过其积累的社会网络为公司带来信息优势，降低信息不对称。同时，考虑到网络的同质性等问题，可能会降低公司推动战略变革的研究开展难度，这有效地丰富了社会网络的研究文献。本书在理论上揭示了 CEO 任职经历影响战略变革的内在具体"黑箱"机制，并为后续探讨任职经历丰富的 CEO 角色提供了新的实证证据。

（5）揭示了 CEO 任职经历对战略变革影响的经济后果——公司价值，拓展了有关 CEO 特征经济后果的理论研究。

以往研究仅停留在管理者单一背景特征对公司价值的单一影响关系上，本书呼应了 Mueller 等（2020）"进行更细致的管理者多元化任职经历背景研究"的呼吁，即进一步探讨了 CEO 任职经历与公司绩效之间的潜在机制，揭示了战略变革在 CEO 任职经历与公司价值之间的微观作用机理。更为重要的是，战略变革的经济效果对于公司的长期价值和短期价值存在异质性影响，对于公司长期价值而言，CEO 任职经历通过战略变革传导机制，正向影响公司的长期价值，对于公司短期价值而言，CEO 任职经历通过战略变革传导机制，抑制了公司的短期价值创造，从而丰富了高管任职经历的经济后果领域的文献。

二、管理启示

（1）为中国上市公司在战略转型时选择或更换 CEO 提供了决策的理论依据。上市公司需要健全高层次人才培养和选聘机制，重视引进多元化任职经历的人才。对于公司层面而言，本书的研究成果为公司完善 CEO 的选聘机制提供了有益的参考。由研究可知，公司的战略选择与 CEO 的任职经历特征显著相关，公司要想实现价值最大化，在遴选公司高管时，董事会不仅要注重传统意义上高管的"能力信号"，还要及时关注高管的"特征信号"观察显性因素。具体而言，公司在进行战略决策时，除了要关注决策时所处的外部环境，公司拥有的内部资源和核心能力，还应该考虑到公司 CEO 自身的特征。当 CEO 任职经历只局限于单一的行业、公司或者职能部门，而不具备其他行业、公司或职能部门的经验，虽然可能有利于其在某一领域具有特殊的优势和能力，但也限制了其对其他行业或公司的了解，限制了其认知广度，造成难以驾驭不了解的事物。因而，处于求新求变状态的公司可以考虑相关的举措来提升战略变革水平，如雇佣具有更丰富任职经历的管理者、采取奖励措施激励管理者积极进行战略变革、提高对战略变革失败的宽容度，以免去管理者的后顾之忧，鼓励他们勇于承担战略变革的风险以适应外部环境。

（2）CEO 个人在职业生涯中积累的经验融入其个性中，成为 CEO 性格、认知、偏好的一部分，以及由此形成的社会网络，这些均会对其战略变革产生影响。CEO 能形成拥有丰富社会资源、管理视野开阔、思维更加开放多元、更具谋略胆识的特征往往得益于其多元化的任职经历，而这些有助于提高其应对复杂决策情境的能力进而影响公司战略变革水平和创新决策行为。一方面，在公司面临战略决策时，作为管理者的 CEO 应当充分发挥其任职经历为公司做出合适的决策，不断推动公司的进步与发展。丰富的任职经历塑造了管理者的跨界领导力，强化其知识迁移能力（Mueller et al.，2020），当公司面临不确定性环境时，管理者能够依靠其知识迁移及跨界能力应对变化多端的管理情境，提升公司价值。另一方面，丰富的任职经历往往容易使管理者脱离公司所处的客观实际，完全凭自己过往的任职经历做出决策，可能不利于公司长远发展，因此管理者应尽力避免依赖形成的经验路径。经验的适用性有限，将 CEO 过往任职经历中习得的经验转移到焦点公司的特定情境下可能导致经验的不适用（Zhu & Westphal，2014；Zhu et al.，2020），而且具有丰富任职经历的 CEO 也有可能面临"广度悖论"的问题（Kacperczyk & Younkin，2017），只有结合焦点公司管理实践以及内外部环境现状，才能更好地制定出符合公司长远发展的战略变革决策。

（3）上市公司要完善公司的内外部治理机制，尤其是对于董事会而言，CEO 的选聘和解雇是其重要职责。第一，上市公司要注重完善董事会权力的制衡机制。在保证董事会行使正常监督职能的前提下，对于任职经历丰富的 CEO 而言，董事会应该适当放权。CEO 对于决策的控制力增强，有助于其对战略形势的准确判断，根据外部市场需求和内部具体情况进行战略变革。第二，公司的内部资源约束会在进行战略变革时更加突出，因此公司应适度地配备冗余资源以应对内部资源约束。从某种程度上来讲，这些冗余资源的存在能够在公司面临战略变革时起到"缓冲器"的作用，同时也为公司进行战略变革提供更多的选择余地。因此，在维持正常生产经营的同时，有条件的情况下公司应适度积累冗余资源以备不时之需。第三，在制定战略变革决策时，公司不应简单地将经济政策视为背景，或忽视经济政策的频繁变动和不稳定性。CEO 应该对经济政策的变化保持敏感性，并根据经济政策不确定性程度仔细审视当前的战略。当面临较大的经济政策不确定性时，CEO 的任职经历对战略变革的影响显著增强，这意味着当外部经济环境不稳定时，任职经历丰富的 CEO 能敏锐地识别出新市场机遇，积极进行战略调整来动态匹配环境、把握新市场机遇。

（4）具有丰富任职经历的 CEO 应该在公司的长期价值和短期价值之间进行权衡。一方面，CEO 任职经历有助于公司发起和实施战略变革，从而有利于公司长期价值的创造。尤其在面临类似疫情的突发极端事件时，更需要具有丰富任职经历的管理者对公司进行引领，适当进行战略变革，帮助公司渡过难关，这有利于公司长期成长，提升组织内部成员的凝聚力和奋斗精神，进而促进公司获得长期发展。另一方面，短期来说，由于受到组织惰性和结构惯性的影响，公司变革需要重新配置内部资源受到阻碍，同时，想要获取外部资源必然会面临外部协调成本提高的挑战，内外部资源协调成本的上升和阻力，使得短期内 CEO 任职经历会对公司经济绩效产生负面效果。

（5）从管理者个体视角看，管理者注重多元化经验积累，提升综合管理能力。除了对于公司甄选合适的 CEO 具有指导作用外，本书对于管理者个体职业发展也具有一定的借鉴作用。首先，管理者应重视丰富的管理实践对管理能力的提升作用，保持开放包容和持续学习的心态，不拘于某一岗位或某一领域的工作惯性，而是注重学习不同领域的思维方式及管理方式，完善自身的知识结构和管理技能，提升知识迁移能力及跨界能力，这些优势的积累有助于管理者提升其在就业市场中的议价能力，塑造更有竞争力的形象。其次，管理者应注重公司核心竞争力与经营管理决策的匹配性，无论是投资经营决策，还是融资分配决策，许多决策都具有两面性，对于具体策略的优劣高低学术界时常争论不一，管理实践结果也千差万别，研究旨在强调管理者与公司对自身资源与优势的高效利用，公司根据发展需求选聘管理者，同时管理者运用综合管理技能结合公司竞争优势制定最优决策，进而更有效地提升公司价值。最后，管理者应意识到进行战略变革对于公司可持续价值创造的重要作用，以及相关利益者对于公司风险承担的重视，明确当前职业经理人市场对管理者特质的综合需求，提升自身在管理决策中的风险承担意识和能力。

第三节　研究不足及展望

本书从理论及数据方面对中国上市公司 CEO 任职经历丰富性进行了测算，并研究其对公司战略变革的影响效应、调节机制、影响路径及经济后果，对现有高层次梯队为主的相关理论与研究进行了有益的补充。但受制于主客观因素的影响，本书仍然不可避免地存在以下局限和不足，以期在今后的研究中不断深入与完善。

第一，精确手工收集的 CEO 任职经历数据集数据精度和完整度还有待增加，未来可以根据研究人员的具体兴趣，有必要开发细粒度更高的衡量 CEO 任职经历的指数，进一步丰富和完善 CEO 任职经历的测量方式。由于中国上市公司高管简历披露信息精确度有限，并不是所有简历都披露详细的任职信息，因此在手工收集 CEO 任职经历丰富性的基础数据时，存在人工无法查询到的信息，这也导致了研究样本存在一定的缺失。后续研究可以确定样本范围后，针对公司管理人员进行信息的定向收集，获取更为准确和全面的数据。

第二，对不同细分维度下的战略变革的影响效果尚未统一。根据已有学者的研究，可以从战略变革的方向（Rajagopalan & Spreitzer，1997）、幅度（刘鑫、薛有志，2015）以及速度（Adomako et al.，2021）等方面进行划分。本书基于横向和纵向视角将战略变革区别为战略背离和战略变动两方面，今后可具体探索管理者任职经历对战略变革的方向、幅度以及速度等分别产生何种影响。同时，还需要进一步拓展和完善战略变革的影响路径研究。本书对于公司战略变革的影响路径研究仅考虑了风险承担和社会网络资源两条影响路径。事实上，公司存在更多的关键性风险决策，也会对公司战略变革及公司价值产生重要作用，相应的影响机理及作用情境仍有待检验。因此，探究 CEO 复合型任职经历影响战略变革的作用机制也是以后值得研究的方向。

第三，对影响 CEO 任职经历的情境因素选择不够全面。本书在控制外部行业、年度因素及市场竞争因素的情况下，研究了董事会权力、资源冗余和经济政策不确定性等情境因素对 CEO 任职经历和战略变革之间关系的调节作用。观察治理实践，公司经营发展的过程中情境因素是多样而不断变化的。因此，依据权变理论未来还可探索多重情境因素的影响，如在本书框架基础上纳入文化因素、业绩期望落差等外部情境因素，CEO 任期、股权结构、CEO 权力等内部情境因素。

　　第四，实证研究中对内生性问题的处理还存在一定的局限。内生性问题是实证研究中无法回避的难题，即使再权威的期刊论文也无法完全克服内生性对研究结论的干扰。本书在分析 CEO 任职经历对战略变革的影响时，虽然采用了替换核心变量测度、剔除部分样本、控制可能遗漏的变量以及倾向得分匹配 PSM 等较为严谨的计量经济学方法以试图增加研究结果的稳健性，但是鉴于国内数据可获得性以及研究情境等因素的局限，未来的研究可以进一步采用新的研究方法以缓解潜在的内生性困扰。

参考文献

[1] 曹越，郭天枭．高管学术经历与企业社会责任 [J]．会计与经济研究，2020，34（2）：22-42．

[2] 曾春影，徐菊，茅宁．一切过往，皆为序章：管理者过往经历对企业决策影响的评述与展望 [J]．外国经济与管理，2020，42（11）：109-124．

[3] 陈爽英，傅锋，李启月．"个体-组织"情境嵌套下 CEO 互联网行业经历与平台企业战略变革 [J]．管理学报，2020，17（10）：1461-1469．

[4] 陈伟宏，钟熙，蓝海林，等．范围，速度与节奏——高管过度自信对国际化进程的影响 [J]．管理评论，2021，33（3）：233-243．

[5] 程令国，张晔．早年的饥荒经历影响了人们的储蓄行为吗？——对我国居民高储蓄率的一个新解释 [J]．经济研究，2011，46（8）：119-132．

[6] 戴维奇，刘洋，廖明情．烙印效应：民营企业谁在"不务正业"？[J]．管理世界，2016（6）：99-115+187-188．

[7] 丁明发，李思雨，蔡光前，等．高管学术经历对公司价值的影响 [J]．金融理论与实践，2020，26（11）：79-89．

[8] 董静，邓浩然．董事长军旅背景、管理自主权与战略变革——来自 A 股上市公司的证据 [J]．管理工程学报，2021，35（4）：29-39．

[9] 段海艳．连锁董事，组织冗余与企业创新绩效关系研究 [J]．科学学研究，2012，30（4）：631-640．

[10] 付超奇．资本结构、公司治理行为与 CEO 生活经历 [J]．投资研究，2015，34（2）：112-127．

[11] 付晓蓉，栾睿，庞晶．渠道学习对创新能力的影响：组织惰性的视角 [J]．科研管理，2019，40（1）：76-88．

[12] 傅超，王文姣，傅代国．高管从军经历与企业战略定位——来自战略差异度的证据 [J]．管理科学，2021，34（1）：66-81．

[13] 傅皓天，于斌，王凯．环境不确定性、冗余资源与公司战略变革 [J]．科学学与科学技术管理，2018，39（3）：92-105．

［14］顾夏铭，陈勇民，潘士远．经济政策不确定性与创新——基于我国上市公司的实证分析［J］．经济研究，2018，53（2）：109-123.

［15］韩婕珺，郑乐凯，苏慧．管理层背景与企业全球价值链参与——来自上市公司的证据［J］．产业经济研究，2020（2）：73-86+142.

［16］何瑛，于文蕾，戴逸驰，等．高管职业经历与企业创新［J］．管理世界，2019，35（11）：174-192.

［17］何瑛，于文蕾，杨棉之．CEO 复合型职业经历，企业风险承担与企业价值［J］．中国工业经济，2019（9）：155-173.

［18］何瑛，张大伟．管理者特质、负债融资与企业价值［J］．会计研究，2015，27（8）：65-72+97.

［19］何雨晴．CEO 学术经历与企业战略变革［J］．工业技术经济，2021，40（5）：30-37.

［20］贺小刚，邓浩，吕斐斐，等．期望落差与企业创新的动态关系-冗余资源与竞争威胁的调节效应分析［J］．管理科学学报，2017，20（5）：13-34.

［21］黄磊，王化成，裘益政．Tobin Q 反映了企业价值吗——基于市场投机性的视角［J］．南开管理评论，2009，12（1）：90-95+123.

［22］姜付秀，张晓亮，蔡文婧．CEO 的财务经历有利于缓解企业融资约束吗［J］．经济理论与经济管理，2018（7）：74-87.

［23］郎香香，尤丹丹．管理者从军经历与企业研发投入［J］．科研管理，2021，42（6）：166-175.

［24］李春玲，袁润森，李念．非实际控制人董事会权力与国企战略变革［J］．科学学与科学技术管理，2021，42（8）：116-140.

［25］李慧聪，汪敏达，张庆芝．研发背景高管、职业成长路径与高技术企业成长性研究［J］．管理科学，2019，32（5）：23-36.

［26］李卫宁，李莉．Tmt 异质性、战略变革与绩效改善的关系研究——基于绩效下滑的非多元化企业的数据实证［J］．中国管理科学，2015，23（6）：153-161.

［27］连军．组织冗余、政治联系与民营企业 R&D 投资［J］．科学学与科学技术管理，2013，34（1）：3-11.

［28］连燕玲，叶文平，刘依琳．行业竞争期望与组织战略背离——基于中国制造业上市公司的经验分析［J］．管理世界，2019，35（8）：155-172+191-192.

［29］刘鑫，薛有志．CEO 继任、业绩偏离度和公司研发投入——基于战略变革方向的视角［J］．南开管理评论，2015，18（3）：34-47.

［30］柳光强，孔高文. 高管海外经历是否提升了薪酬差距［J］. 管理世界，2018，34（8）：130-142.

［31］罗雨薇. 市场化指数、治理结构与企业绩效关系研究［J］. 统计与决策，2014（24）：192-194.

［32］马李沛沛. 制度环境下战略变革与企业绩效的非线性关系研究［J］. 财会通讯，2019（32）：26-30.

［33］马新啸，汤泰劼，郑国坚. 非国有股东治理与国有企业的税收规避和纳税贡献——基于混合所有制改革的视角［J］. 管理世界，2021，37（6）：128-141.

［34］马永强，邱煜，金智. CEO 贫困出身与企业创新：人穷志短抑或穷则思变？［J］. 经济管理，2019，41（12）：88-104.

［35］买忆媛，叶竹馨，陈淑华. 从"兵来将挡，水来土掩"到组织惯例形成——转型经济中新企业的即兴战略研究［J］. 管理世界，2015，（8）：147-165.

［36］孟庆斌，李昕宇，蔡欣园. 公司战略影响公司违规行为吗［J］. 南开管理评论，2018，21（3）：116-129+151.

［37］孟祥展，张俊瑞，白雪莲. 外聘 CEO 职业经历、任期与公司经营战略变革的关系［J］. 管理评论，2018，30（8）：168-181.

［38］乔朋华，张悦，许为宾，等. 管理者心理韧性、战略变革与企业成长——基于香港交易所中资上市公司的实证研究［J］. 管理评论，2021，32（12）：1-12.

［39］秦婉琪. 华为公司股权激励对企业价值创造力的影响［J］. 当代经济，2019（1）：118-119.

［40］邱国栋，郭蓉娜. 企业克服"两种陷阱"的后卢因式战略变革——基于"抛弃政策"与二元视角的研究［J］. 中国工业经济，2019，37（5）：174-192.

［41］邱玉兴，胡晶莹，周阳. CEO 权力、研发投资与中小企业价值研究［J］. 会计之友，2019（11）：67-71.

［42］权小锋，徐星美，蔡卫华. 高管从军经历影响审计费用吗？——基于组织文化的新视角［J］. 审计研究，2018，12（2）：80-86.

［43］沈华玉，张军，余应敏. 高管学术经历、外部治理水平与审计费用［J］. 审计研究，2018（4）：86-94.

［44］苏冬蔚，毛建辉. 股市过度投机与中国实体经济：理论与实证［J］. 经济研究，2019，54（10）：152-166.

［45］孙甲奎，肖星. 独立董事投行经历与上市公司并购行为及其效应研

究——来自中国市场的证据 [J]. 会计研究, 2019, 31 (10): 64-70.

[46] 孙健敏, 陈乐妮, 尹奎. 挑战性压力源与员工创新行为: 领导-成员交换与辱虐管理的作用 [J]. 心理学报, 2018, 50 (4): 436-449.

[47] 万赫, 钟熙, 彭秋萍. 以不变应万变? 经济政策不确定性对企业战略变革的影响探析 [J]. 管理工程学报, 2021, 35 (5): 52-63.

[48] 王海军, 奚浩彬, 邢华. 管理者从政经历增加了国企的海外并购倾向吗? ——来自上市公司的经验证据 [J]. 世界经济研究, 2021, 21 (4): 70-87+135-136.

[49] 王辉, 杨雅琪. CEO 学术经历对企业创新绩效的影响——企业创新投入的中介作用 [J]. 南华大学学报 (社会科学版), 2020, 21 (6): 80-87.

[50] 王菁华, 茅宁. 企业风险承担研究述评及展望 [J]. 外国经济与管理, 2015, 37 (12): 45-59.

[51] 王鹏, 张俊瑞, 李彬. 董事会结构与企业价值关系研究——基于能力视角的经验证据 [J]. 山西财经大学学报, 2009, 31 (12): 63-70.

[52] 王铁男, 王宇, 赵凤. 环境因素、CEO 过度自信与 IT 投资绩效 [J]. 管理世界, 2017, 33 (9): 116-128.

[53] 魏哲海. 管理者过度自信、资本结构与公司绩效 [J]. 工业技术经济, 2018, 37 (6): 3-12.

[54] 文雯, 张晓亮, 宋建波. 学者型 CEO 能否抑制企业税收规避 [J]. 山西财经大学学报, 2019, 41 (6): 110-124.

[55] 吴建祖, 龚敏. 基于注意力基础观的 CEO 自恋对企业战略变革影响机制研究 [J]. 管理学报, 2018, 15 (11): 1638-1646.

[56] 谢康, 吴瑶, 肖静华, 等. 组织变革中的战略风险控制——基于企业互联网转型的多案例研究 [J]. 管理世界, 2016.

[57] 辛琳, 张萌. 企业吸收能力、资本结构与企业价值——以长江经济带战略性新兴产业上市公司为例 [J]. 会计研究, 2018 (9): 47-55.

[58] 邢华, 奚浩彬, 王海军. 管理者从政经历是否会导致国企非效率投资? [J]. 上海财经大学学报, 2020, 22 (5): 33-48.

[59] 许年行, 李哲. 高管贫困经历与企业慈善捐赠 [J]. 经济研究, 2016, 51 (12): 133-146.

[60] 许为宾, 蹇亚兰, 豆秋杰. 伴随性别转换的 CEO 变更与企业战略变革 [J]. 财会通讯, 2021 (11): 64-68.

[61] 严若森, 华小丽, 钱晶晶. 组织冗余及产权性质调节作用下连锁董事网络对企业创新投入的影响研究 [J]. 管理学报, 2018, 15 (2): 217-229.

[62] 杨浩，陈暄，汪寒．创业型企业高管团队教育背景与企业绩效关系研究 [J]．科研管理，2015，36（1）：216-223.

[63] 杨林，张敏．国外企业战略变革理论与经验研究综述 [J]．外国经济与管理，2008，26（5）：56-65.

[64] 杨兴全，张丽平，陈旭东．市场化进程与现金股利政策：治理效应抑或缓解融资约束？[J]．经济与管理研究，2014（5）：76-84.

[65] 叶康涛，李宛姗，赵奇锋．老马识途："多面手"高管与企业创新 [J]．科研管理，2021，42（9）：157-165.

[66] 游家兴，刘淳．嵌入性视角下的企业家社会资本与权益资本成本——来自我国民营上市公司的经验证据 [J]．中国工业经济，2011（6）：111-121.

[67] 于洪鉴，陈艳，陈邑早．CEO 自恋与并购非公开环节行为决策的实验研究 [J]．管理科学，2019，32（5）：102-112.

[68] 余浩，陈劲．战略导向、互搏意愿与产品创新绩效关系研究 [J]．科研管理，2012，33（5）：1-7.

[69] 余明桂，李文贵，潘红波．管理者过度自信与企业风险承担 [J]．金融研究，2013，35（1）：149-163.

[70] 虞义华，赵奇锋，鞠晓生．发明家高管与企业创新 [J]．中国工业经济，2018（3）：136-154.

[71] 张栋，胡文龙，毛新述．研发背景高管权力与公司创新 [J]．中国工业经济，2021（4）：156-174.

[72] 张敏，童丽静，许浩然．社会网络与企业风险承担——基于我国上市公司的经验证据 [J]．管理世界，2015（11）：161-175.

[73] 张双鹏，周建，周飞谷．混合所有制改革对企业战略变革的影响研究——基于结构性权力的视角 [J]．管理评论，2019，31（1）：183-196.

[74] 张行．CEO 离职与公司继任决策研究：基于董事会结构特征的实证分析 [J]．科研管理，2018，39（1）：108-118.

[75] 赵民伟，晏艳阳．管理者早年大饥荒经历与公司财务政策 [J]．南方经济，2015，35（10）：49-63.

[76] 赵子夜，杨庆，陈坚波．通才还是专才：CEO 的能力结构和公司创新 [J]．管理世界，2018，34（2）：123-143.

[77] 周冬华，黄雨秀，梁晓琴．董事长上山下乡经历与会计稳健性 [J]．山西财经大学学报，2019，41（7）：108-124.

[78] 周建，秦蓉，王顺昊．高层管理者创新经验、情境差异与企业创新 [J]．科学学与科学技术管理，2021，42（5）：118-141.

［79］周建，秦蓉，王顺昊．连锁董事任职经验与企业创新——组织冗余的调节作用［J］．研究与发展管理，2021，33（5）：40-53.

［80］周建，张双鹏，刘常建．发展困境一定会导致战略变革吗？［J］．科学学与科学技术管理，2015（7）：93-106.

［81］周建，王顺昊，张双鹏．董秘信息提供、独立董事履职有效性与公司绩效［J］．管理科学，2018，31（5）：97-116.

［82］周建，张双鹏，刘常建．分离CEO两职合一：代理问题缓和与战略继任的开始［J］．管理科学，2015，28（3）：1-13.

［83］周建，罗肖依，张双鹏．公司内部治理能阻止财务多元化战略吗［J］．南开管理评论，2017，20（1）：4-15.

［84］周建，罗肖依，张双鹏．独立董事个体有效监督的形成机理——面向董事会监督有效性的理论构建［J］．中国工业经济，2016（5）：109-126.

［85］周建，李小青，杨帅．任务导向董事会群体断裂带、努力程度与企业价值［J］．管理学报，2015，12（1）：44-52.

［86］周兰，姚星齐，刘泽华．CEO财务经历与企业创新——基于风险认知和融资能力的双重视角［J］．南方经济，2021（8）：66-85.

［87］周雷，陈善璐，肖楠，等．CEO名校经历、过度自信与公司绩效——基于公司业务复杂度的调节［J］．财会通讯，2021（12）：33-37.

［88］朱沆，叶文平，刘嘉琦．从军经历与企业家个人慈善捐赠——烙印理论视角的实证研究［J］．南开管理评论，2020，23（6）：179-189.

［89］朱丽，陈春花，刘超．"嵌入性"视角下企业战略变革与短期变革绩效关系研究［J］．外国经济与管理，2018，40（11）：73-88.

［90］Abcbc M A. Top team composition and corporate turnaround under environmental stability and turbulence［J］. Leadership & Organization Development Journal, 2010, 31（3）：196-212.

［91］Aberg C, Torchia M. Do boards of directors foster strategic change? A dynamic managerial capabilities perspective［J］. Journal of Management, 2020, 24（3）：655-684.

［92］Acemoglu D, Pischke J S. Beyond becker：Training in imperfect labour markets［J］. The Economic Journal, 1999, 109（453）：112-142.

［93］Acharya K, Dadanlar H H, Kimakwa S. Does CEO equity ownership facilitate corporate strategic change?［C］//Academy of Management Briarcliff Manor, NY, 2019：13448.

［94］Adam T R, Fernando C S, Golubeva E. Managerial overconfidence and corporate risk management [J]. Journal of Banking Finance, 2015, 60 (11): 195-208.

[95] Adler P S, Kwon S W. Social capital: Prospects for a new concept [J]. Academy of Management Review, 2002, 27 (1): 17-40.

[96] Adomako S, Frimpong K, Amankwah-Amoah J, et al. Strategic decision speed and international performance: The roles of competitive intensity, resource flexibility, and structural organicity [J]. Management International Review, 2021, 61 (1): 27-55.

[97] Agnihotri A, Bhattacharya S. Generalist versus specialist CEO and R&D commitment: Evidence from an emerging market [J]. Journal of Management & Organization, 2021: 1-17.

[98] Aiken L S, West S G, Reno R R. Multiple regression: Testing and interpreting interactions [M]. Sage Publications, 1991.

[99] Ali A, Qiang F, Ashraf S. Regional dynamics of ownership structure and their impact on firm performance and firm valuation [J]. Review of International Business and Strategy, 2018, 28 (1): 129-147.

[100] Allen J W, Phillips G M. Corporate equity ownership, strategic alliances, and product market relationships [J]. The Journal of Finance, 2000, 55 (6): 2791-2815.

[101] Amburgey T L, Dacin T. As the left foot follows the right? The dynamics of strategic and structural change [J]. Academy of Management Journal, 1994, 37 (6): 1427-1452.

[102] Ammann M, Oesch D, Schmid M M. Corporate governance and firm value: International evidence [J]. Journal of Empirical Finance, 2011, 18 (1): 36-55.

[103] Barker III V L, Mueller G C. CEO characteristics and firm R&D spending [J]. Management Science, 2002, 48 (6): 782-801.

[104] Barney J B, Zajac E J. Competitive organizational behaviour: Toward an organizationally-based theory of competitive advantage [J]. Strategic Management Journal, 1994, 15 (1): 5-9.

[105] Baron R M, Kenny D A. The moderator-mediator variable distinction in social psychological research: Conceptual, strategic, and statistical considerations [J]. Journal of Personality & Social Psychology, 1986, 51 (6): 1173.

[106] Bednar M K. Watchdog or lapdog? A behavioural view of the media as a

corporate governance mechanism [J]. Academy of Management Journal, 2012, 55 (1): 131-150.

[107] Benmelech E, Frydman C. Military CEOs [J]. Journal of Financial Economics, 2015, 117 (1): 43-59.

[108] Bereskin F, Hsu P H. New dogs new tricks: CEO turnover, CEO-related factors, and innovation performance [D]. Working Paper, University of Hong Kong, 2012.

[109] Bernile G, Bhagwat V, Rau P R. What doesn't kill you will only make you more risk-loving: Early-life disasters and CEO behaviour [J]. The Journal of Finance, 2017, 72 (1): 167-206.

[110] Bhagat S, Bolton B. Corporate governance and firm performance [J]. Journal of Corporate Finance, 2019 (58): 142-168.

[111] Bianchi E C. Entering adulthood in a recession temper later narcissism [J]. Psychological Science, 2014, 25 (7): 1429-1437.

[112] Boeker W. Executive migration and strategic change: The effect of top manager movement on product-market entry [J]. Administrative Science Quarterly, 1997: 213-236.

[113] Boh W F, Huang C J, Wu A. Investor experience and innovation performance: The mediating role of external cooperation [J]. Strategic Management Journal, 2020, 41 (1): 124-151.

[114] Bonaime A, Gulen H, Ion M. Does policy uncertainty affect mergers and acquisitions? [J]. Journal of Financial Economics, 2018, 129 (3): 531-558.

[115] Boubakri N, Mansi S A, Saffar W. Political institutions, connectedness, and corporate risk-taking [J]. Journal of International Business Studies, 2013, 44 (3): 195-215.

[116] Bourgeois III L J. On the measurement of organizational slack [J]. Academy of Management Review, 1981, 6 (1): 29-39.

[117] Buyl T, Boone C, Hendriks W, et al. Top management team functional diversity and firm performance: The moderating role of CEO characteristics [J]. Journal of Management Studies, 2011, 48 (1): 151-177.

[118] Chadee D, Roxas B. Institutional environment, innovation capacity and firm performance in Russia [J]. Critical Perspectives on International Business, 2013, 9 (1/2): 19-39.

[119] Chatterjee S, Harrison J S, Bergh D D. Failed takeover attempts, corpo-

rate governance and refocusing [J]. Strategic Management Journal, 2003, 24 (1): 87-96.

[120] Chen D. Classified boards, the cost of debt, and firm performance [J]. Journal of Banking & Finance, 2012, 36 (12): 3346-3365.

[121] Chen G, Huang S, Meyer-Doyle P, et al. Generalist versus specialist CEOs and acquisitions: Two-sided matching and the impact of CEO characteristics on firm outcomes [J]. Strategic Management Journal, 2021, 42 (6): 1184-1214.

[122] Chen H L. CEO tenure and R&D investment: The moderating effect of board capital [J]. Journal of Applied Behavioral Science, 2013, 49 (4): 437-459.

[123] Cheng M C, Tzeng Z C. The effect of leverage on firm value and how the firm financial quality influence this effect [J]. World Journal of Management, 2011, 3 (2): 30-53.

[124] Cheng T Y, Li Y Q, Lin Y E, et al. Does the fit of managerial ability with firm strategy matters on firm performance [J]. The Journal of Asian Finance, Economics and Business, 2020, 7 (4): 9-19.

[125] Child J. Organizational structure, environment and performance: The role of strategic choice [J]. Sociology, 1972, 6 (1): 1-22.

[126] Cho T S, Hambrick D C. Attention as the mediator between top management team characteristics and strategic change: The case of airline deregulation [J]. Organization Science, 2006, 17 (4): 453-469.

[127] Cho S Y, Arthurs J D, Townsend D M, et al. Performance deviations and acquisition premiums: The impact of CEO celebrity on managerial risk-taking [J]. Strategic Management Journal, 2016, 37 (13): 2677-2694.

[128] Cronqvist H, Yu F. Shaped by their daughters: Executives, female socialization, and corporate social responsibility [J]. Journal of Financial Economics, 2017, 126 (3): 543-562.

[129] Crossland C, Zyung J, Hiller N J, et al. CEO career variety: Effects on firm-level strategic and social novelty [J]. Academy of Management Journal, 2014, 57 (3): 652-674.

[130] Custodio C, Ferreira M, Matos P. Generalists versus specialists: Lifetime work experience and chief executive officer pay [J]. Journal of Financial Economics, 2013, 108 (2): 471-492.

[131] Custódio C, Ferreira M A, Matos P. Do general managerial skills spur innovation? [J]. Management Science, 2019, 65 (2): 459-476.

[132] Custódio C, Metzger D. Financial expert CEOs: CEO's work experience and firm's financial policies [J]. Journal of Financial Economics, 2014, 114 (1): 125-154.

[133] Dahl M S, Pedersen Cø. Social networks in the R&D process: The case of the wireless communication industry around Aalborg, denmark [J]. Journal of Engineering Technology Management, 2005, 22 (1-2): 75-92.

[134] Datta D K, Rajagopalan N, Zhang Y. New CEO openness to change and strategic persistence: The moderating role of industry characteristics [J]. British Journal of Management, 2003, 14 (2): 101-114.

[135] Dawley D D, Hoffman J J, Lamont B T. Choice situation, refocusing, and post - bankruptcy performance [J]. Journal of Management, 2002, 28 (5): 695-717.

[136] Del Carmen Triana M, Richard O C, Su W. Gender diversity in senior management, strategic change, and firm performance: Examining the mediating nature of strategic change in high tech firms [J]. Research Policy, 2019, 48 (7): 1681-1693.

[137] DeRue D S, Wellman N. Developing leaders via experience: The role of developmental challenge, learning orientation, and feedback availability [J]. Journal of Applied Psychology, 2009, 94 (4): 859.

[138] Detthamrong U, Chancharat N, Vithessonthi C. Corporate governance, capital structure and firm performance: Evidence from thailand [J]. Research in International Business Finance, 2017 (42): 689-709.

[139] Díaz-Fernández M C, González-Rodríguez M R, Simonetti B. Top management team's intellectual capital and firm performance [J]. European Management Journal, 2015, 33 (5): 322-331.

[140] Dibiasi A, Abberger K, Siegenthaler M, et al. The effects of policy uncertainty on investment: Evidence from the unexpected acceptance of a far-reaching referendum in switzerland [J]. European Economic Review, 2018 (104): 38-67.

[141] Diestre L, Rajagopalan N, Dutta S. Constraints in acquiring and utilizing directors' experience: An empirical study of new-market entry in the pharmaceutical industry [J]. Strategic Management Journal, 2015, 36 (3): 339-359.

[142] Dittmar A, Duchin R. Looking in the rearview mirror: The effect of managers' professional experience on corporate financial policy [J]. The Review of Financial Studies, 2016, 29 (3): 565-602.

［143］Doan N T, Vu T K, Nguyen T C, et al. Cash-in-advance, export decision and financial constraints: Evidence from cross-country firm-level data ［J］. International Review of Economics Finance, 2020 (69): 75-92.

［144］Dobrev S D, Gotsopoulos A. Legitimacy vacuum, structural imprinting, and the first-mover disadvantage ［J］. Academy of Management Journal, 2010, 53 (5): 1153-1174.

［145］Donaldson L. Strategy and structural adjustment to regain fit and performance: In defence of contingency theory ［J］. Journal of Management Studies, 1987, 24 (1): 1-24.

［146］Dong L, Li X, McDonald F, et al. Distance and the completion of Chinese cross-border mergers and acquisitions ［J］. Baltic Journal of Management, 2019, 14 (3): 500-519.

［147］Ebbinghaus B. Inequalities and poverty risks in old age across Europe: The double-edged income effect of pension systems ［J］. Social Policy Administration, 2021, 55 (3): 440-455.

［148］Faccio M, Marchica M T, Mura R. CEO gender, corporate risk-taking, and the efficiency of capital allocation ［J］. Journal of Corporate Finance, 2016 (39): 193-209.

［149］Falato A, Li D, Milbourn T. Which skills matter in the market for CEOs? Evidence from pay for CEO credentials ［J］. Management Science, 2015, 61 (12): 2845-2869.

［150］Faleye O, Krishnan K. Risky lending: Does bank corporate governance matter? ［J］. Journal of Banking Finance, 2017 (83): 57-69.

［151］Fauchart E, Gruber M. Darwinians, communitarians, and missionaries: The role of founder identity in entrepreneurship ［J］. Academy of Management Journal, 2011, 54 (5): 935-957.

［152］Favaro, Ken, Karlsson, et al. CEO trends: Convergence and compression ［J］. Corporate Board, 2010, 31 (84): 21-26.

［153］Fee C E, Hadlock C J, Pierce J R. Managers with and without style: Evidence using exogenous variation ［J］. Review of Financial Studies, 2013, 26 (3): 567-601.

［154］Feng X, Johansson A C. Living through the great Chinese famine: Early-life experiences and managerial decisions ［J］. Journal of Corporate Finance, 2018, 48 (2): 638-657.

[155] Fern M J, Cardinal L B, O'Neill H M. The genesis of strategy in new ventures: Escaping the constraints of founder and team knowledge [J]. Strategic Management Journal, 2012, 33 (4): 427-447.

[156] Ferris S P, Javakhadze D, Rajkovic T. An international analysis of CEO social capital and corporate risk-taking [J]. European Financial Management, 2019, 25 (1): 3-37.

[157] Finkelstein S. Power in top management teams: Dimensions, measurement, and validation [J]. Academy of Management Journal, 1992, 35 (3): 505-538.

[158] Finkelstein S, Hambrick D C. Top-management-team tenure and organizational outcomes: The moderating role of managerial discretion [J]. Administrative Science Quarterly, 1990, 35 (3): 484-503.

[159] Fiss P C, Zajac E J. The symbolic management of strategic change: Sensegiving via framing and decoupling [J]. Academy of Management Journal, 2006, 49 (6): 1173-1193.

[160] Fondas N, Wiersema M. Changing of the guard: The influence of CEO socialization on strategic change [J]. Journal of Management Studies, 1997, 34 (4): 561-584.

[161] Fosu S. Capital structure, product market competition and firm performance: Evidence from South Africa [J]. Quarterly Review of Economics Finance, 2013, 53 (2): 140-151.

[162] Frydman C. Rising through the ranks: The evolution of the market for corporate executives, 1936 - 2003 [J]. Management Science, 2019, 65 (11): 4951-4979.

[163] Galasso A, Simcoe T S. CEO overconfidence and innovation [J]. Management Science, 2011, 57 (8): 1469-1484.

[164] Gan H. Does CEO managerial ability matter? Evidence from corporate investment efficiency [J]. Review of Quantitative Finance Accounting, 2019, 52 (4): 1085-1118.

[165] García-Granero A, Fernández-Mesa A, Jansen J J, et al. Top management team diversity and ambidexterity: The contingent role of shared responsibility and ceo cognitive trust [J]. Long Range Planning, 2018, 51 (6): 881-893.

[166] Garg S, Eisenhardt K M. Unpacking the CEO-board relationship: How strategy making happens in entrepreneurial firms [J]. Academy of Management Jour-

nal, 2017, 60 (5): 1828-1858.

[167] Geletkanycz M A, Hambrick D C. The external ties of top executives: Implications for strategic choice and performance [J]. Administrative Science Quarterly, 1997: 654-681.

[168] Ginsberg A, Buchholtz A. Converting to for-profit status: Corporate responsiveness to radical change [J]. Academy of Management Journal, 1990, 33 (3): 445-477.

[169] Godart F C, Maddux W W, Shipilov A V, et al. Fashion with a foreign flair: Professional experiences abroad facilitate the creative innovations of organizations [J]. Academy of Management Journal, 2015, 58 (1): 195-220.

[170] Golden B R, Zajac E J. When will boards influence strategy? Inclination× power=strategic change [J]. Strategic Management Journal, 2001, 22 (12): 1087-1111.

[171] Goll I, Brown Johnson N, Rasheed A A. Knowledge capability, strategic change, and firm performance [J]. Management Decision, 2007, 45 (2): 161-179.

[172] Goodstein J, Gautam K, Boeker W. The effects of board size and diversity on strategic change [J]. Strategic Management Journal, 1994, 15 (3): 241-250.

[173] Granovetter M. Economic action and social structure: The problem of embeddedness [J]. American Journal of Sociology, 1985, 91 (3): 481-510.

[174] Gruber M, Heinemann F, Brettel M, et al. Configurations of resources and capabilities and their performance implications: An exploratory study on technology ventures [J]. Strategic Management Journal, 2010, 31 (12): 1337-1356.

[175] Gulen H, Ion M. Policy uncertainty and corporate investment [J]. Review of Financial Studies, 2016, 29 (3): 523-564.

[176] Gutschi D, Klarner P. Ceo curiosity and strategic change [C] //Academy of Management Proceedings. Academy of Management Briarcliff Manor, NY, 2021.

[177] Hambrick D C. Upper echelons theory: An update [J]. Academy of Management Journal, 2007, 32 (2): 334-343.

[178] Hambrick D C, Mason P A. Upper echelons: The organization as a reflection of its top managers [J]. Academy of Management Review, 1984, 9 (2): 193-206.

[179] Hamori M, Koyuncu B. Experience matters? The impact of prior CEO experience on firm performance [J]. Human Resource Management, 2015, 54 (1):

23-44.

[180] Han J, Bose I, Hu N, et al. Does director interlock impact corporate R&D investment? [J]. Decision Support Systems, 2015 (71): 28-36.

[181] Harrison J S, Thurgood G R, Boivie S, et al. Measuring CEO personality: Developing, validating, and testing a linguistic tool [J]. Strategic Management Journal, 2019, 40 (8): 1316-1330.

[182] Haunschild P R, Henderson A, Davis-Blake A. CEO demographics and acquisitions: Network and cognitive effects of educational and functional background [J]. Corporate Social Capital, 1998: 266-283.

[183] Haynes K T, Hillman A. The effect of board capital and CEO power on strategic change [J]. Strategic Management Journal, 2010, 31 (11): 1145-1163.

[184] Helfat C E, Peteraf M A. Managerial cognitive capabilities and the micro-foundations of dynamic capabilities [J]. Strategic Management Journal, 2015, 36 (6): 831-850.

[185] Hofstede G. Culture and organizations [J]. International Studies of Management Organization Science, 1980, 10 (4): 15-41.

[186] Hoskisson R E, Chirico F, Zyung J, et al. Managerial risk-taking: A multi-theoretical review and future research agenda [J]. Journal of Management, 2017, 43 (1): 137-169.

[187] Hoskisson R O, Johnson R A. Corporate restructuring and strategic change: The effect on diversification strategy and R&D intensity [J]. Strategic Management Journal, 1992, 13 (8): 625-634.

[188] Hu C, Liu Y J. Valuing diversity: CEOs' career experiences and corporate investment [J]. Journal of Corporate Finance, 2015, 30 (2): 11-31.

[189] Huff J O, Huff A S, Thomas H. Strategic renewal and the interaction of cumulative stress and inertia [J]. Strategic Management Journal, 1992, 13 (1): 55-75.

[190] Hwang E H, Singh P V, Argote L. Jack of all, master of some: Information network and innovation in crowdsourcing communities [J]. Information Systems Research, 2019, 30 (2): 389-410.

[191] Jaskiewicz P, Combs J G, Rau S B. Entrepreneurial legacy: Toward a theory of how some family firms nurture transgenerational entrepreneurship [J]. Journal of Business Venturing, 2015, 30 (1): 29-49.

[192] Jeganathan D, Ghannam S, Bugeja M. Practice makes perfect? The effect

of CEO and director experience on acquisition performance [J]. Accounting and Finance, 2021, 61 (2): 3781-3796.

[193] Jensen M, Zajac E J. Corporate elites and corporate strategy: How demographic preferences and structural position shape the scope of the firm [J]. Strategic Management Journal, 2004, 25 (6): 507-524.

[194] John K, Litov L, Yeung B. Corporate governance and risk - taking [J]. The Journal of Finance, 2008, 63 (4): 1679-1728.

[195] Johnson V. What is organizational imprinting? Cultural entrepreneurship in the founding of the Paris opera [J]. American Journal of Sociology, 2007, 113 (1): 97-127.

[196] Judd C M, Kenny D A. Process analysis: Estimating mediation in treatment evaluations [J]. Evaluation Review, 1981, 5 (5): 602-619.

[197] Kacperczyk A, Younkin P. The paradox of breadth: The tension between experience and legitimacy in the transition to entrepreneurship [J]. Administrative Science Quarterly, 2017, 62 (4): 731-764.

[198] Kang M J, Kim A. Bankers on the board and CEO incentives [J]. European Financial Management, 2017, 23 (2): 292-324.

[199] Kang Y. Management by originals: The influence of inventor CEOs on firms' strategic decisions [M]. Arizona State University, 2021.

[200] Kaplan S N. Are CEOs overpaid? [J]. Academy of Management Perspectives, 2008, 22 (2): 5-20.

[201] Kelly, Terry. Organizational inertia and momentum: A dynamic model of strategic change [J]. Academy of Management Journal, 1991, 34 (3): 591-612.

[202] Kelly D, Amburgey T L. Organizational inertia and momentum: A dynamic model of strategic change [J]. Academy of Management Journal, 1991, 34 (3): 591-612.

[203] Kish-Gephart J J, Campbell J T. You don't forget your roots: The influence of CEO social class background on strategic risk taking [J]. Academy of Management Journal, 2015, 58 (6): 1614-1636.

[204] Kiss A N, Libaers D, Barr P S, et al. CEO cognitive flexibility, information search, and organizational ambidexterity [J]. Strategic Management Journal, 2020, 41 (12): 2200-2233.

[205] Koch-Bayram I F, Wernicke G. Drilled to obey? Ex-military CEOs and financial misconduct [J]. Strategic Management Journal, 2018, 39 (11): 2943-2964.

［206］ Kunisch S, Bartunek J M, Mueller J, et al. Time in strategic change re-search ［J］. Academy of Management Annals, 2017, 11 （2）: 1005-1064.

［207］ Le S, Kroll M. CEO international experience: Effects on strategic change and firm performance ［J］. Journal of International Business Studies, 2017, 48 （5）: 573-595.

［208］ LeCounte J F, Prieto L C, Phipps S T. CEO succession planning and or-ganizational performance: A human capital theory approach ［J］. Journal of Leader-ship, Accountability, Ethics, 2017, 14 （1）: 46-57.

［209］ Li M, Mobley W H, Kelly A. When do global leaders learn best to devel-op cultural intelligence? An investigation of the moderating role of experiential learning style ［J］. Academy of Management Learning Education, 2013, 12 （1）: 32-50.

［210］ Li M X, Patel P C. Jack of all, master of all? CEO generalist experience and firm performance ［J］. The Leadership Quarterly, 2019, 30 （3）: 320-334.

［211］ Li K, Griffin D, Yue H, et al. How does culture influence corporate risk-taking? ［J］. Journal of Corporate Finance, 2013 （23）: 1-22.

［212］ Lin H, Chen L, Yu M, et al. Too little or too much of good things? The horizontal S-curve hypothesis of green business strategy on firm performance ［J］. Tech-nological Forecasting & Social Change, 2021, 172 （2）: 121051.

［213］ Lins K V, Servaes H, Tamayo A. Social capital, trust, and firm perform-ance: The value of corporate social responsibility during the financial crisis ［J］. Jour-nal of Finance, 2017, 72 （4）: 1785-1824.

［214］ Liu L, Qu W, Haman J. Product market competition, state-ownership, corporate governance and firm performance ［J］. Asian Review of Accounting, 2018, 26 （1）: 62-83.

［215］ Liu Y, Atinc G, Kroll M. The unique nature of Chinese corporate govern-ance practices ［J］. Journal of Business Strategies, 2011, 28 （1）: 30-59.

［216］ Louca C, Petrou A P, Procopiou A. When does the board blame the CEO for poor firm performance? Extreme resource reallocation and the board's industry and CEO experience ［J］. British Journal of Management, 2020, 31 （3）: 505-524.

［217］ Lumpkin G T, Dess G G. Clarifying the entrepreneurial orientation con-struct and linking it to performance ［J］. Academy of Management Review, 1996, 21 （1）: 135-172.

［218］ Lungeanu R, Zajac E J. Thinking broad and deep: Why some directors exert an outsized influence on strategic change ［J］. Organization Science, 2019, 30

(3): 489-508.

[219] MacKay R B, Chia R. Choice, chance, and unintended consequences in strategic change: A process understanding of the rise and fall of north automotive [J]. Academy of Management Journal, 2013, 56 (1): 208-230.

[220] Maddux W W, Galinsky A D. Cultural borders and mental barriers: The relationship between living abroad and creativity [J]. Journal of Personality & Social Psychology, 2009, 96 (5): 1047.

[221] Makhija M V. The value of restructuring in emerging economies: The case of the Czech republic [J]. Strategic Management Journal, 2004, 25 (3): 243-267.

[222] Malhotra S, Reus T H, Zhu P, et al. The acquisitive nature of extraverted CEOs [J]. Administrative Science Quarterly, 2018, 63 (2): 370-408.

[223] Malmendier U, Tate G, Yan J. Overconfidence and early-life experiences: The effect of managerial traits on corporate financial policies [J]. The Journal of Finance, 2011, 66 (5): 1687-1733.

[224] Marquis C, Qiao K. Waking from mao's dream: Communist ideological imprinting and the internationalization of entrepreneurial ventures in China [J]. Administrative Science Quarterly, 2020, 65 (3): 795-830.

[225] Marquis C, Tilcsik A. Imprinting: Toward a multilevel theory [J]. Academy of Management Annals, 2013, 7 (1): 195-245.

[226] Mathias B D, Williams D W, Smith A R. Entrepreneurial inception: The role of imprinting in entrepreneurial action [J]. Journal of Business Venturing, 2015, 30 (1): 11-28.

[227] McDonald M L, Westphal J D, Graebner M E. What do they know? The effects of outside director acquisition experience on firm acquisition performance [J]. Strategic Management Journal, 2008, 29 (11): 1155-1177.

[228] Merluzzi J, Phillips D J. The specialist discount: Negative returns for MBAs with focused profiles in investment banking [J]. Administrative Science Quarterly, 2016, 61 (1): 87-124.

[229] Meyer-Doyle P, Schumacher C. CEO career variety and firm risk management capabilities [C] //Academy of Management Proceedings. Academy of Management Briarcliff Manor, NY, 2019.

[230] Meyer K E, Lieb-Dóczy E. Post-acquisition restructuring as evolutionary process [J]. Journal of Management Studies, 2003, 40 (2): 459-482.

[231] Meyer L, Scott S. Possible errors during field evaluations of sediment size

distributions [J]. Transactions of the ASAE, 1983, 26 (2): 481-485.

[232] Miles R E, Snow C C. Organizational strategy, structure, and process [J]. Academy of Management Review, 1978, 3 (3): 546-562.

[233] Mishra D R. The dark side of CEO ability: CEO general managerial skills and cost of equity capital [J]. Journal of Corporate Finance, 2014 (29): 390-409.

[234] Mizruchi M S, Stearns L B. A longitudinal study of borrowing by large American corporations [J]. Administrative Science Quarterly, 1994: 118-140.

[235] Moran, Sumantra. Markets, firms, and the process of economic development [J]. Academy of Management Review, 1999, 24 (3): 390-412.

[236] Moran P, Ghoshal S. Markets, firms, and the process of economic development [J]. Academy of Management Review, 1999, 24 (3): 390-412.

[237] Morrison R F, Brantner T M. What enhances or inhibits learning a new job? A basic career issue [J]. Journal of Applied Psychology, 1992, 77 (6): 926.

[238] Mueller J, Renzl B, Will M G. Ambidextrous leadership: A meta-review applying static and dynamic multi-level perspectives [J]. Review of Managerial Science, 2020, 14 (1): 37-59.

[239] Mueller P E M, Georgakakis D, Greve P, et al. The curse of extremes: Generalist career experience and CEO initial compensation [J]. Journal of Management, 2020, 47 (8): 1977-2007.

[240] Müller J, Kunisch S. Central perspectives and debates in strategic change research [J]. International Journal of Management Reviews, 2018, 20 (2): 457-482.

[241] Murphy K J, Zabojnik J. Managerial capital and the market for CEOs [J]. Management Science, 2007, 32 (1): 32-45.

[242] Nakauchi M, Wiersema M F. Executive succession and strategic change in Japan [J]. Strategic Management Journal, 2015, 36 (2): 298-306.

[243] Naseem M A, Lin J, Rehman R u, et al. Does capital structure mediate the link between CEO characteristics and firm performance? [J]. Management Decision, 2020, 58 (1): 164-181.

[244] Nicolosi G, Yore A S. "I do": Does marital status affect how much CEOs "do"? [J]. Financial Review, 2015, 50 (1): 57-88.

[245] Ocasio W. Towards an attention-based view of the firm [J]. Strategic Management Journal, 1997, 18 (1): 187-206.

[246] Oradi J, Asiaei K, Rezaee Z. Ceo financial background and internal control weaknesses [J]. Corporate Governance: An International Review, 2020, 28

（2）：119-140.

［247］Ozawa K. The influence of managers' successful change experience on or-ganisational change: Performance crisis and managers' tenure ［J］. Knowledge Manage-ment Research Practice, 2020, 18 （4）：367-379.

［248］Pangarkar N, Yuan L. Industry life cycle, geographic diversification and performance of international new ventures ［J］. Multinational Business Review, 2021, forthcoming.

［249］Peng M W, Luo Y. Managerial ties and firm performance in a transition e-conomy: The nature of a micro-macro link ［J］. Academy of Management Journal, 2000, 43 （3）：486-501.

［250］Phan P H, Hill C W. Organizational restructuring and economic perform-ance in leveraged buyouts: An ex-post study ［J］. Academy of Management Journal, 1995, 38 （3）：704-739.

［251］Qian G, Khoury T A, Peng M W, et al. The performance implications of intra-and inter-regional geographic diversification ［J］. Strategic Management Journal, 2010, 31 （9）：1018-1030.

［252］Rahman M, Rodríguez-Serrano Má, Lambkin M. Brand equity and firm performance: The complementary role of corporate social responsibility ［J］. Journal of Brand Management, 2019, 26 （6）：691-704.

［253］Rajagopalan N, Spreitzer G M. Toward a theory of strategic change: A multi-lens perspective and integrative framework ［J］. Academy of Management Re-view, 1997, 22 （1）：48-79.

［254］Reinartz W, Wiegand N, Imschloss M. The impact of digital transforma-tion on the retailing value chain ［J］. International Journal of Research in Marketing, 2019, 36 （3）：350-366.

［255］Rennings K, Rammer C. The impact of regulation-driven environmental innovation on innovation success and firm performance ［J］. Industry and Innovation, 2011, 18 （3）：255-283.

［256］Richard O C, Wu J, Markoczy L A, et al. Top management team demo-graphic-faultline strength and strategic change: What role does environmental dyna-mism play? ［J］. Strategic Management Journal, 2019, 40 （6）：987-1009.

［257］Rizqia D A, Sumiati S A. Effect of managerial ownership, financial lever-age, profitability, firm size, and investment opportunity on dividend policy and firm value ［J］. Research Journal of Finance Accounting, 2013, 4 （11）：120-130.

[258] Rosenbaum P R, Rubin D B. Assessing sensitivity to an unobserved binary covariate in an observational study with binary outcome [J]. Journal of the Royal Statistical Society, 1983, 45 (2): 212-218.

[259] Roussanov N, Savor P. Marriage and managers' attitudes to risk [J]. Management Science, 2014, 60 (10): 2496-2508.

[260] Roussy C, Ridier A, Chaib K, et al. Marketing contracts and risk management for cereal producers [J]. Agribusiness, 2018, 34 (3): 616-630.

[261] Ryan H E, Wang L. CEO mobility and the CEO-firm match: Evidence from CEO employment history [J]. SSRN, 2012: 1772873.

[262] Samimi M, Cortes A F, Anderson M H, et al. What is strategic leadership? Developing a framework for future research [J]. The Leadership Quarterly, 2020, forthcoming.

[263] Schepker D J, Kim Y, Patel P C, et al. CEO succession, strategic change, and post-succession performance: A meta-analysis [J]. The Leadership Quarterly, 2017, 28 (6): 701-720.

[264] Schmid S, Wurster D J. International work experience: Is it accelerating the way to the management board of MNCs? [J]. International Business Review, 2017, 26 (5): 991-1008.

[265] Scholar A, Zuo L. Shaped by booms and busts: How the economy impacts CEO careers and management styles [J]. The Review of Financial Studies, 2017, 30 (5): 1425-1456.

[266] Shalender K, Yadav R K. Strategic flexibility, manager personality, and firm performance: The case of Indian automobile industry [J]. Global Journal of Flexible Systems Management, 2019, 20 (1): 77-90.

[267] Simmons R, Berri D J. Gains from specialization and free agency: The story from the gridiron [J]. Review of Industrial Organization, 2009, 34 (1): 81-98.

[268] Simsek Z, Fox B C, Heavey C. "What's past is prologue" a framework, review, and future directions for organizational research on imprinting [J]. Journal of Management, 2015, 41 (1): 288-317.

[269] Sitkin S B, Pablo A L. Reconceptualizing the determinants of risk behaviour [J]. Academy of Management Review, 1992, 17 (1): 9-38.

[270] Slater D J, Dixon-Fowler H R. CEO international assignment experience and corporate social performance [J]. Journal of Business Ethics, 2009, 89 (3):

473-489.

[271] Slimane F B, Angulo L P. Strategic change and corporate governance: Evidence from the stock exchange industry [J]. Journal of Business Research, 2019 (103): 206-218.

[272] Smith E B, Hou Y. Redundant heterogeneity and group performance [J]. Organization Science, 2015, 26 (1): 37-51.

[273] Smith K G, Grimm C M. Environmental variation, strategic change and firm performance: A study of railroad deregulation [J]. Strategic Management Journal, 1987, 8 (4): 363-376.

[274] Sobel M E. Asymptotic confidence intervals for indirect effects in structural equation models [J]. Sociological Methodology, 1982 (13): 290-312.

[275] Sohl T, Vroom G, Fitza M A. How much does business model matter for firm performance? A variance decomposition analysis [J]. Academy of Management Discoveries, 2020, 6 (1): 61-80.

[276] Sohl T, Vroom G, McCann B T. Business model diversification and firm performance: A demand-side perspective [J]. Strategic Entrepreneurship Journal, 2020, 14 (2): 198-223.

[277] Susanto A, Meiryani M. The impact of environmental accounting information system alignment on firm performance and environmental performance: A case of small and medium enterprises s of indonesia [J]. International Journal of Energy Economics Policy, 2019, 9 (2): 229-236.

[278] Takeuchi R, Tesluk P E, Yun S, et al. An integrative view of international experience [J]. Academy of Management Journal, 2005, 48 (1): 85-100.

[279] Tang J, Crossan M, Rowe W G. Dominant CEO, deviant strategy, and extreme performance: The moderating role of a powerful board [J]. Journal of Management Studies, 2011, 48 (7): 1479-1503.

[280] Tihanyi L, Ellstrand A E, Daily C M, et al. Composition of the top management team and firm international diversification [J]. Journal of Management, 2000, 26 (6): 1157-1177.

[281] Tsang E W. Can guanxi be a source of sustained competitive advantage for doing business in China? [J]. Academy of Management Perspectives, 1998, 12 (2): 64-73.

[282] Tuschke A, Sanders W G, Hernandez E. Whose experience matters in the boardroom? The effects of experiential and vicarious learning on emerging market entry

[J]. Strategic Management Journal, 2014, 35 (3): 398-418.

[283] Uppal N. CEO narcissism, CEO duality, TMT agreeableness and firm performance [J]. European Business Review, 2020, 32 (4): 573-590.

[284] Wang K, Pellegrini M M, Xue J, et al. Environment uncertainty and a firm's strategic change the moderating role of political connection and family ownership [J]. Journal of Family Business Management, 2020, 10 (4): 313-327.

[285] Wernerfelt B, Montgomery C A. Tobin's Q and the importance of focus in firm performance [J]. American Economic Review, 1988, 78 (1): 246-250.

[286] West R R, Bierman H. Corporate dividend policy and preemptive security issues [J]. The Journal of Business, 1968, 41 (1): 71-75.

[287] Westhead P, Ucbasaran D, Wright M. Decisions, actions, and performance: Do novice, serial, and portfolio entrepreneurs differ? [J]. Journal of Small Business Management, 2005, 43 (4): 393-417.

[288] Westphal J D, Fredrickson J W. Who directs strategic change? Director experience, the selection of new CEOs, and change in corporate strategy [J]. Strategic Management Journal, 2001, 22 (12): 1113-1137.

[289] Wiersema M F, Bantel K A. Top management team demography and corporate strategic change [J]. Academy of Management Journal, 1992, 35 (1): 91-121.

[290] Wu J, Richard O C, Zhang X, et al. Top management team surface-level diversity, strategic change, and long-term firm performance: A mediated model investigation [J]. Journal of Leadership & Organizational Studies, 2019, 26 (3): 304-318.

[291] You Y, Srinivasan S, Pauwels K, et al. How CEO/CMO characteristics affect innovation and stock returns: Findings and future directions [J]. Journal of the Academy of Marketing Science, 2020: 1-25.

[292] Yuan R L, Wen W. Managerial foreign experience and corporate innovation [J]. Journal of Corporate Finance, 2018 (48): 752-770.

[293] Zhang Y. The presence of a separate COO/president and its impact on strategic change and CEO dismissal [J]. Strategic Management Journal, 2006, 27 (3): 283-300.

[294] Zhang Y, Rajagopalan N. Once an outsider, always an outsider? CEO origin, strategic change, and firm performance [J]. Strategic Management Journal, 2010, 31 (3): 334-346.

[295] Zhao H, Teng H, Wu Q. The effect of corporate culture on firm perform-

ance: Evidence from China [J]. China Journal of Accounting Research, 2018, 11 (1):1-19.

[296] Zhou J, Qin R, Wang X, et al. Does directors' innovation experience promote firm innovation? Evidence from China [J]. Knowledge Management Research & Practice, 2021: 1-14.

[297] Zhu D H, Westphal J D. How directors' prior experience with other demographically similar CEOs affects their appointments onto corporate boards and the consequences for CEO compensation [J]. Academy of Management Journal, 2014, 57 (3): 791-813.

[298] Zhu Q, Hu S, Shen W. Why do some insider CEOs make more strategic changes than others? The impact of prior board experience on new CEO insiderness [J]. Strategic Management Journal, 2020, 41 (10): 1933-1951.

[299] Zuckerman E W, Kim T Y, Ukanwa K, et al. Robust identities or nonentities? Typecasting in the feature-film labour market [J]. American Journal of Sociology, 2003, 108 (5): 1018-1074.

后 记

随着本书的最终定稿，我深感这一研究领域的广阔与深远，同时也对能够参与并见证这一探索过程感到无比荣幸。

本书聚焦于 CEO 这一企业核心领导者的任职经历，深入剖析了 CEO 经历如何影响公司的战略变革方向及其后续的经济后果。在撰写过程中，收集了大量数据，分析了众多案例，力求全面、客观地展现 CEO 任职经历与公司战略变革之间的复杂关系。

通过研究发现，CEO 的任职经历，包括其教育背景、职业路径、行业经验乃至个人特质等，这些在不同程度上塑造了 CEO 对企业战略的认知与决策。这些经历不仅影响了 CEO 对外部环境变化的敏感度与反应速度，还决定了他们在面对挑战时所采取的策略与行动。因此，CEO 的任职经历成为公司战略变革的重要驱动力。

然而，战略变革并非一蹴而就的，其经济后果更是复杂多变的。本书在探讨战略变革过程的同时，也深入分析了战略变革如何影响公司的财务状况、市场表现以及长期竞争力。希望通过这些分析，能够为企业管理者和投资者提供有价值的参考与启示。

本书的撰写，得到了众多专家、学者以及企业界朋友的支持与帮助。他们不仅为我提供了宝贵的资料与数据，还就研究中的关键问题与我进行了深入的交流与探讨。这些支持与帮助，无疑为本书的顺利完成奠定了坚实的基础。

同时，我也要感谢那些愿意分享自己经历与见解的 CEO。他们的真实故事与深刻见解，使本书有了深刻的内涵。正是这些来自一线的声音，让我们更加清晰地看到了 CEO 任职经历与公司战略变革之间的紧密联系。

最后，本书虽然对 CEO 任职经历与公司战略变革的关系进行了较为全面的探讨与分析，但这一领域的研究仍有许多未尽之处。期待在未来的日子里，能够继续深入探索这一领域的奥秘，为企业管理理论与实践的发展贡献更多的智慧与力量。同时，我也希望本书能够激发读者对这一领域更多的兴趣与关注，共同推动企业管理研究的进步。